● 全国高职高专院校"十三五"医疗器械规划教材

医疗器械监管法规

（供医疗器械类专业使用）

主 编　张　倩　王学亮

副主编　赵祥欣　孙晶波　王俊峰　王安娜

编 者（以姓氏笔画为序）

于秀爽（吉林机电工程学校）

王安娜（江西省医药技师学院）

王学亮（山东药品食品职业学院）

王俊峰（内蒙古医科大学第二附属医院）

刘桐辉（吉林工业职业技术学院）

孙晶波（北华大学）

李　骏（重庆医药高等专科学校）

张　倩（辽宁医药职业学院）

周　琳（吉林农业科技学院）

孟荣芹（北京国医械华光认证有限公司）

赵祥欣（浙江医药高等专科学校）

柳　莹（辽宁医药职业学院）

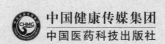

中国健康传媒集团

中国医药科技出版社

内 容 提 要

本教材是"全国高职高专院校'十三五'医疗器械规划教材"之一，根据医疗器械类各专业人才培养目标和课程特点编写而成，内容上涵盖医疗器械监管法规的基础知识和我国现行医疗器械监管法律制度等内容。本教材具有知识与运用并重、紧跟立法等特点。本教材为书网融合教材，即纸质教材有机融合电子教材、教学配套资源（PPT、微课、视频等）、题库系统、数字化教学服务（在线教学、在线作业、在线考试）。

本教材主要供高职高专院校医疗器械类专业教学使用，也可作为医疗器械监管部门、医疗机构和医疗器械生产、经营企业等单位工作人员的参考用书。

图书在版编目（CIP）数据

医疗器械监管法规 / 张倩，王学亮主编 . — 北京：中国医药科技出版社，2020.6

全国高职高专院校"十三五"医疗器械规划教材

ISBN 978-7-5214-1825-5

Ⅰ. ①医…　Ⅱ. ①张…②王…　Ⅲ. ①医疗器械—监督管理—法规—中国—高等职业教育—教材

Ⅳ. ① D922.16

中国版本图书馆 CIP 数据核字（2020）第 084661 号

美术编辑　陈君杞

版式设计　南博文化

出版　**中国健康传媒集团** | 中国医药科技出版社

地址　北京市海淀区文慧园北路甲 22 号

邮编　100082

电话　发行：010-62227427　邮购：010-62236938

网址　www. cmstp. com

规格　889 × 1194mm $^1/_{16}$

印张　14 $^1/_4$

字数　347 千字

版次　2020 年 6 月第 1 版

印次　2023 年 7 月第 3 次印刷

印刷　三河市万龙印装有限公司

经销　全国各地新华书店

书号　ISBN 978-7-5214-1825-5

定价　39.00 元

获取新书信息、投稿、为图书纠错，请扫码联系我们。

全国高职高专院校"十三五"医疗器械规划教材

出版说明

为深入贯彻落实《国家职业教育改革实施方案》和《关于推进高等职业教育改革创新引领职业教育科学发展的若干意见》等文件精神,不断推动职业教育教学改革,推进信息技术与职业教育融合,规范和提高我国高职高专院校医疗器械类专业教学质量,满足行业人才培养需求,在教育部、国家药品监督管理局的领导和支持下,在全国食品药品职业教育教学指导委员会医疗器械专业委员会主任委员、上海健康医学院唐红梅等专家的指导和顶层设计下,中国医药科技出版社组织全国70余所高职高专院校及其附属医疗机构150余名专家、教师精心编撰了全国高职高专院校"十三五"医疗器械规划教材,该套教材即将付梓出版。

本套教材包括高职高专院校医疗器械类专业理论课程主干教材共计10门,主要供医疗器械相关专业教学使用。

本套教材定位清晰、特色鲜明,主要体现在以下方面。

一、编写定位准确,体现职教特色

教材编写专业定位准确,职教特色鲜明,突出高职教材的应用性、适用性、指导性和创造性。教材编写以高职高专医疗器械类专业的人才培养目标为导向,以职业能力的培养为根本,融传授知识、培养能力、提高素质为一体,突出了"能力本位"和"就业导向"的特色,重视培养学生创新、获取信息及终身学习的能力,满足培养高素质技术技能型人才的需要。

二、坚持产教融合,校企双元开发

强化行业指导、企业参与,广泛调动社会力量参与教材建设,鼓励"双元"合作开发教材,注重吸收行业企业技术人员、能工巧匠等深入参与教材编写。教材内容紧密结合行业发展新趋势和新时代行业用人需求,及时吸收产业发展的新技术、新工艺、新规范,满足医疗器械行业岗位培养需求,对接行业岗位技能要求,为学生后续发展奠定必要的基础。

三、遵循教材规律,注重"三基""五性"

遵循教材编写的规律,坚持理论知识"必需、够用"为度的原则,体现"三基""五性""三特定"的特征。结合高职高专教育模式发展中的多样性,在充分体现科学性、思想性、先进性的基础上,教材建设考虑了其全国范围的代表性和适用性,兼顾不同院校学生的需求,满足多数院校的教学需要。

四、创新编写模式,强化实践技能

在保持教材主体完整的基础上,设置"知识目标""能力目标""案例导入""拓展阅读""习题"等模块,以培养学生的自学能力、分析能力、实践能力、综合应用能力和创新能力,增强教材的实用性和可读性。教材内容真正体现医疗器械临床应用实际,紧跟学科和临床发展步伐,凸显科学性和先进性。

五、配套增值服务,丰富教学资源

全套教材为书网融合教材,即纸质教材有机融合数字教材、教学配套资源、题库系统、数字化教学服务。通过"一书一码"的强关联,为读者提供全免费增值服务。按教材封底的提示激活教材后,读者可通过电脑、手机阅读电子教材和配套课程资源(PPT、微课、视频、图片等),并可在线进行同步练习,实时获取答案和解析。同时,读者也可以直接扫描书中二维码,阅读与教材内容相关联的课程资源,从而丰富学习体验,使学习更便捷。教师可通过电脑在线创建课程,与学生互动,开展布置和批改作业、在线组织考试、讨论与答疑等教学活动,学生通过电脑、手机均可实现在线作业、在线考试,提升学习效率,使教与学更轻松。

编写出版本套高质量的全国高职高专院校医疗器械类专业规划教材,得到了行业知名专家的精心指导和各有关院校领导与编者的大力支持,在此一并表示衷心感谢! 2020年新型冠状病毒肺炎疫情突如其来,本套教材很多编委都奋战在抗疫一线,在这种情况下,他们克服重重困难,按时保质保量完稿,在此我们再次向他们表达深深的敬意和谢意!

希望本套教材的出版,能受到广大师生的欢迎,并在教学中积极使用和提出宝贵意见,以便修订完善,共同打造精品教材,为促进我国高职高专院校医疗器械类专业教育教学改革和人才培养做出积极贡献。

全国高职高专院校"十三五"医疗器械规划教材

建设指导委员会

张洪运（山东药品食品职业学院）

陈文山（福建卫生职业技术学院）

周雪峻［江苏联合职业技术学院南京卫生分院（南京卫生学校）］

胡亚荣（广东食品药品职业学院）

胡良惠（湖南食品药品职业学院）

钟伟雄（福建卫生职业技术学院）

郭永新［山东第一医科大学（山东省医学科学院）］

唐　睿（山东药品食品职业学院）

阎华国（山东药品食品职业学院）

彭胜华（广东食品药品职业学院）

蒋冬贵（湖南食品药品职业学院）

翟树林（山东医药技师学院）

数字化教材编委会

主　编　张　倩　王学亮

副主编　赵祥欣　孙晶波　王俊峰　王安娜

编　者　（以姓氏笔画为序）

于秀爽（吉林机电工程学校）

王安娜（江西省医药技师学院）

王学亮（山东药品食品职业学院）

王俊峰（内蒙古医科大学第二附属医院）

兰博洋（内蒙古兴安盟人民医院）

刘桐辉（吉林工业职业技术学院）

孙晶波（北华大学）

李　骏（重庆医药高等专科学校）

何乐民［山东第一医科大学（山东省医学科学院）］

张　倩（辽宁医药职业学院）

周　琳（吉林农业科技学院）

赵祥欣（浙江医药高等专科学校）

柳　莹（辽宁医药职业学院）

前言 <<<
QIANYAN

医疗器械产品的安全、有效性关系到诊疗效果和人的生命健康安全。未来十年将是医疗器械行业发展的加速期和黄金期。医疗器械的依法监管与产业发展之间互促互进、互生共荣。近些年来，我国医疗器械法规经历了大范围、高频率的变化，目前，我国已经形成了涵盖产品全生命周期的医疗器械法规体系。本教材的编写是为了满足在日益趋严的产业环境下医疗器械行业对人才培养的需要。

教材编写紧紧围绕医疗器械类专业人才培养目标和课程标准，以培养学生岗位能力为着眼点，使学生具备医疗器械从业人员所必需的实践技能和相关的基础知识，培养学生的法律思维。教材共分八章，概述了医疗器械监管法规的基本知识，系统地介绍了我国现行医疗器械监管法律制度的内容，重点阐述了医疗器械分类和信息管理、备案与注册管理、生产管理、经营管理、使用管理、不良事件处理、召回管理等各环节相应的管理要点，从体外诊断试剂和定制式医疗器械入手对特殊医疗器械产品的具体监管规定予以讲解。

教材编写以最新法律法规为依据，又尽可能做到生动，深入浅出。教材按照由基础理论到应用技能的思路编写，坚持知识与运用并重，实现"岗位需要"和"教学需要"的有机统一。按照理论知识"必需、够用"的编写原则，弱化部分复杂的、理论性过强、应用较差的内容。教材在编写中严守科学性和严谨性，跟随法律法规更新变动的脚步，及时更新教材内容，提升读者对知识的准确把握及灵活应用能力。

本教材由张倩、王学亮担任主编，具体编写分工如下：张倩负责本书的体系设计和文稿审核，调整章节体系及内容、补写部分内容；第一章由张倩编写，第二章由柳莹编写，第三章由赵祥欣、李骏编写，第四章由王学亮编写，第五章由孙晶波、于秀爽编写，第六章由王俊峰编写，第七章由周琳、王安娜编写，第八章由刘桐辉、张倩、王学亮编写。何乐民、兰博洋参与本教材的数字化教材编写。孟荣芹负责对本教材提供技术指导和内容审核。本教材主要供高职高专院校医疗器械类专业使用，也可作为医疗器械监管部门、医疗机构和医疗器械生产、经营企业等单位工作人员的参考用书。

2020年12月21日，国务院第119次常务会议修订通过了《医疗器械监督管理条例》，自2021年6月1日起施行。因此次条例的修订涉及内容较多，本次重印未对正文内容进行修改，仅对数字资源中PPT内容做了更新，以方便学习使用，纸质版修改待再版完成。

教材在编写过程中得到了各位编者单位的大力支持，内蒙古医科大学第二附属医院李彤辉、陈志强对本教材的编写提供了帮助和支持，特此一并予以感谢！由于编者水平有限，教材内容难免存在一些疏漏、不足，诚请广大同行、读者批评指正。

编　者
2021年8月

第一章　医疗器械监管法律基础

> ### 📖 知识目标
>
> **1. 掌握**　医疗器械法律体系的内容和特点；医疗器械监管体制及职责分工；违反医疗器械监管法规的法律责任。
>
> **2. 熟悉**　医疗器械法律法规的概念、特点和基本原则；医疗器械法律法规的渊源、效力等级；医疗器械法律关系的构成要素；医疗器械行政执法的行为规范。
>
> **3. 了解**　医疗器械监管的立法沿革；医疗器械法律法规的适用、法律救济方式；国际医疗器械监管概况。
>
> ### 👉 能力目标
>
> **1. 具备**　正确适用医疗器械法律规范的能力；宏观上把握医疗器械监管法律体系的能力。
>
> **2. 学会**　能初步运用医疗器械法律基础理论分析生活中存在的相关问题。

第一节　概　述

💬 案例讨论

案例　2000年开始，聚丙烯酰胺水凝胶（注射用）（俗称"奥美定"），在国内被广泛使用于人体各种软组织凹陷填充。其后，发现它对人体的损害非常大，该产品出现大量不良反应和投诉。经原国家食品药品监管局药品评价中心对聚丙烯酰胺水凝胶（注射用）进行的再评价，认为该产品不能保证其上市后销售、使用的安全性。原国家食品药品监督管理局根据《医疗器械监督管理条例》的相关规定，撤销了聚丙烯酰胺水凝胶（注射用）等相关产品的医疗器械注册证，要求立即停止生产、销售和使用。2006年，原国家食品药品监督管理局因撤销"奥美定"的注册证，被生产和销售"奥美定"的公司起诉。法院经过审理后，依法驳回了原告的诉讼请求。

讨论　1.医疗器械的概念及对其实施法律监管的目的和意义是什么？

　　　　2.经过批准生产、销售的医疗器械是否就属于安全、有效的呢？

一、基础知识

（一）医疗器械法律法规的概念

医疗器械的种类繁多、形态各异、功能复杂。医疗器械的定义是对医疗器械产品共性的概括，是明确监管对象和正确适用法律的前提。《医疗器械监督管理条例》主要是从使用目的、涵盖对象、作用机制及效用目的对医疗器械进行界定的。

根据2017年国务院颁布的《医疗器械监督管理条例》（以下简称为现行《条例》）第七十六条的规定，医疗器械，是指直接或者间接用于人体的仪器、设备、器具、体外诊断试剂及校准物、材料以及其他类似或者相关的物品，包括所需要的计算机软件。其效用主要通过物理等方式获得，不是通过药理学、免疫学或者代谢的方式获得，或者虽然有这些方式参与但是只起辅助作用。其目的是：①疾病的诊断、预防、监护、治疗或者缓解；②损伤的诊断、监护、治疗、缓解或者功能补偿；③生理结构或者生理过程的检验、替代、调节或者支持；④生命的支持或者维持；⑤妊娠控制；⑥通过对来自人体的样本进行检查，为医疗或者诊断目的提供信息。

医疗器械法律法规，是指由国家制定或认可，并由国家强制力保证实施，调整在保证医疗器械安全有效、保障人体健康和生命安全过程中所发生的各种社会关系的法律规范的总称。法是一种行为规则，它通过规定人们在社会关系中的权利和义务来确认和保护有利于统治阶级的社会秩序。一般情况下，大部分法律主体都能自觉地遵守法律规范。然而，总还会有一部分主体由于主观过错而实施法律所禁止的行为或者不履行法律义务。如果没有国家强制力的保证，完全靠当事人自觉实现，法就失去了它应有的意义。医疗器械法律法规体现国家对医疗器械有关活动的管理意志，并以国家强制力保证实施。这也是它区别于职业道德和行业习惯的主要表现。

（二）医疗器械法律法规的特征

医疗器械法律法规具有法的一般属性，即规范性、国家强制性、阶级意志性和物质制约性等。此外，由于调整对象和调整方法的不同，它还具有以下特征。

1.强烈的技术性　法律规范属于调整人与人之间关系的社会规范，然而，当技术规范涉及人与人之间关系时便成为法律规范的内容，其强制性来自法律的授予。在医学技术迅猛发展、监管形势复杂多变的背景下，医疗服务、生产经营离不开技术规范，将关系到人类健康的科学方法、操作程序、标准等技术规范法律化是医学和法律发展的共同要求。

2.社会共同性　诚然，法是统治阶级意志的体现，但疾病的发生、流行及其诊疗护理不因地域、民族、语言、国界受到限制，与健康相关法律规范的制定、实施更多地体现社会共同性。医疗器械本身具有共性、规律性要求，医疗器械法律监管的根本任务是为了保障人的生命健康，这是全人类面临的共同问题和共同目标。尤其是在医疗器械产业面临着共同挑战与机遇以及全球市场的一体化背景下，国际间愈来愈加强医疗器械监管的交流与融合。

3.内容的综合性、交叉性　医疗器械本身是一个涉及医学、机械、电子、物理、化学、生物、材料等多学科的复杂产业领域。医学发展中的一些问题需要借助法律手段解决，医疗器械法律监管即是法律在医疗器械领域中与医学技术的具体结合。保障人体健康安全是一个具体、复杂的社会系统工程，医疗器械监管立法需要将医、法、伦理、管理等领域的知识进行整合。医疗器械法律监管涉及多种性质的法律关系，需要使用行政法、民法、刑法、经济法等多种调整手段。在各种法律规范中，尤以行政法律规范更为典型，往往是既包括规范权利义务的实体法内容，又包括相应的程序法规范。

4.形式上的集合性、开放性　医疗器械的法律监管并不是单指某个法典，而是由具有共同调整对象的众多法律规范所构成的，既表现为专门制定的法律规范，也包括其他法律规范中有关医疗器械事项的规定。法是由统治阶级的物质生活条件所决定的，当前，医疗器械的技术发展、生产经营模式以及行业环境不断变化，既往行业环境下制定的法律规范远不能满足新的发展要求，必须不断进行改革和更新。而制定主体多元、行政立法程序的简便也满足了医疗器械法规对社会关系变动的适应性和灵活性需要。

5.发展上的日益趋严性　医疗器械立法在不断减少监管空白，增强法的强制作用和监管措施的有效性，实现对违法行为进行处罚时都能有法可依。通过最严谨的标准、最严格的责任、最严厉的处罚、最严肃的问责，有效打击医疗器械领域违法犯罪行为。2019年，最高人民检察院、国家市场监督管理总局、国家药品监督管理局决定自2019年9月至2020年12月联合开展落实食品药品安全"四个最严"要求专项行动，发布了《全国检察机关、市场监管部门、药品监管部门落实食品药品安全"四个最严"要求专项行动工作方案》。

（三）医疗器械法律监管的立法目的和调整对象

1.立法目的 根据现行《条例》第一条的规定，医疗器械法律监管的立法目的是为了保证医疗器械的安全和有效，保障人体健康和生命安全。

保证医疗器械的安全有效是立法的首要目的和直接目的，它是对产品最基本的要求，是实现人体健康安全（第二层次立法目的）的前提条件和保障手段。首先，医疗器械的安全管理不仅仅是保证产品品种、数量能够满足社会发展需要，也包括产品质量安全，达到应有的安全状态，风险持续在可控可受范围内，质量管理体系具有充分性、适宜性、有效性和预防性，不存在危及人身、财产安全的不合理的危险。其次，在产品安全的前提下，医疗器械还应当具备产品应当具备的使用性能，能够发挥产品的预期目的和正确的效用。

保障人体健康和生命安全是医疗器械监管立法的根本目的。现代医学技术的应用作为一柄双刃剑，在满足人们健康需求的同时，一旦应用不当，将会给患者、使用者甚至人类带来危害。

这里需要注意的是，不要混淆目的与手段，误以手段为目的。强化对医疗器械的监管并不是立法目的，它是保障公众用械安全有效的手段和途径，是实现医疗器械安全管理立法目的的有效方式和保障措施。

2.调整对象 法是以人的行为作为调整对象的。医疗器械法律法规调整的是与医疗器械活动相关的行为，包括医疗器械的研制、生产、经营、使用活动及其监督管理，其适用的地域范围是中华人民共和国内地区域，我国香港、澳门和台湾地区医疗器械的相关活动参照境外医疗器械管理。医疗器械监管立法并不调整所有的卫生法律关系，而是调整医疗器械的全生命周期活动，覆盖医疗器械产业链各阶段各个环节的合法性、规范性要求。

（四）医疗器械法律法规的基本原则

医疗器械法律法规的基本原则，是指贯穿于各种医疗器械监管法律法规中具有普遍指导意义的准则，具有效力贯穿性、内容根本性和抽象性等特征，它是医疗器械相关立法、执法、司法活动的根本准则。

1.安全有效性、节约 除了关注医疗器械的安全有效，还应当注重经济效益性。现行《条例》对医疗器械的研制和创新明确提出了应当遵循节约的原则。第六条规定重复使用可以保证安全、有效的医疗器械，不列入一次性使用的医疗器械目录。在医疗器械的使用管理中蕴含着经济管理的科学内涵和特征。此外，分类管理制度、优化审评审批制度、临床试验豁免制度、医疗器械注册人制度等，不仅节省、优化了行政监管资源，也减轻了企业的负担，缩短新产品上市周期，增强企业的自主性，减少社会资源的闲置，促进科研成果的及时转化。

2.风险管理 医疗器械监管全程都体现了风险管理的理念。现行《条例》规定了医疗器械按照风险程度实行宽严有别的分类管理制度，明确了评价风险程度应考虑的因素。在医疗器械产品的全生命周期内，通过日常监督、重点检查环节、监督抽检、产品召回、不良事件监测与再评价、咨询与投诉举报等措施及时发现各种可能的风险，准确判断风险是否持续受控，采取有效措施降低已识别的风险以保证产品的安全有效。

3.全程管控 医疗器械的法律监管并非只针对生产环节，已经覆盖了从产品研制开始的整个产业过程和全部环节。医疗器械唯一标识系统规则的建立正是加强医疗器械全生命周期管理的典型体现。现行立法通过医疗器械经营管理、广告管理、使用管理、不良事件处理、召回管理及飞行检查、抽查检查等监管手段形成了全面的产品上市后监管体系，并加强了上市前审批和事中事后监管的衔接，最终形成了有效衔接、无缝对接的监管体系。

4.社会共治 转变监管思路，通过企业主责、政府主导、部门联合、行业自律、舆论监督以及群众参与等多元共治来谋求安全管理的实现路径。医疗器械唯一标识系统的建立，体现了政府监管与社会治理的结合，形成了医疗器械安全、有效、可及的社会共治的良好局面。当然，社会共治是有主次之分的，应以政府为主导，防止出现以共治取代、放弃，甚至推卸政府的监管职责。

二、医疗器械法律关系

（一）概念和特征

医疗器械法律关系，是指由医疗器械法律规范调整形成的法律主体之间具有权利与义务内容的社会关系，它具有以下三个特征。

1.以法律规范为产生前提 法律关系是一种意志关系，它不同于法律规范所调整的社会关系本身，在医疗器械的研制、生产、经营、使用及其监管过程中，发生着各种具体的社会关系，当它们属于医疗器械监管范畴又为法律规范所调整时，这些具体的社会关系便成为法律关系。医疗器械法律法规通过法律关系实现其立法目的和对社会的管理职能，将抽象的法律规范转变成医疗器械具体行为。

2.以行政管理为主 医疗器械法律关系是一种纵横交错、内外交叉的多样性法律关系。根据主体间法律地位是否平等，分为横向法律关系和纵向法律关系。横向法律关系中各主体的法律地位是平等的，相互间的权利义务是对等的。主要包括医疗器械生产经营者及医疗机构之间的法律关系、医疗器械使用单位与患者之间形成的医疗服务法律关系、医疗器械的生产经营者在产品质量和医疗器械广告中与消费者形成的法律关系、医疗器械招标采购关系等。由于医疗卫生服务性质和任务的特殊性，横向法律关系又不同于一般的民事法律关系。纵向法律关系是医疗器械行政机关在实施管理过程中与企事业单位、社会组织和公民之间发生的监督关系，双方法律地位是不平等的。主要包括医疗器械监管机构与行政相对人（被管理方）之间形成的行政法律关系、医疗器械监管机构与工作人员之间以及各医疗器械单位内部的职务隶属关系。

3.主体具有法定性 法律对医疗器械市场和使用服务设置了严格的准入制度，只有符合条件和要求的组织才可以从事相关活动。由于行政法治原则和行政许可的限制，医疗器械行政法律关系发生在特定法律主体之间，相对人必须是符合法定条件的公民、法人、其他社会组织，是管理的相对一方，并发生了由执法主体处理的事项。如在医疗器械生产备案的行政法律关系中，从事第一类医疗器械生产备案的行政主体必须是相对人所在地设区的市级药品监督管理部门，而不能是其他机关或组织。相对人必须是要求开办医疗器械生产企业的申请人，而不能是其他公民、法人或其他组织。

4.以权利和义务为内容 医疗器械法律关系并不调整所有与医疗器械有关的社会关系，而是调整医疗器械活动中与权利义务有关的社会关系。医疗器械法律主体的权利义务一般由法律规范预先设定，当事人没有自由约定的空间。尤为表现在行政管理法律关系中，内容设定具有单方性和法定性，行政相对人的权利义务也多是法定的，行政法律关系的产生、变更和消灭不以取得行政相对人意思表示一致为要件。

（二）构成要素

医疗器械法律关系的构成要素包括主体、客体和内容三部分，缺一不可。

1.医疗器械法律关系的主体（医疗器械法律主体） 至少有两方当事人，包括国家机关、企事业单位、社会团体和自然人。主要有医疗器械监管机构、医疗卫生机构、各医疗器械组织和具体使用者。

2.医疗器械法律关系的客体 客体是法律主体享有权利和承担义务所共同指向的对象，包括物、行为、人身利益和智力成果。物并不仅指一切具有物理属性的物，如不符合标准的医疗器械和假药，它还应符合物的法律属性，具有人类健康需要的使用价值，能为人力实际控制和支配。行为是主体为达到一定目的行使权利、履行义务的活动，如生产经营行为、行政管理行为、医疗保健服务行为等。人身利益表现为人的生命、健康、人格尊严等。智力成果是脑力劳动创造的成果，如发明创造、文学和艺术作品、商标、商业秘密等。

3.医疗器械法律关系的内容 法律关系的内容是法律主体在法律关系中依法享有的权利和应当承担的义务。不同主体的权利义务有所不同，行政机关代表国家行使管理职权，法律赋予其一定的优益权，行政主体在医疗器械监管中主要有审批权、监督检查权、行政处罚权等，同时行政权力也是行政主体的一项义务，不能放弃或转让。相对人享有陈述权、申辩权、隐私和商业秘密保守权、申请行政复议权、提起行政诉讼、要求国家赔偿等权利。相对人的多数权利不包含义务要求，可以抛弃，但不能转让或者是受到限制，如行政许可。

三、国际医疗器械监管立法概况

（一）概述

为了应对疾病的挑战，各国通过国际立法形式开展国际合作与交流。1992年，为了满足医疗器械法规协调的国际需要，由五个发起国成立了全球医疗器械协调工作组（GHTF），成员有美国、欧盟、澳大利亚、加拿大和日本。GHTF是一个非官方的国际组织，下设五个研究工作组，通过对医疗器械监督管理研究、成员国之间交流监管经验以及制定共同的法规、标准等，促进了全球医疗器械产业的加速发展。GHTF于2011年宣布解散。

在GHTF的工作基础上，2011年10月，多个国家和地区的医疗器械监管机构代表召开会议，宣布成立国际医疗器械监管机构论坛（IMDRF）。2013年，经国务院批准，原国家食品药品监督管理总局成为IMDRF正式成员。IMDRF是由来自全球的国家医疗器械监管机构自愿参加的政府间国际组织，目前有10个正式成员，包括美国、欧盟、澳大利亚、加拿大、中国、日本、俄罗斯、新加坡、韩国和巴西，世界卫生组织（WHO）作为观察员身份加入。IMDRF对推动全球医疗器械安全标准协调统一，加速全球医疗器械监管的协调和融合、创建高效的监管模式具有重要作用。IMDRF的主席和秘书处采取年度轮换的方式。2018年，我国成为轮值主席国，成功地举办了IMDRF管理委员会第13、14次会议。

2019年9月，IMDRF第16次管理委员会会议召开，中国、欧盟、美国、日本、俄罗斯、韩国等10个国家和地区作为管理委员会成员出席了会议。会议一致同意了中国加入IMDRF国家监管机构报告信息交换机制，共同分享医疗器械产品相关安全信息、共同应对全球医疗器械风险挑战。会上，中国代表团报告了作为主席国牵头的"医疗器械临床评价"协调项目的工作进展，会议批准了该工作组"临床证据－关键定义和概念""临床评价""临床研究"三份指南文件，这是中国加入IMDRF后第一次由中国药品监管机构牵头组织编写的指南文件。我国不断为全球医疗器械监管贡献着中国智慧，不但有利于全球共同应对产业风险，也可以提升国家在国际社会的地位和影响力，增强医疗器械企业在国际市场上的竞争力。

1997年，亚洲医疗器械法规协调会（AHWP）成立，AHWP是由监管部门和企业组成的区域性医疗器械法规交流平台，成员包括30个国家和地区，旨在促进亚洲及其他国家和地区医疗器械法规协调。2019年，在第24届AHWP年会上，我国介绍了中国医疗器械注册和监管体系的最新进展，主持了工作组工作讨论和法规协调工作，积极地促进亚洲医疗器械法规协调工作。

（二）美国

美国是国际上第一个对医疗器械进行立法的国家。1938年，美国国会通过的《食品、药品和化妆品法》（FDCA）涵盖了对医疗器械的管理，其中涉及对医疗器械的简单规定，这是美国第一部涉及医疗器械监管的法律。1976年，美国国会通过了《食品、药品和化妆品法》修正案，对医疗器械的监管内容更加全面，确立了风险管理和分类管理的要求，并通过上市前和上市后监管制度以及复杂严格的程序要求等加强了监管力度。此后，美国又陆续颁布了一系列关于医疗器械的法律法规，如1990年发布了《医疗器械安全法》（SMDA），1992年制定了《医疗器械修订本》，1997年制定了《食品和药品管理现代化法案》等。《美国联邦法典》第21篇是关于食品、药品、医疗器械、化妆品的相关管理法规。美国通过不断完善的医疗器械监管法律体系、鼓励医疗器械创新的良好环境及严厉的惩罚性赔偿推动了医疗器械产业的快速发展。

美国卫生和公众服务部下属的美国食品药品管理局（FDA），是专门从事食品药品管理的最高执法机关，负责对医疗器械等产品进行全面监督管理。器械和放射产品健康中心是FDA内部负责对医疗器械全生命周期进行监管的机构。美国将1700多种医疗器械按照医学专业划分为16大类，并且都有对应的监管条款。根据对人体风险由低到高，美国将医疗器械产品分为Ⅰ、Ⅱ、Ⅲ三类。大多数Ⅰ类产品都豁免上市前通告要求，大部分Ⅱ类产品需要上市前通告，即510（k）的审查，Ⅲ类产品通常需要上市前批准（PMA）。

（三）欧盟

欧洲联盟简称欧盟，是全球经济发达的地区之一。20世纪90年代，欧盟已经形成较完善的医疗器械法规体系。指令是欧盟的立法工具之一，1993年，欧盟发布了《医疗器械指令》，实现了欧盟内监管要求的一致。欧盟医疗器械管理法律体系主要有三个指令：《有源植入医疗器械指令》（AIMDD）、《医疗器械指令》（MDD）、《体外诊断医疗器械指令》（IVDD），这三个指令后来分别作了几次修正。欧盟将医疗器械分为Ⅰ、Ⅱa、Ⅱb和Ⅲ类四个类别。Ⅰ类属于低风险医疗器械产品，Ⅱa类和Ⅱb类属于中等风险医疗器械产品，高风险医疗器械产品属于Ⅲ类。医疗器械若想进入欧盟市场都必须进行医疗器械CE认证。

2012年，欧盟开始对医疗器械法规体系进行修订。2017年5月5日，欧盟正式发布了医疗器械法规（MDR）和体外诊断医疗器械法规（IVDR），两部法规分别于2020年5月26日和2022年5月26日开始实施。从实施之日起，MDR和IVDR将取代原欧盟三部医疗器械指令。此次修订，在名称上用"法规"取代了"指令"，内容上更新和升级了"指令"，引入了最新的技术发展成果，对医疗器械的定义进行了完善，扩大了法规的监管范围，在产品开发、可追溯性、临床评估、高风险产品和上市后监督等方面提出了更为严格的要求。2020年4月，欧盟委员会通过将《医疗器械法规》（MDR）的执行日期推迟一年的提案申请，也即于2021年5月26日实施。

由于欧盟是由不同主权国家组成，欧盟对医疗器械的技术审查、市场监管等需要通过第三方认证机构（"公告机构"，NB）负责实施，由各成员国委任授权认证机构并对认证机构进行监督。

PPT

第二节　医疗器械监管机构体系

💬 **案例讨论**

案例　改革开放以来，我国进行了8次规模较大的政府机构改革，不断推动政府职能转变，优化整合职能和结构，提高行政效率。2018年3月，中共中央印发了《深化党和国家机构改革方案》，并发出通知，要求各地区各部门结合实际认真贯彻执行。根据2018年度药品监管统计年报数据显示，2018年各级监管机构共受理医疗器械投诉举报1.8万件，立案1026件，结案1087件。2018年各级监管机构查处医疗器械案件1.8万件，货值金额2.1亿元，罚款5.7亿元，没收违法所得金额1726.7万元，取缔无证经营188户，捣毁制假售假窝点6个，责令停产停业89户，吊销许可证7件，移送司法机关41件。

讨论　1.医疗器械行政监管的内涵是什么？我国医疗器械的行政管理部门具体都有哪些？

　　　　2.为医疗器械行政监管部门提供技术支持的机构都有哪些？

一、概述

（一）医疗器械行政监管的内涵

医疗器械行政监管，是指为了保障公众用械安全有效，相关行政监管部门和机构对医疗器械各环节在内的全过程进行监管的行政行为。以行政相对人是否特定为标准，行政行为可以分为抽象行政行为和具体行政行为。以监管流程为标准，可以分为事前、事中和事后监管，如事前审批、事中监督检查、事后行政处罚。

抽象行政行为是指有权的行政机关，针对不特定的人或事制定的具有普遍约束力的规范性文件的行为，包括行政立法行为和制定其他规范性文件的行为。行政立法是一定级别的行政机关依照法定的权限和程序制定行政法规和规章的活动，应遵守《立法法》《行政法规制定程序条例》《规章制定程序条例》的相关规定。其他规范性文件的表现形式较多，是一个包括决议、决定、命令（令）、公报、公告、通告、意见、通知、通报等表现形式的集合概念。抽象行政行为是具体行政行为的依据，具有对象非特定性、效力普遍性、反复适用性、不可诉性等特征。

具体行政行为是指在行政管理活动中针对特定人、就特定的具体事项作出的直接对相对人产生法律效果的行政行为。具体行政行为的主体多是基层行政机关，具体行政行为具有对象特定性、自由裁量性和可诉性等特征。在医疗器械行政监管过程中，具体行政行为的表现形式主要有行政许可、行政处罚、行政监督检查、行政强制、行政赔偿等。医疗器械法律法规具有很强的技术性，因而，在医疗器械监管过程中离不开为行政监管工作提供技术支撑的组织与机构，执行和落实相关技术法规的要求。

2019年7月，国务院办公厅印发了《关于建立职业化专业化药品检查员队伍的意见》，提出到2020年底，国务院药品监管部门和省级药品监管部门基本完成职业化专业化药品检查员队伍制度体系建设。在此基础上，再用三到五年时间，构建起基本满足药品监管要求的职业化专业化药品检查员队伍体系，进一步完善以专职检查员为主体、兼职检查员为补充的职业化专业化药品检查员队伍，形成权责明确、协作顺畅、覆盖全面的药品监督检查工作体系（含医疗器械、化妆品）。检查员是经药品监管部门认定，依法对管理相对人从事药品研制、生产等场所、活动进行合规确认和风险研判的人员，是加强药品医疗器械监管、保障公众用药用械安全的重要支撑力量。

（二）医疗器械监管的法治意义

1.产品的特殊性 医疗器械具有缓解病痛、治疗疾病和维持生命的特殊作用，其应用范围越来越广，但同时又具有很大的风险性，存在设计、工艺、技术、材料、临床应用等固有风险，人类只能在对科学有限认知、阶段性可受风险基础上进行风险识别和判断。医疗器械产品也会因流通领域不规范、维护管理不当、操作错误及使用者个体差异等因素的影响而存在各种损害风险。

2.规范行业行为，促进产业健康发展 中国已成为世界第二大医疗器械市场，未来将是行业发展的加速期和黄金期。伴随电商、物流、互联网和人工智能等发展，医疗器械新的营销模式、行业形态不断涌现，但我国医疗器械行业存在的产业基础薄弱、发展不平衡等问题并没有明显改变。法律监管与产业发展之间互促互进、互生共荣。通过创造公平竞争、规范有序、健康快速发展的产业环境和保障机制，将推进我国从医疗器械大国到医疗器械强国的跨越。如何保证公众在用械安全的前提下又能及时受益，促进医疗器械产品的创新，需要通过专门立法将相关从业行为纳入法律监管范围，促使从业人员主动选择合乎法律规范的行为方式，最终引导各主体的价值理念、行为习惯向有益于医疗器械安全有效的方向转变。

3.助力医疗卫生事业，缓和医患关系 医疗器械是医疗机构的重要资产之一，对在用医疗器械的使用管理关系到医疗机构巨大的经济效益和社会效益。同时，医疗器械在医疗活动中发挥着不可或缺的重要作用，医患冲突、医疗损害赔偿的发生与医疗器械的使用及质量安全有着很大关系，加强医疗器械的法律监管可以有效地提高临床诊断和治疗质量，缓和医患关系，减轻患者"看病难、看病贵"的医疗体验，促进社会和谐发展。

4.在复杂的监管环境中提高监管效能 医疗器械属于知识密集型科技产品，对其监管的规范性、专业性和科学性要求较高，而医疗器械新品种、新技术与日俱增加重了监管的难度。科学立法、严格监管是规范执法行为的设定和实施，保障和监督执法机关依法履行各自职责的关键。药品监督管理部门、市场监管部门等应完备执法手段，提高行政效率，防范执法风险，提高行政执法质量。

二、监管体制

根据现行《条例》第三条的规定，国务院药品监督管理部门负责全国医疗器械监督管理工作。国务院有关部门在各自的职责范围内负责与医疗器械有关的监督管理工作。国务院药品监督管理部门应当配合国务院有关部门，贯彻实施国家医疗器械产业规划和政策。县级以上地方人民政府药品监督管理部门负责本行政区域的医疗器械监督管理工作。县级以上地方人民政府有关部门在各自的职责范围内负责与医疗器械有关的监督管理工作。

目前，我国医疗器械的行政监管部门包括药品监督管理部门和其他相关部门，其中以药品监督管理部门为主导，市场监督管理部门、卫生健康主管部门等其他部门作为辅助部门。一方面，在行政监管过程中要防止出现不分主次、多头监管的"九龙治水"问题，另一方面，也要充分发挥其他部门的监管职能优势，形成切实有效的部门协同治理机制。

三、行政监管部门与机构

2018年3月，中共中央印发了《深化党和国家机构改革方案》，决定组建国家市场监督管理总局，作为国务院直属机构。主要职责是，负责市场综合监督管理，统一登记市场主体并建立信息公示和共享机制，组织市场监管综合执法工作，承担反垄断统一执法，规范和维护市场秩序，组织实施质量强国战略，负责工业产品质量安全、食品安全、特种设备安全监管，统一管理计量标准、检验检测、认证认可工作等。不再保留国家工商行政管理总局、国家质量监督检验检疫总局、国家食品药品监督管理总局。国家认证认可监督管理委员会、国家标准化管理委员会职责划入国家市场监督管理总局，对外保留牌子。同时，组建国家药品监督管理局，由国家市场监督管理总局管理，主要职责是负责药品、化妆品、医疗器械的注册并实施监督管理。

1.**药品监督管理部门**　各级药品监督管理机构是医疗器械监管的主导部门。国家药品监督管理局的内设机构中，与医疗器械监管有关的是政策法规司、医疗器械监督管理司、医疗器械注册管理司、科技和国际合作司（港澳台办公室）。

2.**市场监督管理部门**　现行《条例》第五十九条规定："设区的市级和县级人民政府食品药品监督管理部门应当加强对医疗器械广告的监督检查；发现未经批准、篡改经批准的广告内容的医疗器械广告，应当向所在地省、自治区、直辖市人民政府食品药品监督管理部门报告，由其向社会公告。工商行政管理部门应当依照有关广告管理的法律、行政法规的规定，对医疗器械广告进行监督检查，查处违法行为。食品药品监督管理部门发现医疗器械广告违法发布行为，应当提出处理建议并按照有关程序移交所在地同级工商行政管理部门。"按照上述国务院机构改革方案，市场监督管理部门负责行使对医疗器械广告的监督检查职权。

依据国家市场监督管理总局制定的《药品、医疗器械、保健食品、特殊医学用途配方食品广告审查管理暂行办法》（国家市场监督管理总局令第21号）第四条的规定，国家市场监督管理总局负责组织指导医疗器械广告审查工作。各省、自治区、直辖市市场监督管理部门、药品监督管理部门负责医疗器械广告审查，依法可以委托其他行政机关具体实施广告审查。

3.**出入境检验检疫部门**　根据国务院机构改革方案，原国家质量监督检验检疫总局的出入境检验检疫管理职责和队伍划入海关总署。现行《条例》第四十三条规定："出入境检验检疫机构依法对进口的医疗器械实施检验；检验不合格的，不得进口。国务院食品药品监督管理部门应当及时向国家出入境检验检疫部门通报进口医疗器械的注册和备案情况。进口口岸所在地出入境检验检疫机构应当及时向所在地设区的市级人民政府食品药品监督管理部门通报进口医疗器械的通关情况。"

4.**卫生健康主管部门**　根据国务院机构改革方案决定，组建国家卫生健康委员会，作为国务院组成部门。国家中医药管理局由国家卫生健康委员会管理。不再保留国家卫生和计划生育委员会。

根据现行《条例》，卫生健康主管部门参与医疗器械行政监管的工作内容有：①一次性使用的医疗器械目录由国务院药品监督管理部门会同国务院卫生健康主管部门制定、调整并公布；②接受临床试验备案的药品监督管理部门应当将备案情况通报临床试验机构所在地的卫生健康主管部门；③医疗器械临床试验机构应当具备的条件及备案管理办法和临床试验质量管理规范，由国务院药品监督管理部门会同国务院卫生健康主管部门制定并公布；④准予开展临床试验的，应当通报临床试验提出者以及临床试验机构所在地省、自治区、直辖市人民政府药品监督管理部门和卫生健康主管部门；⑤依据职责对医疗器械使用行为进行监管；⑥医疗器械不良事件监测技术机构发现不良事件或者接到不良事件报告的，应当及时进行核实、调查、分析，对不良事件进行评估，并向药品监督管理部门和卫生健康主管部门提出处理建议；⑦对引起突发、群发的严重伤害或者死亡的医疗器械不良事件及时进行调查和处理；⑧医疗器械生产企业发现其生产的医疗器械不符合强制性标准、经注册或者备案的产品技术要求或者存在其他缺陷的，应当将医疗器械召回和处理情况向药品监督管理部门和卫生健康主管部门报告；⑨制定非营利的避孕医疗器械管理办法以及医疗卫生机构为应对突发公共卫生事件而研制的医疗器械的管理办法由国务院药品监督管理部门会同国务院卫生健康主管部门制定。

此外，中医医疗器械的管理办法，由国务院药品监督管理部门会同国务院中医药管理部门依据《条例》的规定制定。国家卫生健康行政部门、中医药主管部门负责医疗机构医用耗材管理工作的监督管理。康复辅助器具类医疗器械的范围及其管理办法，由国务院药品监督管理部门会同国务院民政部门依据《条例》的规定制定。国家医疗保障局组织制定和调整药品、医疗服务价格和收费标准，制定药品和医用耗材的招标采购政策并监督实施，监督管理纳入医保范围内的医疗机构相关服务行为和医疗费用等。

四、技术管理部门与机构

为医疗器械行政监管部门提供技术支持的机构，主要包括中国食品药品检定研究院、医疗器械技术审评中心、国家药品监督管理局药品评价中心、国家药品监督管理局食品药品审核查验中心、医疗器械标准化技术委员会、医疗器械质量监督检验中心等机构。

1.中国食品药品检定研究院（国家药品监督管理局医疗器械标准管理中心，中国药品检验总所） 它承担医疗器械的检验检测工作，组织开展医疗器械抽验和质量分析工作，负责相关复验、技术仲裁，承担医疗器械质量标准、技术规范、技术要求、检验检测方法的制修订以及技术复核工作，组织开展检验检测新技术新方法新标准研究，承担严重不良反应、严重不良事件原因的实验研究工作，负责医疗器械标准管理相关工作等。

2.国家药品监督管理局医疗器械技术审评中心 ①负责申请注册的国产第三类医疗器械产品和进口医疗器械产品的受理和技术审评工作，负责进口第一类医疗器械产品备案工作；②参与拟订医疗器械注册管理相关法律法规和规范性文件。组织拟订相关医疗器械技术审评规范和技术指导原则并组织实施；③承担再生医学与组织工程等新兴医疗产品涉及医疗器械的技术审评；④协调医疗器械审评相关检查工作；⑤开展医疗器械审评相关理论、技术、发展趋势及法律问题研究；⑥负责对地方医疗器械技术审评工作进行业务指导和技术支持；⑦组织开展相关业务咨询服务及学术交流，开展医疗器械审评相关的国际（地区）交流与合作；⑧承办国家局交办的其他事项。

3.国家药品监督管理局药品评价中心（国家药品不良反应监测中心） ①组织制定修订医疗器械不良事件监测与上市后安全性评价的技术标准和规范；②组织开展医疗器械不良事件监测工作；③开展医疗器械的上市后安全性评价工作；④指导地方相关监测与上市后安全性评价工作。组织开展相关监测与上市后安全性评价的方法研究、技术咨询和国际（地区）交流合作。

4.国家药品监督管理局食品药品审核查验中心 国家药品监督管理局所属公益事业单位，负责组织制定修订医疗器械检查制度规范和技术文件；承担医疗器械临床试验监督抽查和生产环节的有因检查；承担医疗器械境外检查；承担国家级检查员考核、使用等管理工作；承担医疗器械、化妆品检查的国际（地区）交流与合作等事项。

5.医疗器械标准化技术委员会 ①开展医疗器械标准研究工作，提出本专业领域标准发展规划、标准体系意见；②承担本专业领域医疗器械标准起草、征求意见、技术审查等组织工作，并对标准的技术内容和质量负责；③承担本专业领域医疗器械标准的技术指导工作，协助解决标准实施中的技术问题；④负责收集、整理本专业领域的医疗器械标准资料，并建立技术档案；⑤负责本专业领域医疗器械标准实施情况的跟踪评价；⑥负责本专业领域医疗器械标准技术内容的咨询和解释；⑦承担本专业领域医疗器械标准的宣传、培训、学术交流和相关国际标准化活动。在现有医疗器械标准化技术委员会不能覆盖的专业技术领域，国家药品监督管理局可以根据监管需要，按程序确定医疗器械标准化技术归口单位。标准化技术归口单位参照医疗器械标准化技术委员会的职责和有关规定开展相应领域医疗器械标准工作。

6.医疗器械质量监督检验中心　负责授权范围内医疗器械产品的注册检验、监督抽验检验、认证检验、委托检验等任务的技术支持机构。国家级医疗器械质量监督检验中心主要分布在北京、上海、沈阳、济南、天津、武汉、杭州和广州等地。

PPT

第三节　医疗器械法律法规的渊源和法律体系

💬 **案例讨论**

案例　通过查阅法律文件可发现，以下是我国涉及医疗器械标准的法律规范：《标准化法》、《医疗器械监督管理条例》、《地方标准管理办法》（自2020年3月1日起施行）、《标准化法实施条例》、《国家标准管理办法》、《强制性国家标准管理办法》（自2020年6月1日起施行）、《行业标准管理办法》、《全国专业标准化技术委员会管理办法》、《医疗器械标准管理办法》、《医疗器械标准制修订工作管理规范》、《中医药标准制定管理办法（试行）》等。

讨论　1.医疗器械法律法规都有哪些法律渊源？案例中的法律规范分别属于哪种法律渊源？
　　　　2.结合案例分析法律法规的效力等级和适用规则？

一、法律渊源

医疗器械法律法规的体系，是指各类医疗器械法律规范所构成的统一整体。它具有法律效力层级性、多元性和地域性等特征，但它仍然是一个有机的整体。医疗器械法律体系可以按照法律渊源或者调整内容等不同的方式进行构建。

医疗器械法律法规的渊源，是指最高国家权力机关和其他有权机关制定的，有关医疗器械的各种规范性文件的不同表现形式。

（一）宪法

宪法由全国人民代表大会制定和修改，是国家的根本大法，具有最高法律效力，是制定其他法律的依据。我国宪法中有关于医疗卫生事项的内容，在整个法律体系中具有最高法律地位。

（二）法律

这里所说的法律是狭义的法律，是指由全国人民代表大会及其常务委员会制定的规范性文件的总称，包括基本法律和基本法律以外的法律。目前，我国尚没有关于医疗器械的专门法律，其他卫生法律和其他部门法中有关医疗器械的条款是广义上医疗器械法律的组成部分。主要有《立法法》《标准化法》《产品质量法》《侵权责任法》《合同法》《广告法》《招标投标法》《政府采购法》《反不正当竞争法》《进出口商品检验法》《行政处罚法》《行政许可法》《行政复议法》《行政强制法》《行政诉讼法》《国家赔偿法》《刑法》等。

（三）行政法规

行政法规是国务院根据宪法和法律，就执行法律的规定需要或宪法规定属于国务院行政管理职权的事项而制定的规范性文件。行政法规的名称一般称"条例"，也可以称"规定""办法"

等。国务院根据全国人民代表大会及其常务委员会的授权决定制定的行政法规，称"暂行条例"或者"暂行规定"。我国专门的卫生行政法规较多，分布于不同卫生领域之中，目前，《医疗器械监督管理条例》是我国唯一一部专门关于医疗器械管理的行政法规。

2000年1月4日，国务院公布《医疗器械监督管理条例》（国务院令第276号），于2000年4月1日实施，2000年版条例对保障医疗器械安全有效起到了积极的推动作用。但随着我国社会发展和医疗器械产业的迅速壮大，2000年版《条例》在分类管理、注册管理、企业责任、质量管理、监督管理以及惩治违法行为等方面已不能适应发展的需要。因此，国务院启动了对2000年版《条例》的修订工作。2014年3月7日，国务院令第650号发布《医疗器械监督管理条例》，自2014年6月1日起施行，共8章80条。2014版《条例》以分类管理为基础，增设了医疗器械不良事件处理制度、召回制度等，健全了覆盖全过程的监管制度。2014年版《条例》完善了分类管理，未增设新的许可，且适当减少事前许可，加大了生产经营企业在产品质量方面的责任，增加了使用单位的产品安全管理责任，并强化了日常监管，规范监管行为，充实监管手段，完善了法律责任，对于强化医疗器械监督管理发挥着重要作用。

2017年5月4日，国务院令第680号公布《国务院关于修改〈医疗器械监督管理条例〉的决定》，自公布之日起施行。《医疗器械监督管理条例》根据决定作相应修改，重新公布，为目前的现行《条例》。该决定共10条，细化、明确了监管部门的职责，将医疗器械临床试验机构由资质认定改为备案管理，增加了对大型医用设备的配置与使用监管内容，增加了对医疗器械经营企业、使用单位的免责情形。

（四）地方性法规、自治条例和单行条例

地方性法规是指一定的地方国家权力机关根据本行政区域的具体情况，在不与上位法相抵触的前提下，依法制定在本行政区域内具有效力的规范性文件。省、自治区、直辖市的人民代表大会及其常务委员会根据本行政区域的具体情况和实际需要，在不同宪法、法律、行政法规相抵触的前提下，可以制定地方性法规。设区的市的人民代表大会及其常务委员会根据本市的具体情况和实际需要，在不同宪法、法律、行政法规和本省、自治区的地方性法规相抵触的前提下，可以对城乡建设与管理、环境保护、历史文化保护等方面的事项制定地方性法规，法律对设区的市制定地方性法规的事项另有规定的，从其规定。设区的市的地方性法规须报省、自治区的人民代表大会常务委员会批准后施行。

自治条例和单行条例是指民族自治地方的人民代表大会有权依照当地民族的政治、经济和文化的特点制定发布的有关本地区的规范性法律文件。只限于民族自治地方适用。

（五）规章

规章分为部门规章和地方政府规章两种。

1. 部门规章　是指由国务院各部、委员会、中国人民银行、审计署和具有行政管理职能的直属机构，根据法律和国务院的行政法规、决定、命令，在本部门的权限范围内依照法定程序制定的规范性文件。规章的名称一般称"规定""办法"，但不得称"条例"。人民法院审理行政案件，参照规章。目前，我国有关医疗器械管理的部门规章较多（表1-1），它们在医疗器械法律体系中处于重要地位。

表1-1　医疗器械部门规章清单

配套规章名称	实施日期	效力状态	发布机关
医疗器械注册管理办法（国家食品药品监督管理总局令第4号）	2014年10月1日	现行有效	原国家食品药品监督管理总局
体外诊断试剂注册管理办法（国家食品药品监督管理总局令第5号）	2014年10月1日	现行有效	原国家食品药品监督管理总局
医疗器械说明书和标签管理规定（国家食品药品监督管理总局令第6号）	2014年10月1日	现行有效	原国家食品药品监督管理总局
医疗器械生产监督管理办法（国家食品药品监督管理总局令第7号、总局令第37号）	2014年10月1日起施行，2017年11月17日修正	现行有效	原国家食品药品监督管理总局
医疗器械经营监督管理办法（国家食品药品监督管理总局令第8号，总局令第37号）	2014年10月1日起施行，2017年11月17日修正	现行有效	原国家食品药品监督管理总局
药品医疗器械飞行检查办法（国家食品药品监督管理总局令第14号）	2015年9月1日	现行有效	原国家食品药品监督管理总局
医疗器械分类规则（国家食品药品监督管理总局令第15号）	2016年1月1日	现行有效	原国家食品药品监督管理总局
医疗器械使用质量监督管理办法（国家食品药品监督管理总局令第18号）	2016年2月1日	现行有效	原国家食品药品监督管理总局
医疗器械通用名称命名规则（国家食品药品监督管理总局令第19号）	2016年4月1日	现行有效	原国家食品药品监督管理总局
医疗器械临床试验质量管理规范（国家食品药品监督管理总局中华人民共和国国家卫生和计划生育委员会委令第25号）	2016年6月1日	现行有效	原国家食品药品监督管理总局，原国家卫生和计划生育委员会
体外诊断试剂注册管理办法修正案（国家食品药品监督管理总局令第30号）	2017年1月25日	现行有效	原国家食品药品监督管理总局
医疗器械召回管理办法（国家食品药品监督管理总局令第29号）	2017年5月1日	现行有效	原国家食品药品监督管理总局
国家食品药品监督管理总局关于调整部分医疗器械行政审批事项审批程序的决定（国家食品药品监督管理总局令第32号）	2017年7月1日	现行有效	原国家食品药品监督管理总局
医疗器械标准管理办法（国家食品药品监督管理总局令第33号）	2017年7月1日	现行有效	原国家食品药品监督管理总局
医疗器械网络销售监督管理办法（国家食品药品监督管理总局令第38号）	2018年3月1日	现行有效	原国家食品药品监督管理总局
医疗器械不良事件监测和再评价管理办法（国家市场监督管理总局令第1号）	2019年1月1日	现行有效	国家市场监督管理总局和国家卫生健康委员会

2.地方政府规章　是指省、自治区、直辖市和设区的市、自治州的人民政府根据法律、行政法规和本省、自治区、直辖市的地方性法规制定的在本地区具有法律效力的规范性文件。规章在法院审理行政案件时起参照作用。规章的名称一般称"规定""办法"，但不得称"条例"，如《沈阳市药品和医疗器械监督管理办法》《广东省医疗器械管理办法》。

（六）法律解释

法律解释，是指法律法规条文本身需要进一步明确界限或作补充规定以及具体应用法律等原因，由有解释权的国家机关按照权限所作的具有法律效力的解释，分为立法解释、司法解释和行政解释。如《最高人民法院、最高人民检察院关于办理药品、医疗器械注册申请材料造假刑事案件适用法律若干问题的解释》。学理解释等非正式解释不是法的渊源。

（七）国际条约

国际条约是指我国与外国缔结或加入并生效的条约和国际规范性文件。国际条约虽然不属于国内法，但除国家声明保留的条款外，经国家权力机关批准生效后，具有同等的法律效力。如《国际卫生条例》（IHR）是一部国际卫生法，我国是《国际卫生条例》的缔约国。

二、法的适用和效力等级

在法的适用过程中，医疗器械法律规范间发生冲突和矛盾时，根据制定主体、时间和适用范围等因素来确定法律规范的效力等级以及如何选择适用。

（一）效力等级体系

宪法具有最高法律效力，以下依次是法律、行政法规、地方性法规、规章等，它们具有的不同效力构成了我国医疗器械法律规范的效力等级体系。

（二）适用规则

1.上位法优于下位法　①宪法具有最高的法律效力，一切法律、行政法规、地方性法规、自治条例和单行条例、规章都不得同宪法相抵触；②法律的效力高于行政法规、地方性法规、规章；③行政法规的效力高于地方性法规、规章；④地方性法规的效力高于本级和下级地方政府规章；⑤省、自治区的人民政府制定的规章的效力高于本行政区域内的设区的市、自治州的人民政府制定的规章。

2.同位阶的医疗器械法律规范具有同等法律效力　部门规章之间、部门规章与地方政府规章之间具有同等效力，在各自的权限范围内施行。

3.特别规定优于一般规定　"特别法优于一般法"。同一机关制定的法律、行政法规、地方性法规、自治条例和单行条例、规章，特别规定与一般规定不一致的，适用特别规定。

4.新的规定优于旧的规定　"新法优于旧法"。同一机关制定的法律、行政法规、地方性法规、自治条例和单行条例、规章，新的规定与旧的规定不一致的，适用新的规定。新的规定是按照最新技术成果和监管实际制定的，更具有科学性和合理性。这项规则适用于同一机关制定的规范性文件不一致，且新旧规定都应是已经生效的。

5.法不溯及既往原则　一般情况下，法律规范对其生效前所发生的行为是不适用的，但为了更好地保护公民、法人和其他组织的权利和利益而作的特别规定除外。法不溯及既往是对其生效前行为的适用原则，不应与新法优于旧法的规则相混淆。

（三）效力冲突的裁决制度

1.法律之间对同一事项的新的一般规定与旧的特别规定不一致，不能确定如何适用时，由全国人民代表大会常务委员会裁决。

2.行政法规之间对同一事项的新的一般规定与旧的特别规定不一致，不能确定如何适用时，由国务院裁决。

3.地方性法规、规章之间不一致时，由有关机关依照《立法法》第九十五条规定的权限作出裁决。

三、我国医疗器械法律体系的发展及主要内容

我国对医疗器械的监管及相关立法相对滞后于药品管理，但随着医学技术的应用和医疗器械产业的发展，医疗器械领域正成为法律监管的重要对象。虽然其他部门法中也有医疗器械监管的法律渊源，但医疗器械的专门立法监管起始于2000年版《条例》的实施，是我国真正跨入医疗器械依法行政、依法监管新时期的标志。为配合2000年版《条例》的贯彻实施，国家药品监督管理部门发布了一批配套规章和文件。2014年、2017年《条例》的修订更加增强了医疗器械监管内容的全面性、体系的完善性、制度的可操作性、立法的协调性和国际性，我国医疗器械立法进入快速发展阶段。

为配合修订后《条例》的实施，承继现行《条例》的立法内涵和监管理念，细化并落实具体的监管制度，医疗器械领域的法律规范经历了大范围的更新。国家药品监管部门对配套规章进行了相应的制修废，使得医疗器械每个环节的具体过程都有对应的部门规章。尤其是2016年《医疗器械使用质量监督管理办法》的实施，标志着基于产品全生命周期管理的医疗器械法规体系的形成。上位法的出台带动和引领了一批下位法的制定和修改。为了推动这些管理规范的实施，监管部门又密集出台了通告、公告、通知等一大批规范性文件，对重点环节都发布了具体的指南、指导原则。立法过程中根据实际情况和监管需要适时提高规范性文件的法律层级，我国医疗器械法律体系已形成并在不断完善中。

当前，我国医疗器械领域已经形成以其他部门法为配合，以医疗器械基础性综合法规（《条例》）为核心，以全程管理的各环节专项规章为基础，以具体环节中的众多规范性文件为手段，以指南性文件为补充的多层次、全覆盖的监管法律体系，树立了全程监管与过程管控的理念，加强了事中事后监管的立法内涵，明确了其中的关键环节和重点监管事项。在医疗器械法律体系内，各层级法律文件的数量与其效力等级成反比。

按照《国务院2019年立法工作计划》，医疗器械监督管理条例（修订）是其中拟修订的法规之一，接下来条例一旦再次修订完成，又会带动配套规章和规范性文件的新一轮更新及相关改革制度的实施。

我国医疗器械法律法规内容庞杂、数量巨大，主要包括以下几方面内容。

1.医疗器械的产品管理　①关于医疗器械分类和相关信息的管理，包括医疗器械分类、通用名称命名、唯一标识系统规则、说明书和标签管理等；②关于医疗器械的标准和技术评价，包括医疗器械标准、产品技术要求、注册检验、临床评价及临床试验质量管理等；③产品备案与注册管理；④医疗器械不良事件监测与再评价、召回管理和产品质量管理。

2.医疗器械的生产管理　涉及生产许可与备案、委托生产、生产企业分类分级管理、国家重点监管医疗器械目录、生产质量管理以及监督管理等方面内容。国家药品监督管理部门颁布了一系列与医疗器械生产监督相关的规章文件，明确了生产质量管理规范要求，强化了法规与标准的相容互补与配合，促进了我国医疗器械法规与国际间的协调。

3.医疗器械的经营管理　医疗器械经营过程监管是产品上市后监管的重点内容，主要包括经营许可与备案、经营质量管理、企业分类分级监管、网络销售监督管理、广告管理、进出口管理、医疗器械冷链（运输、贮存）管理、质量抽查检验等内容。

4.医疗器械的使用管理　包括医疗器械的使用行为监管和使用质量监管。《医疗器械使用质量监督管理办法》填补了使用环节的规章缺位，强化了对医疗器械使用质量的监督管理。对使用环节中医疗器械使用行为的监督管理由国家卫生健康主管部门予以规定和实施，涉及医疗器械临床使用安全管理、医疗卫生机构医学装备管理、集中采购管理、大型医用设备配置与使用管理、

医疗机构医用耗材管理等。

5.特殊产品管理　除了秉承全程监管和过程管控的理念，国家药品监管部门对特殊的医疗器械产品也制定了具体的监管规定，以保证特殊类型产品的安全有效可及。针对体外诊断试剂的自身特点，围绕体外诊断试剂的分类命名、说明书、注册备案、临床试验、生产质量管理等，国家药品监督管理部门制定了一系列法律文件。2019年国家药品监督管理局会同国家卫生健康委员会制定了《定制式医疗器械监督管理规定（试行）》，鼓励定制式医疗器械的创新研发，保障定制式医疗器械的安全有效，满足临床罕见个性化需求。

第四节　医疗器械法律法规的实施

💬 **案例讨论**

案例　2019年6月，某市药品监管部门接到多起投诉举报，称某医疗器械企业在网上非法销售医疗器械。经检查发现，该企业在某网络科技有限公司提供的网站上销售医疗器械，该网络公司未取得《互联网药品信息服务资格证书》和医疗器械网络交易服务第三方平台备案凭证，没有对入驻平台企业进行核实登记，发现该企业利用网络违法销售医疗器械后没有制止和报告。调查还发现，该企业没有办理医疗器械网络销售备案，同时，该企业还存在销售未经注册或备案的非法医疗器械、产品标签说明书与注册信息不相符以及虚假宣传等违法违规行为。监管部门依法对以上相关单位进行了处罚。

讨论　1.结合案例，如何理解医疗器械法律法规的实施，法的实施包括哪些形式？
　　　　2.医疗器械行政执法行为有哪些类型？案例中需要采取何种行政执法行为？

一、概述

1.医疗器械法律法规的实施　是指通过一定的方式使医疗器械法律规范在社会生活中应用和实现的过程，是法律规范对医疗器械各环节实际过程发生作用的具体形态的总称，包括法的遵守、执行和适用等。

2.医疗器械法律法规的遵守　是指国家机关、企事业单位、社会团体和全体公民依照法律规定，行使权利（职权）和履行义务（职责）的活动。自觉遵守法律是法得以实施的基础和主要途径，一切组织和个人都是守法的主体，任何主体都没有超越法律的特权。

3.医疗器械行政执法　是指享有医疗器械监管行政职能的组织，依法处理具体医疗器械行政事务的活动。行政执法行为的合法要件包括资格要件、权限要件、内容要件、程序要件和形式要件。行政执法主体应强化监管职能，创新监管模式，提升监管效能，通过简政放权、放管结合，促进市场活力和社会创造力的释放，提高行政便利化水平，降低各医疗器械主体在市场运行中的行政成本。行政执法行为既要符合行政合法性原则，也应满足行政执法的合理性要求。

4.狭义上法的适用　是指司法机关按照法定权限与程序，处理有关医疗器械违法犯罪的具体案件的专门活动。国家机关、企事业单位、社会团体和公民，有权对行政主体的执法行为以及法院的审判活动是否合法进行监督。

二、效力范围

法的效力是指法律法规的具体适用范围，包括时间效力、空间效力和对人的效力三个方面。

（一）时间效力

医疗器械法律法规的时间效力是指法律法规何时开始生效、何时失效以及对其生效前所发生的行为和事项是否具有溯及力。

1.生效时间　①从法律、法规、规章等文件公布之日起生效。如《医疗器械生产企业分类分级监督管理规定》第二十二条规定，"本规定自发布之日起施行"。有的规范性文件没有规定生效时间，以其发布日期为生效时间。②法律、法规、规章等文件规定在其公布后某一具体时间或者满足一定条件后开始生效，这样可以为法的实施提供一个宣传的时间作为过渡。如《医疗器械使用质量监督管理办法》于2015年10月21日发布，自2016年2月1日起施行。这里需要注意的是，公布是生效的前提，只有生效后的法律规范才具有拘束力和强制性。

2.失效时间　①从新法颁布施行之日起，相应的旧法即自行废止。②在新法条文中明确宣布旧法的废止。如2014年原国家食品药品监督管理总局发布的《医疗器械生产监督管理办法》第七十三条规定，本办法自2014年10月1日起施行。2004年7月20日公布的《医疗器械生产监督管理办法》（国家食品药品监督管理局令第12号）同时废止。③法律文件中规定了失效的时间，期满后如果无延期规定即失效。④有关国家机关通过发布专门的决议、命令等，宣布对其制定的某些法律文件予以废止。如国家药品监督管理局发布了关于医疗器械规范性文件（1998—2013年）清理结果的公告（2018年第37号），决定废止和宣布失效一批规范性文件，公布了《国家药品监督管理局废止和宣布失效的医疗器械规范性文件目录（1998—2013年）》。

3.法的溯及力　是指新法颁布后对其生效前的事项和行为是否适用，如果适用，该法律规范就有溯及力，反之，就没有溯及力。法只适用于其生效以后发生的行为，如果以今日之规则来要求人们过往的行为，破坏了法的指引性和可预测性，并且也有违公正原则。但法不溯及既往原则并非绝对，从有利于民众利益出发，制定机关也可以在法律规范中作出有条件溯及既往的规定。

2014年版《条例》自2014年6月1日起施行。2014年5月23日，原国家食品药品监督管理总局就贯彻实施《条例》有关事项发布公告，在国家食品药品监督管理总局有关新规章和规范性文件出台前，产品注册、医疗器械生产企业、从事第二类和第三类医疗器械经营企业的管理按照现有规章和规范性文件执行。"医疗器械违法行为发生在2014年6月1日以前的，适用修订前的《医疗器械监督管理条例》，但新修订的《医疗器械监督管理条例》不认为违法或者处罚较轻的，适用新修订的《医疗器械监督管理条例》。违法行为发生在2014年6月1日以后的，适用新修订的《医疗器械监督管理条例》。"

（二）空间效力

医疗器械法律法规的空间效力，是指法律法规适用的地域范围。①在全国范围内生效。全国人民大表大会及其常务委员会制定的法律、国务院及其各部门制定的行政法规、规章等规范性文件，除有特别规定外，适用于我国的全部领域；②在一定的区域范围内生效。地方性法规、自治条例、单行条例和地方政府规章仅在制定机关管辖的行政区域内有效；③有关国家机关制定的法律规范明确规定其特定的适用范围。

（三）对人的效力

法律法规对人的效力，是指法对哪些人或组织有拘束力。医疗器械法律法规对其空间效力范围内所有的自然人或法人都一律适用，包括国家机关，也包括外国人、无国籍人和外国组织，都不享有特权或豁免权。

三、行政执法行为

（一）医疗器械行政处罚

1.执法依据　药品监管部门、市场监管部门等在实施处罚过程中要严格执行《中华人民共和国行政处罚法》、现行《条例》、《市场监督管理行政处罚程序暂行规定》、《药品和医疗器械行政处罚裁量适用规则》、《市场监管总局关于规范市场监督管理行政处罚裁量权的指导意见》等法律文件。

2.概念和种类　《中华人民共和国行政处罚法》（2009年第一次修正，2017年第二次修正）自1996年10月1日施行。行政处罚是指行政主体依法定职权和程序，对违反行政法规范尚未构成犯罪的相对人给予行政制裁的具体行政行为。没有法定依据或者不遵守法定程序的，行政处理无效（图1-1）。行政处罚的种类包括：警告；罚款；没收违法所得、没收非法财物；责令停产停业；暂扣或者吊销许可证、暂扣或者吊销执照；行政拘留；法律、行政法规规定的其他行政处罚。

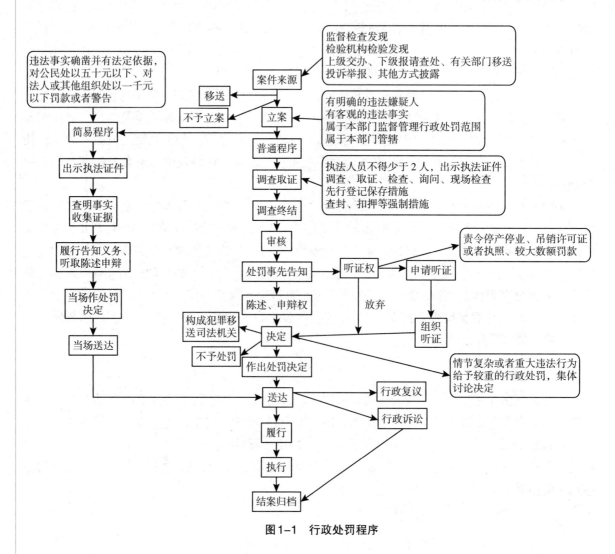

图1-1　行政处罚程序

3.行政处罚裁量权　根据《药品和医疗器械行政处罚裁量适用规则》，行政处罚裁量权是指药品监督管理部门等在作出行政处罚时，依据法律、法规和规章规定，对行政处罚的种类和幅度所享有的自主决定权。药品监督管理部门行使行政处罚裁量权，应当遵循处罚法定原则、公平公正原则、过罚相当原则、行政处罚与教育相结合原则。

对当事人实施的违法行为，按照违法行为的事实、性质、情节、产品的风险性以及社会危害程度，给予从重处罚、一般处罚、从轻或者减轻处罚、不予处罚。违法行为在二年内未被发现的，不再给予行政处罚。法律另有规定的除外。

罚款数额按照以下标准确定：一般处罚为法定处罚幅度的中限，从重处罚为法定处罚幅度中限以上（不含中限）、上限以下，从轻处罚为法定处罚幅度中限以下（不含中限）、下限以上，减轻处罚为法定处罚幅度下限以下（不含下限）。

药品监督管理部门行使处罚裁量权的程序规则有：①在进行案件调查和实施行政处罚时，对已有证据证明有违法行为的当事人，应当责令改正或者限期改正违法行为；②在作出行政处罚决定前，应当依法、全面、客观收集可能影响行政处罚裁量的证据；③在行政处罚裁量过程中，必须充分听取当事人的陈述和申辩。对当事人提出的事实、理由和证据，应当进行复核；当事人提出的事实、理由或者证据成立的，应当采纳；④对情节复杂或者重大违法行为的行政处罚裁量，药品监督管理部门负责人应当集体讨论决定；⑤作出行政处罚决定，应当在行政处罚决定书中说明裁量理由；⑥举行听证时，案件调查人员提出当事人违法事实、证据和行政处罚建议及裁量理由。听证主持人应当充分听取当事人提出的陈述、申辩和质证意见。

（二）行政许可

《中华人民共和国行政许可法》（2019年修正）于2004年施行。行政许可，是指行政机关根据公民、法人或者其他组织的申请，经依法审查，准予其从事特定活动的行为。医疗器械领域行政许可的表现形式有注册证、备案凭证、生产经营许可证、资格证书、批准文号、健康合格证明、执业证书以及非要式许可形式等。

公民、法人或者其他组织依法取得的行政许可受法律保护，行政机关不得擅自改变已经生效的行政许可。依法取得的行政许可，除法律、法规规定依照法定条件和程序可以转让的外，不得转让。

作出行政许可决定的行政机关或者其上级行政机关，根据利害关系人的请求或者依据职权，对具有法定情形的行政许可可以撤销。被许可人以欺骗、贿赂等不正当手段取得行政许可的，应当予以撤销。"撤销"适用于违法准予的许可而予以取消。吊销行政许可是行政主体对相对人合法获得许可后发生违法行为的一种行政处罚方式，行政许可的注销是针对因到期或法定原因终止许可后的一种管理手续，权利证书的取得是合法的。

（三）行政强制

《中华人民共和国行政强制法》自2012年1月1日起施行。行政强制，包括行政强制措施和行政强制执行。行政强制的设定和实施，应当依照法定的权限、范围、条件和程序，并且应当适当，采用非强制手段可以达到行政管理目的的，不得设定和实施行政强制。

1.行政强制措施　是指行政机关在行政管理过程中，为制止违法行为、防止证据损毁、避免危害发生、控制危险扩大等情形，依法对公民的人身自由实施暂时性限制，或者对公民、法人或者其他组织的财物实施暂时性控制的行为。行政强制措施的种类包括：限制公民人身自由；查封场所、设施或者财物；扣押财物；冻结存款、汇款；其他行政强制措施。现行《条例》在遵循行政强制法相关规定的基础上，第五十四条明确了药品监督管理部门在监督检查中有下列职权：①进入现场实施检查、抽取样品；②查阅、复制、查封、扣押有关合同、票据、账簿以及其他有关资料；③查封、扣押不符合法定要求的医疗器械，违法使用的零配件、原材料以及用于违法生产医疗器械的工具、设备；④查封违反本条例规定从事医疗器械生产经营活动的场所。根据现行《条例》第五十五条的规定，对人体造成伤害或者有证据证明可能危害人体健康的医疗器械，药品监督管理部门可以采取暂停生产、进口、经营、使用的紧急控制措施。

行政强制措施由法律、法规规定的行政机关在法定职权范围内实施。行政强制措施权不得委托。依据行政处罚法的规定行使相对集中行政处罚权的行政机关，可以实施法律、法规规定的与行政处罚权有关的行政强制措施。行政强制措施应当由行政机关具备资格的行政执法人员实施，其他人员不得实施。

行政机关实施行政强制措施应当遵守以下基本规定：①实施前须向行政机关负责人报告并经批准；②由两名以上行政执法人员实施；③出示执法身份证件；④通知当事人到场；⑤当场告知当事人采取行政强制措施的理由、依据以及当事人依法享有的权利、救济途径；⑥听取当事人的陈述和申辩；⑦制作现场笔录；⑧现场笔录由当事人和行政执法人员签名或者盖章，当事人拒绝的，在笔录中予以注明；⑨当事人不到场的，邀请见证人到场，由见证人和行政执法人员在现场笔录上签名或者盖章；⑩法律、法规规定的其他程序。

2.行政强制执行 是指行政机关或者行政机关申请人民法院，对不履行行政决定的公民、法人或者其他组织，依法强制履行义务的行为。行政强制执行的方式包括：加处罚款或者滞纳金；划拨存款、汇款；拍卖或者依法处理查封、扣押的场所、设施或者财物；排除妨碍、恢复原状；代履行；其他强制执行方式。

按照《全国检察机关、市场监管部门、药品监管部门落实食品药品安全"四个最严"要求专项行动工作方案》要求，市场监管部门、药品监管部门要严格执行行政强制法等法律规定，对作出行政处罚决定后，当事人在法定期限内不履行义务的，事先催告当事人履行相关义务。经催告，当事人逾期仍不履行行政处罚决定，且无正当理由的，应依法申请人民法院强制执行，有效维护行政机关履行行政执法职能的权威性，确保行政处罚执行到位。

（四）医疗器械监督检查

1.概述 行政监督检查，是指行政机关通过检查、调查、检验、审查、抽检、监测等手段，依法对行政相对人遵守法律规范和履行行政决定等情况所进行的管理活动。从监督的内容看，包括守法监督和履行监督。行政监督的方法主要有实地检查和书面检查，程序要素一般包括明确监督检查事项、制定监督检查方案、具体组织实施和作出相应处理。监督检查过程中要切实保障相对人的合法权益。药品监督管理部门进行监督检查，应当出示执法证件，保守被检查单位的商业秘密。

2.日常监督检查的重点 根据现行《条例》第五十三条的规定，药品监督管理部门应当对医疗器械的注册、备案、生产、经营、使用活动加强监督检查，并对下列事项进行重点监督检查：①医疗器械生产企业是否按照经注册或者备案的产品技术要求组织生产；②医疗器械生产企业的质量管理体系是否保持有效运行；③医疗器械生产经营企业的生产经营条件是否持续符合法定要求。

3.抽查检验 根据现行《条例》第五十六条的规定，药品监督管理部门应当加强对医疗器械生产经营企业和使用单位生产、经营、使用的医疗器械的抽查检验。抽查检验不得收取检验费和其他任何费用，所需费用纳入本级政府预算。省级以上人民政府药品监督管理部门应当根据抽查检验结论及时发布医疗器械质量公告。我国《产品质量法》和《医疗器械质量抽查检验管理办法》都对监督抽查进行了规定。2020年3月10日，国家药监局发布了《医疗器械质量抽查检验管理办法》，自发布之日起施行，原国家食品药品监督管理总局发布的《医疗器械质量监督抽查检验管理规定》（食药监械监〔2013〕212号）和《国家医疗器械抽查检验工作程序》（食药监办〔2014〕213号）同时废止。

（1）重点检查对象　国家医疗器械质量抽查检验将以下医疗器械作为重点：①安全风险性高，需要重点监管的；②临床用量大、使用人群和使用范围广的；③投诉举报较多、舆情关注度高的；④不良事件监测提示可能存在质量问题的；⑤产品质量易受储存运输条件影响的；⑥其他监管需要的。

省级医疗器械质量抽查检验将以下医疗器械作为重点：①本行政区域内注册或者备案的产品；②未列入国家医疗器械质量抽查检验品种，且产品安全风险较高的；③列入上一年抽查检验计划但实际未抽到的；④既往抽查检验不符合规定的；⑤日常监管、不良事件监测等发现可能存在质量问题的；⑥其他监管需要的。

（2）检查抽样　药品监督管理部门可以自行抽样，也可以委托具有相应工作能力的医疗器械监管技术机构抽样。抽样人员执行现场抽样任务时不得少于2人，应当向被抽样单位出示抽样工作证明文件和抽样人员身份证明文件。原则上同一人不应当同时承担当次抽样和检验工作。

抽样场所应当由抽样人员根据被抽样单位类型确定。抽取的样品应当是已经验收合格入库的待销售（使用）产品，并经被抽样单位确认。样品应当随机抽取，不得由被抽样单位自行选择提供。有下列情形之一的，原则上不属于抽样范围：①被抽样单位无抽检方案所列产品；②有充分证据证明拟抽样产品是用于科学研究等非销售目的；③有充分证据证明拟抽样产品为企业仅用于出口；④产品或者包装、标签、说明书标有"试制""样品"等字样。

抽样人员应当使用专用封签现场签封样品，按要求填写医疗器械抽样记录及凭证，并分别由抽样人员和被抽样单位有关人员签字，加盖抽样单位和被抽样单位有效印章。被抽样单位拒绝签字或者盖章时，抽样人员应当在医疗器械抽样记录及凭证上注明并签字。

（3）检验管理和报告送达　除抽检计划另有规定外，承检机构原则上应当自收到样品之日起40个工作日内出具检验报告；特殊情况需延期的，应当报组织抽查检验工作的药品监督管理部门批准。检验原始记录、检验报告的保存期限不少于5年。

承检机构应当按照规定时间寄送检验报告。检验结果为符合规定的，样品应当在检验报告印发3个月后及时退还被抽样单位。相关药品监督管理部门和被抽样单位应当在规定时限内接收样品。逾期不配合的，样品可由检验机构自行处理。

（4）复检处置　被抽样单位或者标示医疗器械注册人、备案人或者进口产品代理人对检验结果有异议的，可以自收到检验报告之日起7个工作日内优先向检验方案中推荐的复检机构提出复检申请。复检机构应当在收到复检申请之日起对资料进行审核，3个工作日内作出是否受理的书面决定，并于作出书面决定当日报告组织抽查检验的药品监督管理部门。

复检仅针对原检不符合规定项目，应当按照原抽检方案规定的检验要求和判定原则出具检验报告。原则上不得引入新的样品和资料。复检机构一般应当在收到复检样品后15个工作日内作出复检结论，并自检验报告印发之日起2个工作日内，将检验报告寄送给标示医疗器械注册人、备案人或者进口产品代理人所在地省级药品监督管理部门，以及被抽样单位所在地省级药品监督管理部门、复检申请人、原检机构。特殊情况需要延期的，应当报请组织抽查检验工作的药品监督管理部门批准。复检机构出具的复检结论为最终检验结论。

（5）监督管理　医疗器械注册人、备案人和被抽样单位获知产品不符合规定后，应当履行以下义务：①实施产品召回并发布召回信息；②立即深入进行自查，分析原因，进行风险评估；③根据调查评估情况采取必要的风险控制措施。申请复检期间，应当继续实施对不符合规定产品的风险控制措施。

承检机构在检验过程中发现下列情形时，应当立即将相关信息书面通知标示医疗器械注册人、备案人或者进口产品代理人所在地省级药品监督管理部门，同时抄送组织医疗器械抽查检验的药品监督管理部门：①存在严重质量安全风险需立即采取控制措施的；②涉嫌违法违规生产行为的；③同一企业多批次产品检验不符合规定，质量体系可能存在严重问题的。标示医疗器械注册人、备案人或者进口产品代理人所在地省级药品监督管理部门应当立即组织对相关情况进行调查核实，及时采取相应风险控制措施并依法进行查处。

省级以上药品监督管理部门负责对本部门组织开展的医疗器械质量抽查检验结果的信息公开工作。未经批准，任何单位和个人不得擅自公布抽查检验信息。医疗器械质量抽查检验结果公开不当的，应当自确认公开内容不当之日起5日内，在原公开范围内予以更正。对可能产生重大影响的医疗器械抽查检验信息，发布部门在质量公告发布前，应当进行评估研判。信息发布按照政府信息公开有关规定执行。医疗器械质量抽查检验流程见图1-2。

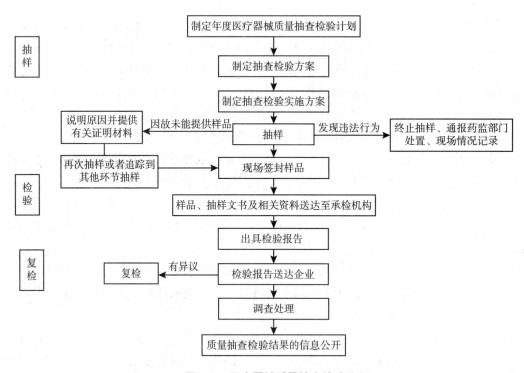

图1-2　医疗器械质量抽查检验流程

4.飞行检查　2015年，国家食品药品监督管理总局发布实施《药品医疗器械飞行检查办法》，自2015年9月1日起施行。医疗器械飞行检查，是指药品监督管理部门针对医疗器械研制、生产、经营、使用等环节开展的不预先告知的监督检查。

（1）启动　国家药品监督管理部门负责组织实施全国范围内的药品医疗器械飞行检查。地方各级药品监督管理部门负责组织实施本行政区域的药品医疗器械飞行检查。有下列情形之一的，药品监督管理部门可以开展药品医疗器械飞行检查：①投诉举报或者其他来源的线索表明可能存在质量安全风险的；②检验发现存在质量安全风险的；③药品不良反应或者医疗器械不良事件监测提示可能存在质量安全风险的；④对申报资料真实性有疑问的；⑤涉嫌严重违反质量管理规范要求的；⑥企业有严重不守信记录的；⑦其他需要开展飞行检查的情形。

药品监督管理部门派出的检查组应当由2名以上检查人员组成，检查组实行组长负责制。检查人员应当是药品行政执法人员、依法取得检查员资格的人员或者取得本次检查授权的其他人员；根据检查工作需要，药品监督管理部门可以请相关领域专家参加检查工作。检查组应当调查核实被检查单位执行医疗器械监管法律法规的实际情况，按照检查方案明确现场检查重点，并可以根据风险研判提出风险管控预案。检查组成员不得事先告知被检查单位检查行程和检查内容，指定地点集中后，第一时间直接进入检查现场；直接针对可能存在的问题开展检查；不得透露检查过程中的进展情况、发现的违法线索等相关信息。

（2）检查　检查组到达检查现场后，检查人员应当出示相关证件和受药品监督管理部门委派开展监督检查的执法证明文件，通报检查要求及被检查单位的权利和义务。药品监督管理部门有权在任何时间进入被检查单位研制、生产、经营、使用等场所进行检查，被检查单位不得拒绝、逃避。飞行检查过程中形成的记录及依法收集的相关资料、实物等，可以作为行政处罚中认定事实的依据。需要抽取成品及其他物料进行检验的，检查组可以按照抽样检验相关规定抽样或者通知被检查单位所在地药品监督管理部门按规定抽样。抽取的样品应当由具备资质的技术机构进行检验或者鉴定，所抽取样品的检验费、鉴定费由组织实施飞行检查的药品监督管理部门承担。检查组认为证据可能灭失或者以后难以取得的，以及需要采取行政强制措施的，可以通知被检查单位所在地药品监督管理部门。被检查单位所在地药品监督管理部门应当依法采取证据保全或者行政强制措施。

检查结束时，检查组应当向被检查单位通报检查相关情况。被检查单位有异议的，可以陈述和申辩，检查组应当如实记录。检查结束后，检查组应当撰写检查报告。检查组一般应当在检查结束后5个工作日内，将检查报告、检查记录、相关证据材料等报组织实施飞行检查的药品监督管理部门。必要时，可以抄送被检查单位所在地药品监督管理部门。

（3）处理　根据飞行检查结果，药品监督管理部门可以依法采取限期整改、发告诚信、约谈被检查单位、监督召回产品、收回或者撤销相关资格认证认定证书，以及暂停研制、生产、销售、使用等风险控制措施。风险因素消除后，应当及时解除相关风险控制措施。飞行检查发现的违法行为涉嫌犯罪的，由负责立案查处的药品监督管理部门移送公安机关，并抄送同级检察机关。被检查单位因违法行为应当受到行政处罚，且具有拒绝、逃避监督检查或者伪造、销毁、隐匿有关证据材料等情形的，由药品监督管理部门按照《药品管理法》《药品管理法实施条例》《医疗器械监督管理条例》等有关规定从重处罚。被检查单位有《药品医疗器械飞行检查办法》第三十条规定的情形之一，构成违反治安管理行为的，由药品监督管理部门商请公安机关依照《治安管理处罚法》的规定进行处罚。医疗器械飞行检查流程见图1-3。

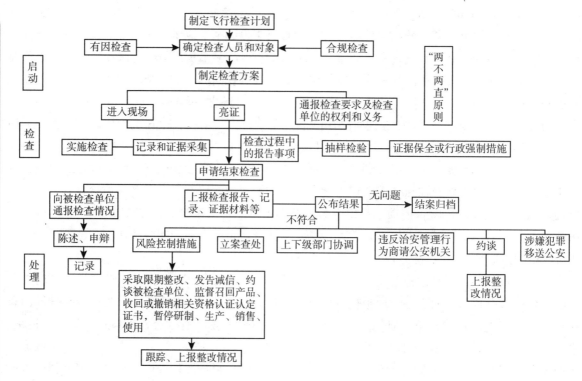

图1-3　医疗器械飞行检查流程

第五节　医疗器械法律责任与法律救济

💬 案例讨论

案例　2020年2月，新型冠状病毒肺炎疫情期间医用口罩市场需求量增大，王某通过不法渠道，以0.4元一个的价格从济南某生活用品厂购进了10000个一次性使用医用口罩，经查，该厂非医疗器械经销商，口罩为假冒伪劣产品，王某于一天内以高价销售完毕。王某又以0.1元一只的价格从该厂购买7万个过期的一次性使用医用口罩，撕毁外包装袋，销毁产品合格证。王某通过批发、零售等方式以一只0.6元至2元不等的价格将上述口罩出售，非法获利65000余元。经检验，上述口罩的细菌过滤效率不符合相关规定标准的要求，系不合格产品。

讨论　1.什么是法律责任，法律责任有哪些类型？

　　　　2.本案中王某的行为构成何种犯罪，应如何追究法律责任？

一、法律责任

（一）概述

医疗器械法律责任是指医疗器械法律主体对自己违反法律规定或约定义务的行为所应当承担的带有强制性的不利后果。

1.构成要件

1）主体　医疗器械法律责任的主体应满足一般性规定要求以及医疗器械法律责任主体的特殊性规定。

2）主观方面存在过错　过错是指行为人实施违法行为及对行为后果的主观心理状态，包括故意和过失两种形态。一般情况下，主观过错是行为人承担法律责任的根据，但对于法律明确规定的特殊侵权行为，即使行为人无过错也要承担严格责任，如缺陷医疗产品致人损害的侵权责任。

3）行为的违法性　行为人实施了违反法律规定或约定义务的行为，包括积极的实施法律禁止的行为和不履行法律规定两种形式。

4）损害事实　行为主体实施的违法行为侵害了法律所保护的社会关系和管理秩序，使其他主体的权利以及相关利益受到损害。

5）违法行为与损害事实之间存在因果关系　因果关系是指事物之间引起与被引起的关系。违法行为与损害事实之间应当具有因果关系，即某种损害事实是由行为人实施的违法行为造成的。

2.医疗器械法律责任的种类　根据引起法律责任的行为性质的不同，法律责任可以分为行政责任、民事责任和刑事责任。根据主体不同，医疗器械法律责任包括医疗器械注册人、生产经营企业和使用单位、医疗器械临床试验机构及其工作人员、检验机构及其工作人员、技术审评机构及其工作人员、不良事件监测机构及其工作人员和药品监管部门及其工作人员的法律责任。法律责任的具体表现形态多样，可能是财产性责任，也可能是非财产性责任；可能是赔偿性责任，如国家赔偿、侵权损害赔偿，也可能是惩罚性责任，如罚款、吊销许可证。

（二）行政责任

行政责任是医疗器械法律责任的主要形式，是行为主体实施违反医疗器械行政法律规范规定的行为，造成社会危害但尚未构成犯罪时所应承担的法律责任。

行政责任有行政处罚和行政处分两种。行政处罚是行政主体对违反行政法律规范尚未构成犯罪的公民、法人和其他组织所实施的一种行政制裁。行政处分是行政主体对其系统内部违反行政法律规定的公务人员实施的内部惩戒，种类有警告、记过、记大过、降级、撤职、开除等。根据现行《条例》第七十四条规定，违反条例规定，县级以上人民政府药品监督管理部门或者其他有关部门不履行医疗器械监督管理职责或者滥用职权、玩忽职守、徇私舞弊的，由监察机关或者任免机关对直接负责的主管人员和其他直接责任人员依法给予警告、记过或者记大过的处分；造成严重后果的，给予降级、撤职或者开除的处分。

（三）民事责任

民事责任发生在平等主体之间，具有一定的自愿性，当事人在法律允许的范围内可以协商和处分。民事责任具有财产性和补偿性，以损害赔偿为主要方式。而行政责任和刑事责任具有惩罚性和制裁性，以非财产责任为主，不能任意处分和协商。

产品质量责任是一种综合责任，是生产者、销售者以及其他责任人违反规定的产品质量义务而应承担的民事责任、行政责任和刑事责任。产品质量民事责任包括合同责任和产品责任。

1.合同责任　不论有无过错，只要产品不符合法定或约定的质量要求，销售者都应承担法律责任，不可抗力为法定免责事由。销售者承担责任后，属于生产者的责任或者属于向销售者提供产品的其他销售者的责任的，销售者有权向生产者、供货者追偿。

2.产品责任　是一种侵权责任。因产品存在缺陷造成人身、缺陷产品以外的其他财产损害的，生产者应当承担无过错责任，销售者承担过错责任。生产者能够证明有下列情形之一的，不承担赔偿责任：①未将产品投入流通的；②产品投入流通时，引起损害的缺陷尚不存在的；③将产品投入流通时的科学技术水平尚不能发现缺陷的存在的。由于销售者的过错使产品存在缺陷，造成人身、他人财产损害的，销售者应当承担赔偿责任。销售者不能指明缺陷产品的生产者也不能指明缺陷产品的供货者的，销售者应当承担侵权责任（过错推定）。

《中华人民共和国民法典》关于产品责任、医疗产品侵权责任作出以下规定。①因药品、消毒产品、医疗器械的缺陷，或者输入不合格的血液造成患者损害的，患者可以向药品上市许可持有人、生产者、血液提供机构请求赔偿，也可以向医疗机构请求赔偿。患者向医疗机构请求赔偿的，医疗机构赔偿后，有权向负有责任的药品上市许可持有人、生产者、血液提供机构追偿。各医疗器械组织的工作人员因执行工作任务造成他人损害的，应当由该用人单位承担侵权责任。②因运输者、仓储者等第三人的过错使产品存在缺陷，造成他人损害的，产品的生产者、销售者赔偿后，有权向第三人追偿。③产品投入流通后发现存在缺陷的，生产者、销售者应当及时采取停止销售、警示、召回等补救措施；未及时采取补救措施或者补救措施不力造成损害扩大的，对扩大的损害也应当承担侵权责任。④明知产品存在缺陷仍然生产、销售，或者没有依据规定采取有效补救措施，造成他人死亡或者健康严重损害的，被侵权人有权请求相应的惩罚性赔偿。

（四）刑事责任

刑事责任是行为人实施了构成刑法所规定的犯罪行为而应承受的否定性评价和刑事制裁。刑事责任的强制性和惩罚性是最为严厉的，应当遵循罪刑法定原则、刑法适用平等原则和罪责刑相适应原则。我国刑法对医疗器械领域涉及的犯罪行为作出了明确的规定，主要包括扰乱市场秩序的犯罪，生产、销售伪劣商品犯罪，与医疗机构及医务人员管理有关的犯罪以及与公民生命健康权有关的犯罪。

1.生产、销售不符合标准的医用器材罪　是指生产不符合保障人体健康的国家标准的医疗器材、医用卫生材料或者销售明知是不符合保障人体健康的国家标准、卫生标准的医疗器械、医用卫生材料、对人体健康造成严重危害的行为。足以严重危害人体健康的，处三年以下有期徒刑或者拘役，并处销售金额百分之五十以上二倍以下罚金；对人体健康造成严重危害的，处三年以上十年以下有期徒刑，并处销售金额百分之五十以上二倍以下罚金；后果特别严重的，处十年以上有期徒刑或者无期徒刑，并处销售金额百分之五十以上二倍以下罚金或者没收财产。单位犯本罪的，对单位判处罚金，并对其直接负责的主管人员和其他直接责任人员，依照该条的规定处罚。

根据最高人民法院、最高人民检察院《关于办理生产、销售伪劣商品刑事案件具体应用法律若干问题的解释》第六条的规定，医疗机构或者个人，知道或应当知道是不符合保障人体健康的国家标准、行业标准的医疗器械、医用卫生材料而购买、使用，对人体健康造成严重危害的，以销售不符合标准的医用器材罪定罪处罚。本罪与生产、销售伪劣产品罪是特别法与一般法的关系。若不构成本条规定的犯罪，但是销售金额在五万元以上的，依照生产、销售伪劣产品罪的规定定罪处罚。构成本条规定的犯罪，同时又构成生产、销售伪劣产品罪规定之罪的，依照处罚较重的规定定罪处罚。

2.提供虚假证明文件罪　承担资产评估、验资、验证、会计、审计、法律服务等职责的中介组织的人员故意提供虚假证明文件，情节严重的，处五年以下有期徒刑或者拘役，并处罚金。上述规定的人员，索取他人财物或者非法收受他人财物，犯本罪的，处五年以上十年以下有期徒刑，并处罚金。上述规定的人员，严重不负责任，出具的证明文件有重大失实，造成严重后果的，处三年以下有期徒刑或者拘役，并处或者单处罚金。单位犯本罪的，对单位判处罚金，并对其直接负责的主管人员和其他直接责任人员，依照该规定处罚。

根据最高人民法院、最高人民检察院联合公布的《关于办理药品、医疗器械注册申请材料造假刑事案件适用法律若干问题的解释》，药物非临床研究机构、药物临床试验机构、合同研究组织的工作人员，故意提供虚假的药物非临床研究报告、药物或者医疗器械临床试验报告及相关材料的，应当认定为刑法规定的"故意提供虚假证明文件"。药品注册申请单位的工作人员，故意使用符合上述规定的虚假药物非临床研究报告、药物或者医疗器械临床试验报告及相关材料，骗取药品批准证明文件生产、销售药品的，应当依照刑法的生产、销售假药罪定罪处罚。

3.虚假广告罪　广告主、广告经营者、广告发布者违反国家规定，利用广告对商品或者服务作虚假宣传，情节严重的，处二年以下有期徒刑或者拘役，并处或者单处罚金。

4.串通投标罪　投标人相互串通投标报价，损害招标人或者其他投标人利益，情节严重的，处三年以下有期徒刑或者拘役，并处或者单处罚金。投标人与招标人串通投标，损害国家、集体、公民的合法利益的，依照前述规定处罚。

二、法律救济

法律救济是指公民、法人或其他组织认为行政机关的行政行为或者其他主体的行为侵害自己的合法权益，依照法律规定请求有关国家机关处理，由受理机关作出具有法律效力的活动。行政争议的法律救济途径主要有行政复议、行政诉讼，民事纠纷的解决方式有和解、调解、仲裁和民事诉讼，对刑事责任的追究要依据刑事诉讼。

（一）行政复议

行政复议，是指公民、法人或者其他组织认为具体行政行为侵犯其合法权益，向作出该具体行政行为的上一级机关或者法律规定的其他行政机关提出复查该具体行政行为的申请，受理申请的行政机关依法进行审查，作出相应决定的法律制度。行政复议是行政系统内部的纠错机制，具有一定的司法性，采取一级复议、书面审理、被申请人负举证责任制度。

1.行政复议的申请和受理　行政复议的启动基于相对人的申请。行政复议的受案范围由法律明确规定，当事人对行政处罚决定不服；对行政强制措施决定不服；对行政机关作出的有关许可证等证书变更、中止、撤销的决定不服；认为违法要求履行义务；认为行政机关不履行法定职责；认为行政机关侵犯合法的经营自主权；认为符合法定条件申请许可证等证书或者审批、登记有关事项，行政机关没有依法办理等都属于复议范围。申请人可以自知道该具体行政行为之日起六十日内提出行政复议申请；但是法律规定的申请期限超过六十日的除外。行政复议机关受理行政复议申请不得向申请人收取任何费用。行政复议期间除可以停止执行的法定情形以外，具体行政行为不停止执行。

2.行政复议决定　行政复议机关应当自受理申请之日起六十日内作出行政复议决定；但是法律规定的行政复议期限少于六十日的除外。情况复杂，不能在规定期限内作出行政复议决定的，经行政复议机关的负责人批准，可以适当延长，并告知申请人和被申请人；但是延长期限最多不超过三十日。

3.执行　行政复议决定书一经送达，即发生法律效力。被申请人应当履行行政复议决定。被申请人不履行或者无正当理由拖延履行行政复议决定的，行政复议机关或者有关上级行政机关应当责令其限期履行。申请人逾期不起诉又不履行行政复议决定的，或者不履行最终裁决的行政复议决定的，按照规定依法强制执行。

（二）诉讼

根据案件性质不同，诉讼程序分为民事诉讼、行政诉讼和刑事诉讼，依法实行合议、回避、公开审判和两审终审制度。

1.民事诉讼 是人民法院审理平等主体之间因财产关系和人身关系提起的诉讼，适用法院调解原则、辩论原则、处分原则等。当事人向人民法院请求保护民事权利的诉讼时效期间为三年。法律另有规定的，依照其规定。诉讼时效期间自权利人知道或者应当知道权利受到损害以及义务人之日起计算。法律另有规定的，依照其规定。但是自权利受到损害之日起超过二十年的，人民法院不予保护；有特殊情况的，人民法院可以根据权利人的申请决定延长。当事人对自己提出的主张，有责任提供证据。各医疗器械组织之间以及与患者、使用者因市场行为、产品质量发生的争议就属于民事诉讼的范畴。

2.刑事诉讼 未经人民法院依法判决，对任何人都不得确定有罪。公诉案件中被告人有罪的举证责任由人民检察院承担。

3.行政诉讼 公民、法人或者其他组织认为行政机关的具体行政行为侵犯其合法权益依法向人民法院提起的诉讼。人民法院审理行政案件，对行政行为是否合法进行审查。被告对作出的行政行为负有举证责任。公民、法人或者其他组织对行政处罚、行政强制、违法要求履行义务、侵犯合法的经营自主权、不履行法定职责、有关行政许可的决定不服的等都属于行政诉讼的受案范围。诉讼期间，无法定情形，不停止行政行为的执行。人民法院审理行政案件，不适用调解，但行政赔偿、补偿以及行政机关行使法律、法规规定的自由裁量权的案体可以调解。

人民检察院在履行职责中发现生态环境和资源保护、食品药品安全、国有财产保护等领域负有监督管理职责的行政机关违法行使职权或者不作为，致使国家利益或者社会公共利益受到侵害的，应当向行政机关提出检察建议，督促其依法履行职责。行政机关不依法履行职责的，人民检察院依法向人民法院提起诉讼。

（三）国家赔偿

国家赔偿是指国家机关和国家机关工作人员因违法行使职权造成公民、法人和其他组织合法权益的损害，依法应给予的赔偿，包括行政赔偿、刑事赔偿和司法赔偿。行政机关及其工作人员违法行使职权，侵犯行政相对人合法权益并造成损害的，受害人有取得赔偿的权利。但属于行政机关工作人员与行使职权无关的个人行为，因公民、法人和其他组织自己的行为致使损害发生的以及法律规定的其他情形，国家不承担赔偿责任。赔偿请求人要求赔偿，应当先向赔偿义务机关提出，也可以在申请行政复议或者提起行政诉讼时一并提出。国家赔偿以支付赔偿金为主要方式。能够返还财产或者恢复原状的，予以返还财产或者恢复原状。

岗位对接

本章是医疗器械类各专业学生必须掌握的学习内容，可为学习本课程后续章节及其他相关专业课程奠定必要的基础知识，并能增强学生适应岗位变化及继续学习的能力，培养学生成为合格的医疗器械从业人员。

本章对应医疗器械行业各岗位的基础能力要求，培养学生从事医疗器械研制、生产、经营、使用、监管工作的基本能力。

医疗器械类从业人员均须掌握医疗器械法律体系和监管机构体系，熟悉医疗器械行政执法行为规范，具备医疗器械法律法规的查询和具体应用能力。

本章小结

　　医疗器械是关系到医疗效果和人的生命健康安全的一类特殊产品，直接影响社会的和谐稳定，是重大的民生和公共安全问题。医疗器械监管法律制度应当具有科学性和前瞻性，能够顺应我国医疗器械产业发展和监管要求，并不断与国际医疗器械监管相协调与融合。经过20年的立法演进，医疗器械领域已经形成以其他部门法为配合，以基础性综合法规（《条例》）为核心，以专项部门规章为基础，以规范性文件为补充的多层次、全覆盖的监管法律体系。在医疗器械的法律监管中始终秉承风险管理、全程管控、社会共治、强化监督、鼓励创新的监管理念。我国已形成以药品监督管理部门为主导、市场监管部门和卫生健康管理部门等为辅的行政监管体系，通过最严谨的标准、最严格的责任、最严厉的处罚、最严肃的问责，加大违法者的违法成本，保证医疗器械的安全、有效性，最终实现人民群众的身体健康和生命安全。

习题

习题

一、不定项选择题

1.法律是一种（　　）。

　　A.行为规范　　　　　　　B.道德规范　　　　　　C.纪律规范　　　　　　D.操作规范

2.以下法律规范中效力最低的是（　　）。

　　A.行政法规　　　　　　　B.宪法　　　　　　　　C.基本法律　　　　　　D.地方性法规

3.以下不属于法律救济方式的是（　　）。

　　A.行政复议　　　　　　　B.行政诉讼　　　　　　C.行政赔偿　　　　　　D.行政强制

4.我国对医疗器械监督管理的主要部门是（　　）。

　　A.药品监督管理部门　　B.司法机关　　　　　　C.行业协会　　　　　　D.各级人民代表大会

5.在中华人民共和国境内从事医疗器械的（　　）的单位和个人，应当遵守《医疗器械监督管理条例》。

　　A.研制、生产、经营、使用活动及其监督管理

　　B.研制、生产、经营、使用

　　C.生产、经营、使用、监督管理

　　D.研制、生产、经营

6.以下属于行政处罚的种类的是（　　）。

　　A.罚款　　　　　　　　　B.警告　　　　　　　　C.记过　　　　　　　　D.撤职

7.美国医疗器械最主要的监管部门是（　　）。

　　A.美国商务部　　　　　　　　　　　　　　　　B.美国食品药品管理局

　　C.美国卫生资源及服务管理局　　　　　　　　D.美国司法部

8.以下属于履行医疗器械技术监管职能的机构的有（　　）。

　　A.中国食品药品检定研究院　　　　　　　　　B.医学会

医药大学堂
WWW.YIYAODKT.COM

C.医疗器械技术审评中心　　　　　　　　D.国家药品监督管理局药品评价中心

9.飞行检查是对医疗器械领域的（　　）等环节开展不预先告知的监督检查。

A.研制　　　　　　　B.生产　　　　　　　C.经营　　　　　　　D.使用

10.药品监督管理部门在监督检查中有（　　）职权。

A.进入现场实施检查、抽取样品

B.查阅、复制、查封、扣押有关合同、票据、账簿以及其他有关资料

C.查封、扣押不符合法定要求的医疗器械，违法使用的零配件、原材料以及用于违法生产医疗器械的工具、设备

D.行政拘留

二、简答题

1.简述我国医疗器械法律监管的基本原则？

2.简述我国医疗器械监管法律体系的内容和特点？

3.我国药品监督管理部门在医疗器械监督检查中对哪些事项进行重点监督检查？

第二章 医疗器械分类和信息管理

1. **掌握** 医疗器械分类判定的依据和原则、医疗器械通用名称命名的规则和内容、注册人/备案人实施唯一标识的流程。

2. **熟悉** 医疗器械分类目录、医疗器械唯一标识系统的组成、医疗器械说明书和标签管理。

3. **了解** 医疗器械分类的实践、医疗器械通用名称命名指导原则。

1. **具备** 对医疗器械进行类别查询、基本分类判定的能力；宏观上把握医疗器械分类体系及内容的能力。

2. **学会** 能运用本章相关内容进行医疗器械信息管理。

第一节 医疗器械分类管理

💬**案例讨论**

案例 自COVID-19疫情暴发以来，口罩成为紧俏的防护用品。2020年1月20日，国家卫生健康委员会发布公告，将新型冠状病毒感染的肺炎纳入《传染病防治法》规定的乙类传染病，并采取甲类传染病的预防、控制措施。为进一步落实国家及湖北省对新型冠状病毒感染的肺炎疫情防控工作的部署，加强公共场所管理，切断病毒的传播途径，防止新型冠状病毒感染的肺炎疫情传播扩散，1月22日，武汉市政府发布《关于在公共场所实施佩戴口罩有关措施的通告》，决定在武汉市公共场所实施佩戴口罩的控制措施。

讨论 1.医用口罩是否属于医疗器械？属于哪种管理类别？

2.如何对医疗器械进行分类管理？

PPT

一、分类概述

对医疗器械进行分类是实施分类管理的条件和基础，涉及注册、生产、经营、使用等各个环节。根据现行《条例》第四条规定，国家对医疗器械按照风险程度实行分类管理。

第一类是风险程度低，实行常规管理可以保证其安全、有效的医疗器械。

第二类是具有中度风险，需要严格控制管理以保证其安全、有效的医疗器械。

第三类是具有较高风险，需要采取特别措施严格控制管理以保证其安全、有效的医疗器械。

评价医疗器械风险程度，应当考虑医疗器械的预期目的、结构特征、使用方法等因素。

国务院药品监督管理部门负责制定医疗器械的分类规则和分类目录，并根据医疗器械生产、经营、使用情况，及时对医疗器械的风险变化进行分析、评价，对分类目录进行调整。制定、调整分类目录，应当充分听取医疗器械生产经营企业以及使用单位、行业组织的意见，并参考国际医疗器械分类实践。医疗器械分类目录应当向社会公布。

医疗器械分类管理是国际通行的管理模式，科学合理的医疗器械分类是医疗器械注册、生产、经营、使用全过程监管的重要基础。《医疗器械分类规则》和《医疗器械分类目录》的制修订工作是分类管理改革的重点。

2000年4月，国家药品监督管理局发布第15号令《医疗器械分类规则》，在指导《医疗器械分类目录》的制定和确定新的产品注册类别方面发挥了积极作用。为进一步满足医疗器械分类工作实践的需要以及配合新修订《条例》的实施，结合医疗器械分类工作积累的经验，2015年国家食品药品监管总局发布修订后的《医疗器械分类规则》（以下简称《分类规则》），自2016年1月1日起施行，包括正文10条和1个附件，主要涉及语言表述的调整和技术内容的细化。

随着医疗器械产业的快速发展，新技术、新产品的不断涌现，医疗器械分类体系难以适应产业发展和监管工作的需要，2002年版《医疗器械分类目录》的不足日益凸显，为贯彻落实国务院修订发布的《条例》和《国务院关于改革药品医疗器械审评审批制度的意见》，国家药品监督管理部门根据医疗器械分类管理改革工作部署，于2015年7月全面启动修订工作，对《医疗器械分类目录》进行整体优化调整，于2017年9月发布了新版《医疗器械分类目录》（以下简称《分类目录》），自2018年8月1日起施行。

二、分类规则

我国医疗器械分类实行分类规则指导下的分类目录制，分类规则和分类目录并存，以分类目录优先。《分类规则》用于指导制定医疗器械分类目录和确定新的医疗器械的管理类别。

（一）有关用语含义

1.预期目的　指产品说明书、标签或者宣传资料载明的，使用医疗器械应当取得的作用。

2.无源医疗器械　不依靠电能或者其他能源，但是可以通过由人体或者重力产生的能量，发挥其功能的医疗器械。

3.有源医疗器械　任何依靠电能或者其他能源，而不是直接由人体或者重力产生的能量，发挥其功能的医疗器械。

4.侵入器械　借助手术全部或者部分通过体表侵入人体，接触体内组织、血液循环系统、中枢神经系统等部位的医疗器械，包括介入手术中使用的器材、一次性使用无菌手术器械和暂时或短期留在人体内的器械等。《分类规则》中的侵入器械不包括重复使用手术器械。

5.重复使用手术器械　用于手术中进行切、割、钻、锯、抓、刮、钳、抽、夹等过程，不连接任何有源医疗器械，通过一定的处理可以重新使用的无源医疗器械。

6.植入器械　借助手术全部或者部分进入人体内或腔道（口）中，或者用于替代人体上皮表面或眼表面，并且在手术过程结束后留在人体内30日（含）以上或者被人体吸收的医疗器械。

7.接触人体器械　直接或间接接触患者或者能够进入患者体内的医疗器械。

8.使用时限

（1）连续使用时间　医疗器械按预期目的、不间断的实际作用时间。

（2）暂时　医疗器械预期的连续使用时间在24小时以内。

（3）短期 医疗器械预期的连续使用时间在24小时（含）以上、30日以内。

（4）长期 医疗器械预期的连续使用时间在30日（含）以上。

9.皮肤 未受损皮肤表面。

10.腔道（口） 口腔、鼻腔、食道、外耳道、直肠、阴道、尿道等人体自然腔道和永久性人造开口。

11.创伤 各种致伤因素作用于人体所造成的组织结构完整性破坏或者功能障碍。

12.组织 人体体内组织，包括骨、牙髓或者牙本质，不包括血液循环系统和中枢神经系统。

13.血液循环系统 血管（毛细血管除外）和心脏。

14.中枢神经系 脑和脊髓。

15.独立软件 具有一个或者多个医疗目的，无需医疗器械硬件即可完成自身预期目的，运行于通用计算平台的软件。

16.具有计量测试功能的医疗器械 用于测定生理、病理、解剖参数，或者定量测定进出人体的能量或物质的医疗器械，其测量结果需要精确定量，并且该结果的准确性会对患者的健康和安全产生明显影响。

17.慢性创面 各种原因形成的长期不愈合创面，如静脉性溃疡、动脉性溃疡、糖尿病性溃疡、创伤性溃疡、压力性溃疡等。

（二）医疗器械分类判定的依据

医疗器械按照风险程度由低到高，管理类别依次分为第一类、第二类和第三类。医疗器械风险程度，应当根据医疗器械的预期目的，通过结构特征、使用形式、使用状态、是否接触人体等因素综合判定。依据影响医疗器械风险程度的因素，医疗器械可以分为以下几种情形。

1.根据结构特征的不同，分为无源医疗器械和有源医疗器械。

2.根据是否接触人体，分为接触人体器械和非接触人体器械。

3.根据不同的结构特征和是否接触人体，医疗器械的使用形式如下。

（1）无源接触人体器械 液体输送器械、改变血液体液器械、医用敷料、侵入器械、重复使用手术器械、植入器械、避孕和计划生育器械、其他无源接触人体器械。

（2）无源非接触人体器械 护理器械、医疗器械清洗消毒器械、其他无源非接触人体器械。

（3）有源接触人体器械 能量治疗器械、诊断监护器械、液体输送器械、电离辐射器械、植入器械、其他有源接触人体器械。

（4）有源非接触人体器械 临床检验仪器设备、独立软件、医疗器械消毒灭菌设备、其他有源非接触人体器械。

4.根据不同的结构特征、是否接触人体以及使用形式，医疗器械的使用状态或者其产生的影响包括以下情形。

（1）无源接触人体器械 根据使用时限分为暂时使用、短期使用、长期使用；接触人体的部位分为皮肤或腔道（口）、创伤或组织、血液循环系统或中枢神经系统。

（2）无源非接触人体器械 根据对医疗效果的影响程度分为基本不影响、轻微影响、重要影响。

（3）有源接触人体器械 根据失控后可能造成的损伤程度分为轻微损伤、中度损伤、严重损伤。

（4）有源非接触人体器械 根据对医疗效果的影响程度分为基本不影响、轻微影响、重要影响。

（三）医疗器械分类判定原则

医疗器械的分类应当根据医疗器械分类判定表（表2-1，表2-2）进行分类判定。有以下情形的，还应当结合下述原则进行分类。

1.如果同一医疗器械适用两个或者两个以上的分类，应当采取其中风险程度最高的分类；由多个医疗器械组成的医疗器械包，其分类应当与包内风险程度最高的医疗器械一致。

2.可作为附件的医疗器械，其分类应当综合考虑该附件对配套主体医疗器械安全性、有效性的影响；如果附件对配套主体医疗器械有重要影响，附件的分类应不低于配套主体医疗器械的分类。

3.监控或者影响医疗器械主要功能的医疗器械，其分类应当与被监控、影响的医疗器械的分类一致。

4.以医疗器械作用为主的药械组合产品，按照第三类医疗器械管理。

5.可被人体吸收的医疗器械，按照第三类医疗器械管理。

6.对医疗效果有重要影响的有源接触人体器械，按照第三类医疗器械管理。

7.医用敷料如果有以下情形，按照第三类医疗器械管理，包括：预期具有防组织或器官粘连功能，作为人工皮肤，接触真皮深层或其以下组织受损的创面，用于慢性创面，或者可被人体全部或部分吸收的。

8.以无菌形式提供的医疗器械，其分类应不低于第二类。

9.通过牵拉、撑开、扭转、压握、弯曲等作用方式，主动施加持续作用力于人体、可动态调整肢体固定位置的矫形器械（不包括仅具有固定、支撑作用的医疗器械，也不包括配合外科手术中进行临时矫形的医疗器械或者外科手术后或其他治疗中进行四肢矫形的医疗器械），其分类应不低于第二类。

10.具有计量测试功能的医疗器械，其分类应不低于第二类。

11.如果医疗器械的预期目的是明确用于某种疾病的治疗，其分类应不低于第二类。

12.用于在内窥镜下完成夹取、切割组织或者取石等手术操作的无源重复使用手术器械，按照第二类医疗器械管理。

体外诊断试剂按照有关规定进行分类。

表2-1 接触人体医疗器械分类判定表

分类		使用形式	使用状态								
			暂时使用			短期使用			长期使用		
			皮肤/腔道（口）	创伤/组织	血循环/中枢	皮肤/腔道（口）	创伤/组织	血循环/中枢	皮肤/腔道（口）	创伤/组织	血循环/中枢
无源医疗器械	1	液体输送器械	Ⅱ	Ⅱ	Ⅲ	Ⅱ	Ⅱ	Ⅲ	Ⅱ	Ⅲ	Ⅲ
	2	改变血液、体液器械	—	—	Ⅲ	—	—	Ⅲ	—	—	Ⅲ
	3	医用敷料	Ⅰ	Ⅱ	Ⅲ	Ⅰ	Ⅱ	Ⅱ	—	Ⅲ	Ⅲ
	4	侵入器械	Ⅰ	Ⅱ	Ⅲ	Ⅱ	Ⅱ	Ⅲ	—	—	—
	5	重复使用手术器械	Ⅰ	Ⅰ	Ⅱ	—	—	—	—	—	—
	6	植入器械	—	—	—	—	—	—	Ⅲ	Ⅲ	Ⅲ
	7	避孕和计划生育器械（不包括重复使用手术器械）	Ⅱ	Ⅱ	Ⅲ	Ⅱ	Ⅲ	Ⅲ	Ⅱ	Ⅲ	Ⅲ
	8	其他无源器械	Ⅰ	Ⅱ	Ⅲ	Ⅱ	Ⅱ	Ⅲ	Ⅱ	Ⅲ	Ⅲ

续表

使用形式		使用状态		
		轻微损伤	中度损伤	严重损伤
有源医疗器械	1　能量治疗器械	Ⅱ	Ⅱ	Ⅲ
	2　诊断监护器械	Ⅱ	Ⅱ	Ⅲ
	3　液体输送器械	Ⅱ	Ⅱ	Ⅲ
	4　电离辐射器械	Ⅱ	Ⅱ	Ⅲ
	5　植入器械	Ⅲ	Ⅲ	Ⅲ
	6　其他有源器械	Ⅱ	Ⅱ	Ⅲ

表2-2　非接触人体医疗器械分类判定表

分类	使用形式		使用状态		
			基本不影响	轻微影响	重要影响
无源医疗器械	1	护理器械	Ⅰ	Ⅱ	—
	2	医疗器械清洗消毒器械	—	Ⅱ	Ⅲ
	3	其他无源器械	Ⅰ	Ⅱ	Ⅲ
有源医疗器械	1	临床检验仪器设备	Ⅰ	Ⅱ	Ⅲ
	2	独立软件	—	Ⅱ	Ⅲ
	3	医疗器械消毒灭菌设备	—	Ⅱ	Ⅲ
	4	其他有源器械	Ⅰ	Ⅱ	Ⅲ

注：1.本表中"Ⅰ""Ⅱ""Ⅲ"分别代表第一类、第二类、第三类医疗器械。

2.本表中"—"代表不存在这种情形。

三、分类目录

新版《分类目录》将2002版《分类目录》的43个子目录整合精简为22个子目录，将260个产品类别细化调整为206个一级产品类别和1157个二级产品类别，增加2000余项产品预期用途和产品描述，将2002版《分类目录》1008个产品名称举例扩充到6609个，对上市时间长、产品成熟度高及风险可控的40种医疗器械产品降低管理类别。《分类目录》的框架和内容均有较大的调整，2017年8月，国家食品药品监管总局同步印发《关于实施新修订的<医疗器械分类目录>有关事项的通告》，给予近一年的实施过渡时间，以指导监管部门及相关企业贯彻执行。

（一）总体说明

《分类目录》按技术专业和临床使用特点分为22个子目录。子目录由一级产品类别、二级产品类别、产品描述、预期用途、品名举例和管理类别组成。判定产品的管理类别时，应当根据产品的实际情况，结合《分类目录》中产品描述、预期用途和品名举例进行综合判定，产品描述和预期用途是用于判定产品的管理类别，不代表相关产品注册内容的完整表述。注册申请人可以使用《分类目录》的品名举例，或根据《医疗器械通用名称命名规则》（总局令第19号）拟定产品名称。

《分类目录》不包括体外诊断试剂，体外诊断试剂产品类别应当按照《体外诊断试剂注册管理办法》（国家食品药品监督管理总局令第5号）、《体外诊断试剂注册管理办法修正案》（总局令第30号)、《6840体外诊断试剂分类子目录(2013版)》及后续发布的分类界定文件中有关体外诊断试剂的分类界定意见进行判定,分类编码继续延用6840。

《分类目录》不包括组合包类产品,组合包类产品的类别应当依据《分类规则》(总局令第15号)、5号令、30号令等相关规定进行判定。

(二)主要修订内容

1.子目录设置 《分类目录》主要以技术领域为主线,更侧重从医疗器械的功能和临床使用的角度划分产品归属。子目录数量由43个减少为22个。

(1)手术类器械设置4个子目录,分别是:通用手术器械分设《01有源手术器械》和《02无源手术器械》;因分类规则中对接触神经和血管的器械有特殊要求,单独设置《03神经和血管手术器械》;骨科手术相关器械量大面广,产品种类繁杂,单独设置《04骨科手术器械》。

(2)有源器械为主的器械设置8个子目录,分别是:《05放射治疗器械》《06医用成像器械》《07医用诊察和监护器械》《08呼吸、麻醉和急救器械》《09物理治疗器械》《10输血、透析和体外循环器械》《11医疗器械消毒灭菌器械》《12有源植入器械》。

(3)无源器械为主的器械设置3个子目录,分别是:《13无源植入器械》《14注输、护理和防护器械》《15患者承载器械》。

(4)按照临床科室划分3个子目录,分别是:《16眼科器械》《17口腔科器械》《18妇产科、生殖和避孕器械》。

(5)《19医用康复器械》和《20中医器械》是根据《医疗器械监督管理条例》中对医用康复器械和中医器械两大类产品特殊管理规定而单独设置的子目录。

(6)《21医用软件》是收录医用独立软件产品的子目录。

(7)《22临床检验器械》子目录放置在最后,为后续体外诊断试剂修订预留空间。

2.目录内容 《分类目录》设置:子目录、类别序号、一级产品类别、二级产品类别、产品描述、预期用途、品名举例、管理类别8项内容(表2-3)。

表2-3 《分类目录》结构

子目录	类别序号	一级产品类别	二级产品类别	产品描述	预期用途	品名举例	管理类别

目录中增加的"产品描述"和"预期用途",是对一类产品共性内容的基本描述,用于指导具体产品所属类别的综合判定;列举的品名举例为符合《医疗器械通用名称命名规则》的规范性、代表性名称。

根据医疗器械生产、经营、使用情况的收集,对医疗器械风险变化的评估,降低了上市时间长、产品成熟度高的部分医疗器械产品的管理类别,对于既往不规范审批的产品管理类别进行了统一。

(三)其他相关问题

1.医疗器械产品归类的优先原则 鉴于医疗器械产品的复杂性,对技术交叉或学科交叉的产品,按以下优先顺序确定归属:第一,按照临床专科优先顺序;第二,多功能产品依次按照主要功能、高风险功能、新功能优先顺序;第三,按照医疗器械管理的附件类产品,优先归属整机所在子目录或者产品类别。

2.药械组合产品的标示 2009年11月12日,国家食品药品监督管理局发布的《关于药械组合产品注册有关事宜的通告》(2009年第16号)规定,以医疗器械作用为主的药械组合产品,需申报医疗器械注册，申请人根据产品属性审定意见，向国家药品监督管理部门申报药品或医疗器械注册申请，并在申请表中注明"药械组合产品"。为与该公告保持一致，在分类目录中，按照医疗器械管理的药械组合产品，除列出管理类别外，另标注了"药械组合产品"。

2019年5月，国家药品监督管理局发布《关于调整药械组合产品属性界定有关事项的通告》（2019年第28号），进一步规范了药械组合产品属性界定工作，明确药械组合产品属性界定工作流程。2019年，国家药品监督管理局分3批公布医疗器械产品分类界定结果，以指导精准分类。2020年3月27日，中国食品药品检定研究院发布2020年第一批医疗器械产品分类界定结果汇总，该次汇总的近期医疗器械产品分类界定结果共555个，其中按照Ⅲ类医疗器械管理的产品66个，按照Ⅱ类医疗器械管理的产品199个，按照Ⅰ类医疗器械管理的产品102个，不单独作为医疗器械管理的产品27个，按照药械组合管理的产品19个，不作为医疗器械管理的产品140个，视具体情况而定的产品1个，不按一个注册单元注册的产品1个。

2020年3月20日，依据医疗器械产业发展和监管工作实际，国家药监局组织开展了《医疗器械分类目录》动态调整工作，遴选出一批产品管理类别和分类目录内容拟调整的意见，向社会公开征求意见。

第二节 医疗器械通用名称命名

PPT

案例讨论

案例 2019年国家中医药管理局、科技部、工业和信息化部、国家卫生健康委员会联合印发《关于加强中医医疗器械科技创新的指导意见》中提出，要充分应用现代科学技术，推动高端中医医疗器械的研究、开发、生产和应用。伴随国家大力扶持中医药事业发展和中医医疗服务需求的增加，中医医疗器械产业发展迅猛，更好地满足了中医医疗服务与人民群众的健康需求。某医疗器械公司出售一款名为"经络刺激仪"的穴位电刺激的中医器械，能进行自动针灸、推拿、捶打、按摩、揉捏，是一种通过对针灸针或电极通以微量电流作用于人体穴位或特定部位进行治疗的设备，具有疏通经络、促进血液循环、消除疲劳等作用。

讨论 1.医疗器械通用名称命名应当遵循的原则？
　　　 2.医疗器械通用名称的内容要求和组成结构？

一、概述

规范医疗器械通用名称的命名对于准确识别、正确使用医疗器械至关重要，是医疗器械监管的重要基础性工作。现行《条例》第二十六条规定，"医疗器械应当使用通用名称。通用名称应当符合国务院食品药品监督管理部门制定的医疗器械命名规则。"2015年12月21日，国家食品药品监管总局发布了《医疗器械通用名称命名规则》（以下简称《命名规则》），自2016年4月1日起施行。凡在中华人民共和国境内销售、使用的医疗器械应当使用通用名称，通用名称的命名应当符合该规则。按照医疗器械管理的体外诊断试剂的命名依照《体外诊断试剂注册管理办法》（国家食品药品监督管理总局令第5号）的有关规定执行。

医疗器械产品种类繁多、组成结构差异较大，规范命名难度大，要实现对每一个具体产品的规范命名，需要建立一套以"规则－术语－数据库"为架构的医疗器械命名系统。《命名规则》对现有产品名称中不符合基本原则和夸张绝对等内容进行规范，重点解决名称相对混乱、误导识别等问题。依据规则，分领域对核心词和特征词制定术语，形成术语"字典"，对通用名称层次、角度、词序及技术用语等进行系统规范，解决现有名称中不标准、不系统等问题。根据产品特点，选择适宜的术语，组合生成通用名称，汇总形成通用名称数据库。根据技术发展适时对术语和数据库进行更新，逐步形成一个科学规范高效的医疗器械动态命名体系。

医疗器械命名与分类和编码共同构成医疗器械监管的重要基础。命名解决产品是什么的问题，分类解决产品风险问题，标识编码解决产品的唯一性识别和追溯问题，三者相互关联，在医疗器械全程监管中发挥重要作用。

为进一步规范医疗器械通用名称，指导医疗器械各专业领域命名指导原则的编制，2019年12月，国家药品监督管理局组织制定了《医疗器械通用名称命名指导原则》。

二、通用名称命名规则

1.通用名称命名的基本原则 合法、科学、明确、真实，即通用名称命名应符合国家通用语言文字法等相关法律法规，应采用专业术语及词汇进行表述，应与产品的真实属性相一致。通用名称应当使用中文，并符合国家语言文字规范。实施中，对于一些多年应用，且形成行业共识的专业词汇，如X射线、C反应蛋白等，在通用名称中使用也是被允许的。

2.通用名称的内容要求和组成结构 《命名规则》规定了"具有相同或相似预期目的、共同技术同品种医疗器械应使用相同的通用名称"与YY/T 0468—2015《医疗器械　质量管理　医疗器械术语系统数据结构》标准（等同采用ISO 15225：2010 Medical devices—Quality management—Medical device nomenclature data structure）相一致，明确了通用名称是共性名称的定位，又与国际命名相关标准的要求相接轨。

具体来说，"具有相同或相似预期目的"是指产品的预期使用相同或相似；"共同技术"是指产品具有相同或相似的使用部位、结构特点、技术特点、材料组成、技术原理等。由于医疗器械的复杂性，形式的多样性，需要从预期目的、技术特点、结构特点和组成等方面综合考虑，且不同领域产品通用名称命名侧重点不同，如"光固化树脂水门汀"体现的是产品技术特点和材料组成。

为进一步明确通用名称的组成结构，参照YY/T 0468—2015标准，《命名规则》规定了通用名称由一个核心词和一般不超过三个特征词组成，如药物洗脱冠状动脉支架等，对已被广泛接受或者了解的特征词可以依据相关术语标准进行缺省，以简化产品通用名称。

通用名称是反映具有相同或相似预期目的、共同技术的同品种医疗器械的共性特征。药品监督管理部门不涉及对商品名称的审评审批，但未限制企业为反映产品个性特征而使用商标或商品名称，其应符合《中华人民共和国商标法》及国家相关规定的要求。

3.特征词、核心词

（1）核心词　是对具有相同或者相似的技术原理、结构组成或者预期目的的医疗器械的概括表述。核心词指向的是产品本身，如手术刀、注射器、呼吸机、人工晶状体、生化分析仪、监护仪、敷料、支架、缝合线等。

（2）特征词　是对医疗器械使用部位、结构特点、技术特点或者材料组成等特定属性的描述。特征词指向的是产品的主要特征，不同领域产品的主要特征各有差异。

1）使用部位　是指产品在人体的作用部位，可以是人体的系统、器官、组织、细胞等。如支气管、胆道、血管、前列腺、头部、关节、心脏、血液、细胞、眼科等，但一般不建议以常见病种为作用对象，如糖尿病、癌症、前列腺炎等。

2）结构特点　是对产品特定结构、外观形态的描述。如单件式、多件式、单腔、多腔、可折叠、移动式等。

3）技术特点 是对产品特殊作用原理、机理或者特殊性能的说明或者限定。如电子、数字、三维、自动、半自动、无菌、植入式、一次性使用、可重复使用等。

4）材料组成 是对产品的主要材料或者主要成分的描述。如金属、钛合金、透明质酸钠、甲壳素、硅橡胶、合成树脂、含药等。

随着命名工作的推进，国家药品监督管理部门将适时发布针对不同技术领域的命名术语指南，指导各领域产品的通用名称命名工作。

4.通用名称的禁止性内容 ①型号、规格；②图形、符号等标志；③人名、企业名称、注册商标或者其他类似名称；④"最佳""唯一""精确""速效"等绝对化、排他性的词语，或者表示产品功效的断言或者保证；⑤说明有效率、治愈率的用语；⑥未经科学证明或者临床评价证明，或者虚无、假设的概念性名称；⑦明示或者暗示包治百病，夸大适用范围，或者其他具有误导性、欺骗性的内容；⑧"美容""保健"等宣传性词语；⑨有关法律、法规禁止的其他内容。

通用名称除符合《命名规则》规定的相应要求外，还不应含有"型号、规格""图形、符号等标志""人名、企业名称、注册商标或者其他类似名称""绝对化、排他性词语""说明有效率、治愈率"等9项禁止性要求。如"KF2型生理检测仪、体液精确引流装置、KJ-5000型糖尿病治疗仪、玄极治疗仪、强心卡"等名称中涉及的规格型号、夸张绝对化词语、与真实属性不符或未经科学证明的概念等将不得应用。

根据《中华人民共和国商标法》的相关规定，医疗器械通用名称不得作为商标注册。通用名称实际上是同品种医疗器械的共有名称，不能由企业作为独家的商标进行申请注册。

三、通用名称命名指导原则

《医疗器械通用名称命名指导原则》是依据《命名规则》制定的，是制定医疗器械通用名称和编制各专业领域命名指导原则的基本要求。该原则是对备案人、注册申请人、审查人员及各专业领域命名指导原则编写人员的指导性文件，不包括注册审批所涉及的行政事项，不作为法规强制执行。若有满足相关法规要求的其他方法，也可采用，并应提供充分的研究资料和验证资料。

1.适用范围 该指导原则是制定医疗器械通用名称的基本技术要求，同时用于指导各专业领域的命名指导原则编制。对于各专业领域存在的特殊情形，由各专业领域命名指导原则进行具体说明。该原则不适用于按照医疗器械管理的体外诊断试剂。

2.通用名称组成结构及要求

（1）医疗器械通用名称由一个核心词和一般不超过三个特征词组成。

（2）核心词是对具有相同或者相似的技术原理、结构组成或者预期目的的医疗器械的概括表述。

（3）特征词是对医疗器械使用部位、结构特点、技术特点或者材料组成等特定属性的描述。

（4）各领域根据专业领域特性和产品特点分别确定核心词和特征词选取原则。

（5）对现有认知和技术具有重大影响的其他特定属性，视情况需要可增加特征词数量。

（6）一般情况下，描述产品使用形式、提供形式等属性的特征词应放首位，其他类型的特征词应按其对核心词的修饰性从广义到狭义的顺序排列。

（7）由两种及以上医疗器械组合而成，以实现某一临床预期用途的器械组合产品，由各领域根据产品实际情况进行命名，原则上其通用名称应体现组合形式和主要临床预期用途。按医疗器械管理的药械组合产品，根据其专业领域要求，其通用名称宜体现药械组合特性。

3.命名术语表及通用名称示例 以有源植入器械领域中植入式神经刺激器产品为例，可参考以下格式和内容形成命名术语表（表2-4）。

表2-4　植入式神经刺激器命名术语表

产品类别	术语类型	术语名称	术语描述
植入式神经刺激器	核心词	神经刺激器	通过将电脉冲施加在脑部或神经系统的特殊部位来治疗帕金森病、控制癫痫、躯干和（或）四肢的慢性顽固性疼痛或肠道控制以及排尿控制、肌张力障碍等神经调控类疾病
	特征词1–使用形式	植入式	植入于人体
	特征词2–技术特点	不可充电（缺省）	电池不可充电
		可充电	电池可体外无线充电
	特征词3–使用部位	脑深部	刺激输出作用于脑深部
		脊髓	刺激输出作用于脊髓
		骶	刺激输出作用于骶神经
		迷走	刺激输出作用于迷走神经

选择典型产品，在术语表特征词和核心词下选择适宜的术语，形成通用名称示例：

植入式（特征词1）+不可充电（特征词2，缺省）+脑深部（特征词3）+神经刺激器（核心词）→植入式脑深部神经刺激器；植入式（特征词1）+可充电（特征词2）+脊髓（特征词3）+神经刺激器（核心词）→植入式可充电脊髓神经刺激器。

第三节　医疗器械唯一标识系统

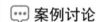 案例讨论

案例　当前，人口老龄化日益加速，已成为人口发展面临的重要风险和挑战。心脑血管疾病是现代社会发病率和死亡率较高的病症，这类疾病发病快、易在短时间内夺去患者生命，尤其是严重威胁50岁以上中老年人的健康。心脏支架（Stent）又称冠状动脉支架，是心脏介入手术中常用的医疗器械，具有疏通动脉血管的作用。患者赵某，男性，65岁，患心脏病多年，在接受心脏介入手术前，患者本人和家属想要了解该种医疗器械产品的安全性，查询产品型号规格、医疗器械序列号、生产批号、生产日期、失效日期等信息。

讨论　1.医疗器械唯一标识的含义和法律意义？

2.注册人/备案人实施唯一标识的流程？

一、唯一标识管理立法

医疗器械在流通使用环节无码或一物多码的现象比较普遍，严重影响了医疗器械生产、流通、使用等各环节对医疗器械的精准识别，难以实现有效监督和管理。

医疗器械唯一标识（简称UDI）是医疗器械的身份证，可以实现生产、经营、使用各环节的透明化、可视化，提升产品的可追溯性。UDI是国际医疗器械监管领域关注的焦点和热点，2013年，国际医疗器械监管机构论坛（IMDRF）发布医疗器械唯一标识系统指南。美国、欧盟、日本、澳大利亚、阿根廷等国家相继开展相关工作，全球医疗器械唯一标识工作也在不断推进。

2012年，国务院印发《"十二五"国家药品安全规划》，要求"启动高风险医疗器械国家统一编码工作"。2016年，国务院印发《"十三五"国家药品安全规划》，要求"构建医疗器械编码体

PPT

医药大学堂
WWW.YIYAODXT.COM

系、制定医疗器械编码规则"。2019年，国务院办公厅印发《深化医药卫生体制改革2019年重点工作任务》，要求"制定医疗器械唯一标识系统规则"。国务院办公厅印发的《治理高值医用耗材改革方案》明确提出"制定医疗器械唯一标识系统规则"。2019年7月，国家药监局会同国家卫生健康委联合印发《医疗器械唯一标识系统试点工作方案》，正式拉开我国医疗器械唯一标识系统建设序幕。

2019年8月，药品监督管理部门发布《医疗器械唯一标识系统规则》（以下简称《UDI系统规则》），自2019年10月1日起正式施行。在中华人民共和国境内销售、使用的医疗器械，其唯一标识系统应当符合该规则。《UDI系统规则》实施之日起，注册人/备案人应当在申请相关医疗器械注册、注册变更或者办理备案时，在注册/备案管理系统中提交其产品标识。相关医疗器械产品应当在生产过程中赋予医疗器械唯一标识，在产品上市销售前应当完成医疗器械唯一标识产品标识和相关数据的上传。对于《UDI系统规则》实施之日前已生产、销售的医疗器械可不具备医疗器械唯一标识。

医疗器械唯一标识系统建设应当积极借鉴国际标准，遵循政府引导、企业落实、统筹推进、分步实施的原则。国家药品监督管理局负责建立医疗器械唯一标识系统制度，制定医疗器械唯一标识系统建设规划，推动各方积极应用医疗器械唯一标识，促进医疗器械全生命周期管理。省、自治区、直辖市药品监督管理部门负责指导并监督本行政区域内注册人/备案人开展医疗器械唯一标识系统建设相关工作。注册人/备案人负责按照本规则创建和维护医疗器械唯一标识，在产品或者包装上赋予医疗器械唯一标识数据载体，上传相关数据，利用医疗器械唯一标识加强产品全过程管理。鼓励医疗器械生产经营企业和使用单位积极应用医疗器械唯一标识进行相关管理。

按照《UDI系统规则》分步推行医疗器械唯一标识制度要求，2019年10月15日，国家药监局发布《关于做好第一批实施医疗器械唯一标识工作有关事项的通告》（2019年第72号）。2019年12月10日，医疗器械唯一标识数据库正式上线，面向试点企业开放针对试点品种的唯一标识相关数据申报功能。

二、唯一标识系统规则

医疗器械唯一标识系统，由医疗器械唯一标识、唯一标识数据载体和唯一标识数据库组成。

（一）唯一标识

1.概念　医疗器械唯一标识，是指在医疗器械产品或者包装上附载的，由数字、字母或者符号组成的代码，用于对医疗器械进行唯一性识别。

医疗器械唯一标识包括产品标识和生产标识。产品标识为识别注册人/备案人、医疗器械型号规格和包装的唯一代码；生产标识由医疗器械生产过程相关信息的代码组成，根据监管和实际应用需求，可包含医疗器械序列号、生产批号、生产日期、失效日期等。

产品发生可能影响医疗器械识别、追溯的变更或者监管要求变化时，应当创建新的产品标识。医疗器械停止销售、使用的，其产品标识不得用于其他医疗器械；重新销售、使用时，可使用原产品标识。

2.特点　医疗器械唯一标识应当符合唯一性、稳定性和可扩展性的要求。

1）唯一性　是指医疗器械唯一标识应当与医疗器械识别要求相一致。

2）稳定性　是指医疗器械唯一标识应当与产品基本特征相关，产品的基本特征未变化的，产品标识应当保持不变。

3）可扩展性　是指医疗器械唯一标识应当与监管要求和实际应用不断发展相适应。

3.管理要求 注册人/备案人应当按照医疗器械唯一标识的编制标准创建、维护医疗器械唯一标识。医疗器械唯一标识编制标准应当符合国家药品监督管理局以及符合《UDI系统规则》要求的发码机构，制定的相关标准。

发码机构应当为中国境内的法人机构，具备完善的管理制度和运行体系，确保按照其标准创建的医疗器械唯一标识的唯一性，并符合国家数据安全有关要求。发码机构应当向注册人/备案人提供执行其标准的流程并指导实施，应当将其编码标准上传至医疗器械唯一标识数据库并动态维护，每年1月31日前向国家药品监督管理局提交按照其标准创建的唯一标识上一年度的报告。国家鼓励发码机构采用相关国际标准建立唯一标识运行体系。

（二）唯一标识数据载体

1.概念 医疗器械唯一标识数据载体，是指存储或者传输医疗器械唯一标识的数据媒介。医疗器械唯一标识数据载体应当满足自动识别和数据采集技术以及人工识读的要求。如空间有限或者使用受限，应当优先采用符合自动识别和数据采集技术的载体形式。

1）自动识别和数据采集　是指不通过键盘直接将数据输入计算机系统或者其他微处理器控制的设备的技术。

2）人工识读　是指与机器识读媒介相对应的，可由人眼直接识别的编码信息。

2.唯一标识数据载体的选择 自动识别和数据采集技术包括一维码、二维码或者射频标签等形式，鼓励采用先进的自动识别和数据采集技术。采用一维码时，可将产品标识和生产标识串联，也可多行并联；采用射频标签时，应当同时具备一维码或者二维码。

3.管理要求 注册人/备案人应当选择与其创建的医疗器械唯一标识相适应的数据载体标准，对以其名义上市的医疗器械最小销售单元和更高级别的包装或者医疗器械产品上赋予唯一标识数据载体，并确保在医疗器械经营使用期间唯一标识数据载体牢固、清晰、可读。

（三）唯一标识数据库

1.概念 医疗器械唯一标识数据库，是指储存医疗器械唯一标识的产品标识与关联信息的数据库。

2.管理要求 国家药品监督管理局制定医疗器械唯一标识数据相关标准及规范，组织建立医疗器械唯一标识数据库，供公众查询。注册人/备案人应当按照相关标准或者规范要求上传、维护和更新唯一标识数据库中的相关数据，并对数据的真实性、准确性、完整性负责。

注册人/备案人应当在申请医疗器械注册、注册变更或者办理备案时，在注册/备案管理系统中提交其产品标识。注册人/备案人应当在产品上市销售前，将产品标识和相关数据上传至医疗器械唯一标识数据库。

药品监督管理部门可根据监管需求调用和管理相关数据。鼓励各相关方采用先进信息化手段、应用医疗器械唯一标识，对医疗器械在生产、经营、使用等环节进行管理。

三、注册人/备案人实施唯一标识的流程

1.注册人/备案人按照《UDI系统规则》和相关标准，结合企业实际情况选择发码机构。

2.注册人/备案人按照发码机构的标准创建产品标识，并确定该产品生产标识的组成。

3.《UDI系统规则》实施之日起，申请医疗器械注册、注册变更或者办理备案的，注册人/备案人应当在注册/备案管理系统中提交产品标识。

4.注册人/备案人根据发码机构标准选择适当的数据载体，对医疗器械最小销售单元和更高

级别的包装或医疗器械产品上赋予医疗器械唯一标识数据载体。

5.注册人/备案人在产品上市销售前将产品标识和相关信息上传至医疗器械唯一标识数据库。

6.产品标识及数据相关信息变化时，注册人/备案人及时更新医疗器械唯一标识数据库。

PPT

第四节　医疗器械说明书和标签

💬 **案例讨论**

案例　2019年8月，某地监管部门调查发现其辖区内某公司涉嫌经营标签不符合规定的医疗器械。经查，2019年4月20日，某销售公司购进X医疗器械有限公司生产的"刮痧板"，该生产厂商具有第一类医疗器械生产备案凭证，"刮痧板"为备案凭证中的第一类医疗器械。销售公司自购进该"刮痧板"后，通过线上"XXX"企业店铺开始对外销售此"刮痧板"，经查证，上述医疗器械无产品说明书和标签。

讨论　1.医疗器械说明书和标签的基本要求？

　　　　2.医疗器械说明书和标签不符合规定要求时应如何处罚？

医疗器械说明书和标签是反映医疗器械安全有效和主要技术特征等基本信息的载体。《医疗器械说明书和标签管理规定》于2014年6月27日经国家食品药品监督管理总局局务会议审议通过，自2014年10月1日起施行。2004年公布的《医疗器械说明书、标签和包装标识管理规定》（原国家食品药品监督管理局令第10号）同时废止。

一、说明书和标签的内容

（一）基本要求

凡在中华人民共和国境内销售、使用的医疗器械，应当按照规定要求附有说明书和标签。医疗器械说明书和标签的内容应当科学、真实、完整、准确，并与产品特性相一致。医疗器械说明书和标签的内容应当与经注册或者备案的相关内容一致。医疗器械标签的内容应当与说明书有关内容相符合。

医疗器械说明书和标签对疾病名称、专业名词、诊断治疗过程和结果的表述，应当采用国家统一发布或者规范的专用词汇，度量衡单位应当符合国家相关标准的规定。医疗器械说明书和标签中使用的符号或者识别颜色应当符合国家相关标准的规定；无相关标准规定的，该符号及识别颜色应当在说明书中描述。医疗器械最小销售单元应当附有说明书。医疗器械的使用者应当按照说明书使用医疗器械。

医疗器械的产品名称应当使用通用名称，通用名称应当符合国家药品监督管理部门制定的医疗器械命名规则。第二类、第三类医疗器械的产品名称应当与医疗器械注册证中的产品名称一致。产品名称应当清晰地标明在说明书和标签的显著位置。

医疗器械说明书和标签文字内容应当使用中文，中文的使用应当符合国家通用的语言文字规范。医疗器械说明书和标签可以附加其他文种，但应当以中文表述为准。医疗器械说明书和标签中的文字、符号、表格、数字、图形等应当准确、清晰、规范。

微课

（二）医疗器械说明书

医疗器械说明书是指由医疗器械注册人或者备案人制作，随产品提供给用户，涵盖该产品安全有效的基本信息，用以指导正确安装、调试、操作、使用、维护、保养的技术文件。

1.一般应当包括的内容

（1）产品名称、型号、规格。

（2）注册人或者备案人的名称、住所、联系方式及售后服务单位，进口医疗器械还应当载明代理人的名称、住所及联系方式。

（3）委托生产的还应当标注受托企业的名称、住所、生产地址、生产许可证编号或者生产备案凭证编号。

（4）医疗器械注册证编号或者备案凭证编号。

（5）产品技术要求的编号。

（6）产品性能、主要结构组成或者成分、适用范围。

（7）禁忌证、注意事项、警示以及提示的内容。

（8）安装和使用说明或者图示，由消费者个人自行使用的医疗器械还应当具有安全使用的特别说明。

（9）产品维护和保养方法，特殊储存、运输条件、方法。

（10）生产日期，使用期限或者失效日期。

（11）配件清单，包括配件、附属品、损耗品更换周期以及更换方法的说明等。

（12）医疗器械标签所用的图形、符号、缩写等内容的解释。

（13）说明书的编制或者修订日期。

（14）其他应当标注的内容。

重复使用的医疗器械应当在说明书中明确重复使用的处理过程，包括清洁、消毒、包装及灭菌的方法和重复使用的次数或者其他限制。

2.有关注意事项、警示以及提示性内容

（1）产品使用的对象。

（2）潜在的安全危害及使用限制。

（3）产品在正确使用过程中出现意外时，对操作者、使用者的保护措施以及应当采取的应急和纠正措施。

（4）必要的监测、评估、控制手段。

（5）一次性使用产品应当注明"一次性使用"字样或者符号，已灭菌产品应当注明灭菌方式以及灭菌包装损坏后的处理方法，使用前需要消毒或者灭菌的应当说明消毒或者灭菌的方法。

（6）产品需要同其他医疗器械一起安装或者联合使用时，应当注明联合使用器械的要求、使用方法、注意事项。

（7）在使用过程中，与其他产品可能产生的相互干扰及其可能出现的危害。

（8）产品使用中可能带来的不良事件或者产品成分中含有的可能引起副作用的成分或者辅料。

（9）医疗器械废弃处理时应当注意的事项，产品使用后需要处理的，应当注明相应的处理方法。

（10）根据产品特性，应当提示操作者、使用者注意的其他事项。

（三）医疗器械标签

医疗器械标签是指在医疗器械或者其包装上附有的用于识别产品特征和标明安全警示等信息的文字说明及图形、符号。医疗器械标签一般应当包括以下内容。

（1）产品名称、型号、规格。

（2）注册人或者备案人的名称、住所、联系方式，进口医疗器械还应当载明代理人的名称、住所及联系方式。

（3）医疗器械注册证编号或者备案凭证编号。

（4）生产企业的名称、住所、生产地址、联系方式及生产许可证编号或者生产备案凭证编号，委托生产的还应当标注受托企业的名称、住所、生产地址、生产许可证编号或者生产备案凭证编号。

（5）生产日期，使用期限或者失效日期。

（6）电源连接条件、输入功率。

（7）根据产品特性应当标注的图形、符号以及其他相关内容。

（8）必要的警示、注意事项。

（9）特殊储存、操作条件或者说明。

（10）使用中对环境有破坏或者负面影响的医疗器械，其标签应当包含警示标志或者中文警示说明。

（11）带放射或者辐射的医疗器械，其标签应当包含警示标志或者中文警示说明。

医疗器械标签因位置或者大小受限而无法全部标明上述内容的，至少应当标注产品名称、型号、规格、生产日期和使用期限或者失效日期，并在标签中明确"其他内容详见说明书"。

（四）说明书和标签禁止出现的内容

（1）含有"疗效最佳""保证治愈""包治""根治""即刻见效""完全无毒副作用"等表示功效的断言或者保证的。

（2）含有"最高技术""最科学""最先进""最佳"等绝对化语言和表示的。

（3）说明治愈率或者有效率的。

（4）与其他企业产品的功效和安全性相比较的。

（5）含有"保险公司保险""无效退款"等承诺性语言的。

（6）利用任何单位或者个人的名义、形象作证明或者推荐的。

（7）含有误导性说明，使人感到已经患某种疾病，或者使人误解不使用该医疗器械会患某种疾病或者加重病情的表述，以及其他虚假、夸大、误导性的内容。

（8）法律、法规规定禁止的其他内容。

二、说明书和标签的监督管理

医疗器械说明书应当由注册申请人或者备案人在医疗器械注册或者备案时，提交药品监督管理部门审查或者备案，提交的说明书内容应当与其他注册或者备案资料相符合。

经药品监督管理部门注册审查的医疗器械说明书的内容不得擅自更改。已注册的医疗器械发生注册变更的，申请人应当在取得变更文件后，依据变更文件自行修改说明书和标签。说明书的其他内容发生变化的，应当向医疗器械注册的审批部门书面告知，并提交说明书更改情况对比说明等相关文件。审批部门自收到书面告知之日起20个工作日内未发出不予同意通知件的，说明书更改生效。

已备案的医疗器械，备案信息表中登载内容、备案产品技术要求以及说明书其他内容发生变化的，备案人自行修改说明书和标签的相关内容。

对于说明书和标签不符合规定要求的，按照现行《条例》第六十七条的规定，由县级以上药品监督管理部门责令改正，处1万元以上3万元以下罚款；情节严重的，责令停产停业，直至由原发证部门吊销医疗器械生产许可证、医疗器械经营许可证。

岗位对接

本章是医疗器械类各专业学生必须掌握的基础性学习内容，为学习医疗器械注册管理、生产管理、经营管理、使用管理等内容奠定基础，培养学生成为合格的医疗器械从业人员。

本章对接岗位包括医疗器械生产、经营、使用管理岗位的相关工种。

上述医疗器械生产、经营、使用管理相关岗位的从业人员均须掌握医疗器械分类判定的依据和原则、医疗器械通用名称命名的规则，熟悉医疗器械唯一标识系统的组成、医疗器械说明书和标签管理，了解医疗器械分类的实践、医疗器械通用名称命名指导原则。

本章小结

医疗器械分类管理是国际通行的管理模式，科学合理的医疗器械分类是医疗器械注册、生产、经营、使用全过程监管的重要基础。规范医疗器械通用名称的命名对于准确识别、正确使用医疗器械至关重要，是医疗器械监管的重要基础性工作。医疗器械唯一标识的价值在于应用，各环节的有效应用是形成监管大数据的基础，通过建立医疗器械唯一标识系统，有利于实现监管数据的整合和共享，创新监管模式，提升监管效能，加强医疗器械全生命周期管理。医疗器械说明书和标签是反映医疗器械安全有效和主要技术特征等基本信息的载体。医疗器械应当有说明书、标签，说明书、标签的内容应当与经注册或者备案的相关内容一致。

习题

一、不定项选择题

1.我国对医疗器械按照风险程度实行分类管理制度，第一类指的是（　）的产品。

A.风险程度低　　B.中度风险　　C.风险程度高　　D.无风险

2.评价医疗器械风险程度，应当考虑医疗器械的预期目的、（　）、使用方法等因素。

A.流通领域　　B.结构特征　　C.分类标准　　D.生产质量

3.用于维持生命，对人体具有潜在危险的医疗器械属于（　）。

A.第一类　　B.第二类　　C.第三类　　D.第四类

4.通用名称由一个核心词和一般不超过（　）的特征词组成。

A.一个　　B.两个　　C.三个　　D.四个

5.医疗器械命名术语表包含序号、（　　）、术语类型、术语名称和术语描述五项内容。

    A.产品类别   B.产品名称   C.产品质量   D.产品标识

6.（　　）是首要原则，是确保产品精确识别的基础，是唯一标识发挥功能的核心原则。

    A.稳定性   B.唯一性   C.可扩展性   D.密度性

7.下列属于无源手术器械的是（　　）。

    A.手术器械－刀   B.超声手术设备及附件

    C.激光手术设备及附件   D.冷冻手术设备及附件

8.医疗器械通用名称应当（　　）。

    A.合法   B.科学   C.明确   D.真实

9.医疗器械唯一标识由（　　）组成。

    A.产品标识   B.生产标识   C.图像标识   D.图形标识

10.以下属于有源接触人体器械的是（　　）。

    A.能量治疗器械   B.诊断监护器械   C.液体输送器械   D.电离辐射器械

二、简答题

1.简述医疗器械唯一标识系统的意义。

2.简述医疗器械说明书的主要内容。

第三章 医疗器械产品注册管理

第一节 概 述

PPT

案例讨论

案例 COVID-19疫情期间，为缓解湖北省内市场医用口罩紧缺局面，2020年2月2日，湖北省市场监管局、省药监局联合发布《省市场监督管理局 省药监局关于新型冠状病毒感染的肺炎疫情防控期间进口出口转内销口罩在省内市场销售的指导意见》（鄂市监函〔2020〕14号），允许未在境内上市的进口和出口转内销口罩在省内市场销售，并提出明确要求，以确保防疫物资的供应质量。《意见》规定，未在境内上市的进口和出口转内销口罩，由省内具有药品、医疗器械批发资质的企业负责采购、分销，建立进、销货台账。采购前应当对生产企业或进口商的资质、适用标准、产品注册证明、产品检验报告等进行查验，留存相关文件的复印件，确保医用口罩来源正规、可追溯。

讨论 1.医疗器械产品要在"境内上市"需要先满足什么条件？具体要求有哪些？

2.仅在境内生产的医疗器械产品（如案例中用于出口的医用口罩）是否需要满足上述条件？为什么？

一、备案与注册的定义

医疗器械注册是药品监督管理部门根据医疗器械注册申请人的申请，依照法定程序，对其拟上市医疗器械的安全性、有效性研究及其结果进行系统评价，以决定是否同意其申请的过程。医疗器械备案是医疗器械备案人向药品监督管理部门提交备案资料，药品监督管理部门对提交的备

医药大学堂
WWW.YIYAODXT.COM

案资料存档备查。第一类医疗器械实行备案管理；第二类、第三类医疗器械实行注册管理。

在中华人民共和国境内销售、使用的医疗器械，应当按规定申请注册或者办理备案。医疗器械的注册与备案管理制度用以保证医疗器械的安全、有效，属于医疗器械产品"上市前监管"的重要措施。

我国的医疗器械注册管理始于1996年，原国家医药管理局发布了《医疗器械产品注册管理办法》（原国家医药管理局令第16号），自1997年1月1日起执行。该文件明确了医疗器械产品的定义，划分了分级管理的责任主体，规定了医疗器械注册的形式、程序、时限，设定了初步的处罚原则，并配套了《医疗器械产品临床验证暂行规定》《医疗器械产品检验的若干规定》等文件，构建了一个基本的医疗器械注册管理法规体系，首次在全国实行了统一的医疗器械注册制度。其后，随着医疗器械产业的发展，尤其是随着我国历史上第一部医疗器械法规《条例》（国务院令第276号）的颁布实施，《医疗器械注册管理办法》（以下简称为《注册管理办法》）等配套管理制度也得到了不断的修订和更新，并逐步颁布实施了《体外诊断试剂注册管理办法》、《创新医疗器械特别审批程序（试行）》等文件，使得医疗器械注册管理更加完善和规范。2014年版《条例》（国务院令第650号）首次规定第一类医疗器械不需要申请注册，仅需要办理备案，而第二类、第三类医疗器械仍实行注册管理。配套的《注册管理办法》（国家食品药品监督管理总局令第4号）和《体外诊断试剂注册管理办法》（国家食品药品监督管理总局令第5号）于2014年10月1日起施行，现行的医疗器械产品注册管理制度即以此为基础。2017年以来，国家药监局进一步完善了医疗器械注册管理法规体系，发布了《医疗器械标准管理办法》（国家食品药品监督管理总局令第33号）、《定制式医疗器械监督管理规定（试行）》（国家药监局公告2019年第53号）、《医疗器械附条件批准上市指导原则》（国家药监局通告2019年第93号）等文件，同时不断推进医疗器械审评审批制度改革，优化了临床试验审批，开展了注册电子申报和立卷审查，启动并扩大了医疗器械注册人制度试点工作。

二、备案与注册的基本要求

医疗器械注册人、备案人以自己名义把产品推向市场，对产品负法律责任。申请人或者备案人申请注册或者办理备案，应当遵循医疗器械安全有效基本要求，保证研制过程规范，所有数据真实、完整和可溯源。医疗器械注册申请人、备案人应当对所提交资料的真实性负责。国家鼓励医疗器械的研究与创新，对创新医疗器械实行特别审批，促进医疗器械新技术的推广与应用，推动医疗器械产业的发展。

医疗器械注册申请人和备案人应当建立与产品研制、生产有关的质量管理体系，并保持有效运行。按照创新医疗器械特别审批程序审批的境内医疗器械申请注册时，样品委托其他企业生产的，应当委托具有相应生产范围的医疗器械生产企业；不属于按照创新医疗器械特别审批程序审批的境内医疗器械申请注册时，样品不得委托其他企业生产。

办理医疗器械注册或者备案事务的人员应当具有相应的专业知识，熟悉医疗器械注册或者备案管理的法律、法规、规章和技术要求。

申请注册或者办理备案的资料应当使用中文。根据外文资料翻译的，应当同时提供原文。引用未公开发表的文献资料时，应当提供资料所有者许可使用的证明文件。申请人、备案人对资料的真实性负责。申请注册或者办理备案的进口医疗器械，应当在申请人或者备案人注册地或者生产地址所在国家（地区）已获准上市销售。申请人或者备案人注册地或者生产地址所在国家（地区）未将该产品作为医疗器械管理的，申请人或者备案人需提供相关证明文件，包括注册地或者生产地址所在国家（地区）准许该产品上市销售的证明文件。

境外申请人或者备案人应当通过其在中国境内设立的代表机构或者指定中国境内的企业法人作为代理人，配合境外申请人或者备案人开展相关工作。代理人除办理医疗器械注册或者备案事宜外，还应当承担以下责任：①与相应药品监督管理部门、境外申请人或者备案人的联络；②向申请人或者备案人如实、准确传达相关的法规和技术要求；③收集上市后医疗器械不良事件信息并反馈境外注册人或者备案人，同时向相应的药品监督管理部门报告；④协调医疗器械上市后的产品召回工作，并向相应的药品监督管理部门报告；⑤其他涉及产品质量和售后服务的连带责任。

药品监督管理部门依法及时公布医疗器械注册、备案相关信息。申请人可以查询审批进度和结果，公众可以查阅审批结果。

为加强医疗器械产品注册工作的监督和指导，进一步提高注册审查质量，国家药品监督管理局组织制定了《医疗器械安全和性能的基本原则》，于2020年3月10日发布通告。注册人/备案人应能设计和生产在医疗器械全生命周期内均能达到预期安全和性能要求的产品。该原则描述了基本的设计和生产要求，以帮助注册人/备案人实现上述目的。注册人/备案人的设计和生产活动应在质量管理体系的控制下进行。注册人/备案人应提供产品与适用基本原则条款符合的证据，并由监管机构按照相关程序进行评审。

第二节 医疗器械产品备案

PPT

💬 **案例讨论**

案例 A药品监管部门在监督检查中发现，B厂家生产的压舌板外包装标示"产品名称：压舌板。注意事项：本产品已使用环氧乙烷消毒，如产品包装破损或超过2年消毒有效期禁止使用。生产备案编号：XX食药监械生产备20160013号。医疗器械备案编号：XX械备20160011号"。经发函至B厂家所在地C药品监管部门（市级）协查，证实该产品备案凭证为真实证件，且备案的压舌板为消毒状态。

讨论 1.医疗器械产品备案的资料要求和基本流程是怎样的？
2.哪些医疗器械产品实行备案管理？案例中产品的备案是否存在问题？为什么？

医疗器械备案是医疗器械备案人向药品监督管理部门提交备案资料，药品监督管理部门对提交的备案资料存档备查。对第一类医疗器械备案管理，是以分类管理为基础，以产品风险高低为依据设置的行政监管手段。备案人向行政机关报送资料，行政机关对备案资料进行形式审查，发给备案人备案凭证，并公布备案信息。通过备案存档收集信息并开展后续监督检查，对不符合法规要求的，应责成企业及时纠正或采取行政处罚等行政行为。实行备案的医疗器械为列入第一类医疗器械产品目录的医疗器械及体外诊断试剂分类子目录中的第一类产品，或经分类界定属于第一类医疗器械的产品。

一、备案资料

按照现行《条例》第九条的规定，第一类医疗器械产品备案和申请第二类、第三类医疗器械产品注册一样，均应提交下列七类资料证明产品的安全性和有效性，但在部分资料的具体要求上，备案与注册有所不同。备案或申请注册应当提交的资料见表3-1。

表3-1　备案或申请注册应当提交的资料

资料名称	备案要求	注册要求
产品风险分析资料		
产品技术要求		
产品检验报告	产品检验报告可以是备案人的自检报告	产品检验报告应当是医疗器械检验机构出具的检验报告
临床评价资料	临床评价资料不包括临床试验报告，可以是通过文献、同类产品临床使用获得的数据证明该医疗器械安全、有效的资料	临床评价资料应当包括临床试验报告，但依照规定免于进行临床试验的医疗器械除外
产品说明书及标签样稿		
与产品研制、生产有关的质量管理体系文件		
证明产品安全、有效所需的其他资料		

根据原国家食品药品监督管理总局《关于第一类医疗器械备案有关事项的公告》（2014年第26号），第一类医疗器械备案需提交的资料及具体要求如下。

1.第一类医疗器械备案表。

2.**安全风险分析报告**　医疗器械应按照YY/T 0316《医疗器械风险管理对医疗器械的应用》的有关要求编制，主要包括医疗器械预期用途和与安全性有关特征的判定、危害的判定、估计每个危害处境的风险；对每个已判定的危害处境，评价和决定是否需要降低风险；风险控制措施的实施和验证结果，必要时应引用检测和评价性报告；任何一个或多个剩余风险的可接受性评定等，形成风险管理报告。

体外诊断试剂应对产品寿命周期的各个环节，从预期用途、可能的使用错误、与安全性有关的特征、已知和可预见的危害等方面的判定及对患者风险的估计进行风险分析、风险评价及相应的风险控制的基础上，形成风险管理报告。

3.**产品技术要求**　备案人应当编制拟备案医疗器械的产品技术要求。产品技术要求主要包括医疗器械成品的性能指标和检验方法。产品技术要求应按照《医疗器械产品技术要求编写指导原则》（国家食品药品监督管理总局通告2014年第9号）编制。

4.**产品检验报告**　应为产品全性能自检报告或委托检验报告，检验的产品应当具有典型性。

5.**临床评价资料**　主要内容包括：①详述产品预期用途，包括产品所提供的功能，并可描述其适用的医疗阶段（如治疗后的监测、康复等），目标用户及其操作该产品应具备的技能/知识/培训；预期与其组合使用的器械；②详述产品预期使用环境，包括该产品预期使用的地点如医院、医疗/临床实验室、救护车、家庭等，以及可能会影响其安全性和有效性的环境条件（如温度、湿度、功率、压力、移动等）；③详述产品适用人群，包括目标患者人群的信息（如成人、儿童或新生儿），患者选择标准的信息，以及使用过程中需要监测的参数、考虑的因素；④详述产品禁忌证，如适用，应明确说明该器械禁止使用的疾病或情况；⑤已上市同类产品临床使用情况的比对说明；⑥同类产品不良事件情况说明。

6.**产品说明书及最小销售单元标签设计样稿**　应符合《医疗器械说明书和标签管理规定》（国家食品药品监督管理总局令第6号）等相应法规规定。进口医疗器械产品应提交境外政府主管部门批准或者认可的说明书原文及其中文译本。

体外诊断试剂产品应按照《体外诊断试剂说明书编写指导原则》（国家食品药品监督管理总局通告2014年第17号）的有关要求，并参考有关技术指导原则编写产品说明书。进口体外诊断试剂产品应提交境外政府主管部门批准或者认可的说明书原文及其中文译本。

7.生产制造信息 即对生产过程相关情况的概述。无源医疗器械应明确产品生产加工工艺，注明关键工艺和特殊工艺。有源医疗器械应提供产品生产工艺过程的描述性资料，可采用流程图的形式，是生产过程的概述。体外诊断试剂应概述主要生产工艺，包括：固相载体、显色系统等的描述及确定依据，反应体系包括样本采集及处理、样本要求、样本用量、试剂用量、反应条件、校准方法（如果需要）、质控方法等。此外，还应概述研制、生产场地的实际情况。

8.证明性文件 境内备案人提供：企业营业执照复印件、组织机构代码证复印件。境外备案人提供：境外备案人企业资格证明文件，境外备案人注册地或生产地址所在国家（地区）医疗器械主管部门出具的允许产品上市销售的证明文件。备案人注册地或生产地址所在国家（地区）不把该产品作为医疗器械管理的，备案人需提供相关证明文件，包括备案人注册地或生产地址所在国家（地区）准许该产品合法上市销售的证明文件。如该证明文件为复印件，应经当地公证机关公证。此外，境外备案人还需提供其在中国境内指定代理人的委托书、代理人承诺书及营业执照副本复印件或者机构登记证明复印件。

9.符合性声明 包括：①声明符合医疗器械备案相关要求；②声明本产品符合第一类医疗器械产品目录或相应体外诊断试剂分类子目录的有关内容；③声明本产品符合现行国家标准、行业标准并提供符合标准的清单；④声明所提交备案资料的真实性。

备案资料的形式要求主要包括：①备案资料完整齐备，备案表填写完整；②各项文件除证明性文件外均应以中文形式提供，如证明性文件为外文形式还应提供中文译本。根据外文资料翻译的申报资料，应同时提供原文；③境内产品备案资料如无特殊说明的，应由备案人签章。"签章"是指：备案人盖章，或者其法定代表人、负责人签名加企业盖章。所盖章必须是备案人公章，不得使用注册专用章；④进口产品备案资料如无特别说明，原文资料均应为原件，并由备案人签章，中文文本由代理人签章。原文资料"签章"是指：备案人的法定代表人、负责人签名，或者签名加组织机构盖章，并且应当提交由备案人所在地公证机构出具的公证件；中文资料"签章"是指：代理人的组织机构盖章，或者其法定代表人、负责人签名加组织机构盖章；⑤备案资料应有所提交资料目录，包括整个申报资料的1级和2级标题，并以表格形式说明每项的卷和页码。

二、备案流程

第一类医疗器械生产前，应当办理产品备案。备案人应当按照相关要求提交备案资料，并对备案资料的真实性、完整性、合规性负责。

境内第一类医疗器械备案，备案人向设区的市级药品监督管理部门提交备案资料。进口第一类医疗器械备案，备案人向国家药品监督管理部门提交备案资料。香港、澳门、台湾地区医疗器械的备案，参照进口医疗器械办理。

备案资料符合要求的，药品监督管理部门应当当场备案；备案资料不齐全或者不符合规定形式的，应当一次告知需要补正的全部内容，由备案人补正后备案。对不予备案的，应当告知备案人并说明理由。

对备案的医疗器械，药品监督管理部门应当按照相关要求的格式制作备案凭证，并将备案信息表中登载的信息在其网站上予以公布。药品监督管理部门按照第一类医疗器械备案操作规范开展备案工作。备案人应当将备案号标注在医疗器械说明书和标签中。

第一类医疗器械备案号的编排方式为：

×1械备×××2×××3号。

其中：

×1为备案部门所在地的简称，进口第一类医疗器械为"国"字；境内第一类医疗器械为备案部门所在的省、自治区、直辖市简称加所在设区的市级行政区域的简称（无相应设区的市级行政区域时，仅为省、自治区、直辖市的简称）；

×××2为备案年份；

×××3为备案流水号。

三、备案变更及其他

已备案的医疗器械，备案信息表中登载内容及备案的产品技术要求发生变化的，备案人应当提交变化情况的说明及相关证明文件，向原备案部门提出变更备案信息。备案资料符合形式要求的，药品监督管理部门应当将变更情况登载于变更信息中，将备案资料存档。变更备案资料包括以下内容。

1.变化情况说明及相关证明文件　变化情况说明应附备案信息表变化内容比对列表。涉及产品技术要求变化的，应提供产品技术要求变化内容比对表。变更产品名称（体外诊断试剂为产品分类名称，以下同）、产品描述、预期用途的，变更后的内容应与第一类医疗器械产品目录和相应体外诊断试剂子目录相应内容一致。其中，产品名称应当与目录所列内容相同；产品描述、预期用途，应当与目录所列内容相同或者少于目录内容。相应证明文件应详实、全面、准确。

2.证明性文件　境内备案人提供：企业营业执照副本复印件、组织机构代码证副本复印件。境外备案人提供：如变更事项在境外备案人注册地或生产地址所在国家（地区）应当获得新的医疗器械主管部门出具的允许产品上市销售证明文件的，应提交新的上市证明文件。如该证明文件为复印件，应经当地公证机关公证。此外，境外备案人还需提供其在中国境内指定代理人的委托书、代理人承诺书及营业执照副本复印件或者机构登记证明复印件。

3.符合性声明　声明符合医疗器械备案相关要求；声明本产品符合第一类医疗器械产品目录和相应体外诊断试剂分类子目录的有关内容；声明本产品符合现行国家标准、行业标准并提供符合标准的清单；声明所提交备案资料的真实性。

已备案的医疗器械管理类别调整的，备案人应当主动向药品监督管理部门提出取消原备案；管理类别调整为第二类或者第三类医疗器械的，按照《注册管理办法》规定申请注册。

对新研制的尚未列入分类目录的医疗器械，申请人可以依照第三类医疗器械产品注册的规定直接申请产品注册，也可以依据分类规则判断产品类别并向国务院药品监督管理部门申请类别确认后申请注册或者进行产品备案。

四、法律责任

未依照《条例》及《注册管理办法》规定备案的，由县级以上人民政府药品监督管理部门责令限期改正；逾期不改正的，向社会公告未备案单位和产品名称，可以处1万元以下罚款。备案时提供虚假资料的，由县级以上人民政府药品监督管理部门向社会公告备案单位和产品名称；情节严重的，直接责任人员5年内不得从事医疗器械生产经营活动。

违反《注册管理办法》规定，未依法办理第一类医疗器械变更备案的，按照上述未备案的情形予以处罚。

PPT

微课

第三节　医疗器械产品注册

💬 案例讨论

案例　2020年2月，为应对COVID-19疫情，在国家药监局指导下，多个省级药品监管部门迅速启动医疗器械应急审批程序，按照"统一指挥、早期介入、随到随审、科学审批"的原则和确保产品安全、有效、质量可控的要求，对疫情防控所急需的医疗器械开展应急审批。截至2020年2月5日16点，有关省级药监局已按照医疗器械应急审批程序批准医疗器械注册申请72个，包括医用防护口罩2个、医用外科口罩14个、一次性使用医用口罩17个、医用一次性防护服9个等。

讨论　1. 医疗器械注册的资料要求和一般流程分别是怎样的？第二类、第三类医疗器械注册通常的时限要求分别是怎样规定的？

2. 特殊情况下有哪些途径或程序可以加快注册进程、缩短注册所需时间？这些途径或程序分别对应哪些特殊情形？有哪些特殊要求？

医疗器械注册是一项行政许可制度，是药品监督管理部门根据医疗器械注册申请人的申请，依照法定程序，对其拟上市医疗器械的安全性、有效性研究及其结果进行系统评价，以决定是否同意其申请的过程。

一、注册资料

申请医疗器械注册需要按照现行《条例》第九条的规定提交资料。原国家食品药品监督管理总局《关于公布医疗器械注册申报资料要求和批准证明文件格式的公告》（2014年第43号）进一步细化了资料要求，医疗器械注册需提交的资料见表3-2。

表3-2　医疗器械注册申报资料要求

申报资料一级标题	申报资料二级标题
1. 申请表	
2. 证明性文件	
3. 医疗器械安全有效基本要求清单	
4. 综述资料	4.1 概述
	4.2 产品描述
	4.3 型号规格
	4.4 包装说明
	4.5 适用范围和禁忌证
	4.6 参考的同类产品或前代产品的情况（如有）
	4.7 其他需说明的内容
5. 研究资料	5.1 产品性能研究
	5.2 生物相容性评价研究
	5.3 生物安全性研究
	5.4 灭菌和消毒工艺研究
	5.5 有效期和包装研究

医药大学堂
WWW.YIYAODXT.COM

续表

申报资料一级标题	申报资料二级标题
5.研究资料	5.6动物研究 5.7软件研究 5.8其他
6.生产制造信息	6.1无源产品/有源产品生产过程信息描述 6.2生产场地
7.临床评价资料	
8.产品风险分析资料	
9.产品技术要求	
10.产品注册检验报告	10.1注册检验报告 10.2预评价意见
11.说明书和标签样稿	11.1说明书 11.2最小销售单元的标签样稿
12.符合性声明	

　　注册申报资料应有所提交资料目录，包括申报资料的一级和二级标题。每项二级标题对应的资料应单独编制页码，具体内容及要求如下。

　　1.申请表。

　　2.证明性文件

　　（1）境内申请人应当提交　①企业营业执照副本复印件和组织机构代码证复印件；②按照《创新医疗器械特别审批程序审批》的境内医疗器械申请注册时，应当提交创新医疗器械特别审批申请审查通知单，样品委托其他企业生产的，应当提供受托企业生产许可证和委托协议。生产许可证生产范围应涵盖申报产品类别。

　　（2）境外申请人应当提交　①境外申请人注册地或生产地址所在国家（地区）医疗器械主管部门出具的允许产品上市销售的证明文件、企业资格证明文件；②境外申请人注册地或者生产地址所在国家（地区）未将该产品作为医疗器械管理的，申请人需要提供相关证明文件，包括注册地或者生产地址所在国家（地区）准许该产品上市销售的证明文件；③境外申请人在中国境内指定代理人的委托书、代理人承诺书及营业执照副本复印件或者机构登记证明复印件。

　　3.医疗器械安全有效基本要求清单　说明产品符合《医疗器械安全有效基本要求清单》各项适用要求所采用的方法，以及证明其符合性的文件。对于《医疗器械安全有效基本要求清单》中不适用的各项要求，应当说明其理由。

　　对于包含在产品注册申报资料中的文件，应当说明其在申报资料中的具体位置；对于未包含在产品注册申报资料中的文件，应当注明该证据文件名称及其在质量管理体系文件中的编号备查。

　　4.综述资料

　　（1）概述　描述申报产品的管理类别、分类编码及名称的确定依据。

　　（2）产品描述

　　1）无源医疗器械　描述产品工作原理、作用机理（如适用）、结构组成（含配合使用的附件）、主要原材料，以及区别于其他同类产品的特征等内容；必要时提供图示说明。

　　2）有源医疗器械　描述产品工作原理、作用机理（如适用）、结构组成（含配合使用的附件）、主要功能及其组成部件（关键组件和软件）的功能，以及区别于其他同类产品的特征等内容；必要时提供图示说明。

（3）型号规格　对于存在多种型号规格的产品，应当明确各型号规格的区别。应当采用对比表及带有说明性文字的图片、图表，对于各种型号规格的结构组成（或配置）、功能、产品特征和运行模式、性能指标等方面加以描述。

（4）包装说明　有关产品包装的信息，以及与该产品一起销售的配件包装情况；对于无菌医疗器械，应当说明与灭菌方法相适应的最初包装的信息。

（5）适用范围和禁忌证

1）适用范围　应当明确产品所提供的治疗、诊断等符合现行《条例》第七十六条定义的目的，并可描述其适用的医疗阶段（如治疗后的监测、康复等）；明确目标用户及其操作该产品应当具备的技能/知识/培训；说明产品是一次性使用还是重复使用；说明预期与其组合使用的器械。

2）预期使用环境　该产品预期使用的地点如医疗机构、实验室、救护车、家庭等，以及可能会影响其安全性和有效性的环境条件（如温度、湿度、功率、压力、移动等）。

3）适用人群　目标患者人群的信息（如成人、儿童或新生儿），患者选择标准的信息，以及使用过程中需要监测的参数、考虑的因素；

4）禁忌证　如适用，应当明确说明该器械不适宜应用的某些疾病、情况或特定的人群（如儿童、老年人、孕妇及哺乳期妇女、肝肾功能不全者）。

（6）参考的同类产品或前代产品应当提供同类产品（国内外已上市）或前代产品（如有）的信息，阐述申请注册产品的研发背景和目的。对于同类产品，应当说明选择其作为研发参考的原因。同时列表比较说明产品与参考产品（同类产品或前代产品）在工作原理、结构组成、制造材料、性能指标、作用方式（如植入、介入），以及适用范围等方面的异同。

（7）其他需说明的内容　对于已获得批准的部件或配合使用的附件，应当提供批准文号和批准文件复印件；预期与其他医疗器械或通用产品组合使用的应当提供说明；应当说明系统各组合医疗器械间存在的物理、电气等连接方式。

5.研究资料　根据所申报的产品，提供适用的研究资料。

（1）产品性能研究　应当提供产品性能研究资料以及产品技术要求的研究和编制说明，包括功能性、安全性指标（如电气安全与电磁兼容、辐射安全）以及与质量控制相关的其他指标的确定依据，所采用的标准或方法、采用的原因及理论基础。

（2）生物相容性评价研究　应对成品中与患者和使用者直接或间接接触的材料的生物相容性进行评价。生物相容性评价研究资料应当包括：①生物相容性评价的依据和方法；②产品所用材料的描述及与人体接触的性质；③实施或豁免生物学试验的理由和论证；④对于现有数据或试验结果的评价。

（3）生物安全性研究　对于含有同种异体材料、动物源性材料或生物活性物质等具有生物安全风险类产品，应当提供相关材料及生物活性物质的生物安全性研究资料。包括说明组织、细胞和材料的获取、加工、保存、测试和处理过程；阐述来源（包括捐献者筛选细节），并描述生产过程中对病毒、其他病原体及免疫源性物质去除或灭活方法的验证试验；工艺验证的简要总结。

（4）灭菌/消毒工艺研究　①生产企业灭菌：应明确灭菌工艺（方法和参数）和无菌保证水平（SAL），并提供灭菌确认报告；②终端用户灭菌：应当明确推荐的灭菌工艺（方法和参数）及所推荐的灭菌方法确定的依据；对可耐受两次或多次灭菌的产品，应当提供产品相关推荐的灭菌方法耐受性的研究资料；③残留毒性：如灭菌使用的方法容易出现残留，应当明确残留物信息及采取的处理方法，并提供研究资料；④终端用户消毒：应当明确推荐的消毒工艺（方法和参数）以及所推荐消毒方法确定的依据。

（5）产品有效期和包装研究　①有效期的确定：如适用，应当提供产品有效期的验证报告；②对于有限次重复使用的医疗器械，应当提供使用次数验证资料；③包装及包装完整性：在宣称的有效期内以及运输储存条件下，保持包装完整性的依据。

（6）临床前动物实验　如适用，应当包括动物实验研究的目的、结果及记录。

（7）软件研究　含有软件的产品，应当提供一份单独的医疗器械软件描述文档，内容包括基本信息、实现过程和核心算法，详尽程度取决于软件的安全性级别和复杂程度。同时，应当出具关于软件版本命名规则的声明，明确软件版本的全部字段及字段含义，确定软件的完整版本和发行所用的标识版本。

（8）其他资料　证明产品安全性、有效性的其他研究资料。

6.生产制造信息

（1）无源医疗器械　应当明确产品生产加工工艺，注明关键工艺和特殊工艺，并说明其过程控制点。明确生产过程中各种加工助剂的使用情况及对杂质（如残留单体、小分子残留物等）的控制情况。

（2）有源医疗器械　应当明确产品生产工艺过程，可采用流程图的形式，并说明其过程控制点。部分有源医疗器械（例如心脏起搏器及导线）应当注意考虑采用"6.生产制造信息"（1）中关于生产过程信息的描述。

（3）生产场地　有多个研制、生产场地，应当概述每个研制、生产场地的实际情况。

7.临床评价资料　按照相应规定提交临床评价资料。进口医疗器械应提供境外政府医疗器械主管部门批准该产品上市时的临床评价资料。

8.产品风险分析资料　是对产品的风险管理过程及其评审的结果予以记录所形成的资料。应当提供对于每项已判定危害的下列各个过程的可追溯性。①风险分析：包括医疗器械适用范围和与安全性有关特征的判定、危害的判定、估计每个危害处境的风险；②风险评价：对于每个已判定的危害处境，评价和决定是否需要降低风险；③风险控制措施的实施和验证结果，必要时应当引用检测和评价性报告，如医用电气安全、生物学评价等；④任何一个或多个剩余风险的可接受性评定。

9.产品技术要求　医疗器械产品技术要求应当按照《医疗器械产品技术要求编写指导原则》的规定编制。产品技术要求一式两份，并提交两份产品技术要求文本完全一致的声明。

10.产品注册检验报告　提供具有医疗器械检验资质的医疗器械检验机构出具的注册检验报告和预评价意见。

11.产品说明书和最小销售单元的标签样稿　应当符合相关法规要求。

12.符合性声明　①申请人声明本产品符合《注册管理办法》和相关法规的要求；声明本产品符合《医疗器械分类规则》有关分类的要求；声明本产品符合现行国家标准、行业标准，并提供符合标准的清单；②所提交资料真实性的自我保证声明（境内产品由申请人出具，进口产品由申请人和代理人分别出具）。

二、注册流程

（一）申请与受理

申请医疗器械注册，申请人应当按照相关要求向药品监督管理部门报送申报资料。申请第二类医疗器械产品注册，注册申请人应当向所在地省、自治区、直辖市人民政府药品监督管理部门提交注册申请资料。申请第三类医疗器械产品注册，注册申请人应当向国务院药品监督管理部门提交注册申请资料。向我国境内出口第二类、第三类医疗器械的境外生产企业，应当由其在我国境内设立的代表机构或者指定我国境内的企业法人作为代理人，向国务院药品监督管理部门提交注册申请资料和注册申请人所在国（地区）主管部门准许该医疗器械上市销售的证明文件。

药品监督管理部门收到申请后对申报资料进行形式审查，并根据下列情况分别作出处理：①申请事项属于本部门职权范围，申报资料齐全、符合形式审查要求的，予以受理；②申报资料存在可以当场更正错误的，应当允许申请人当场更正；③申报资料不齐全或者不符合形式审查要求的，应当在5个工作日内一次告知申请人需要补正的全部内容，逾期不告知的，自收到申报资料之日起即为受理；④申请事项不属于本部门职权范围的，应当即时告知申请人不予受理。

药品监督管理部门受理或者不予受理医疗器械注册申请，应当出具加盖本部门专用印章并注明日期的受理或者不予受理的通知书。

医疗器械注册申请直接涉及申请人与他人之间重大利益关系的，药品监督管理部门应当告知申请人、利害关系人可以依照法律、法规以及国家药品监督管理局的其他规定享有申请听证的权利；对医疗器械注册申请进行审查时，药品监督管理部门认为属于涉及公共利益的重大许可事项，应当向社会公告，并举行听证。

对新研制的尚未列入分类目录的医疗器械，申请人可以直接申请第三类医疗器械产品注册，也可以依据分类规则判断产品类别并向国家药品监督管理局申请类别确认后，申请产品注册或者办理产品备案。直接申请第三类医疗器械注册的，国家药品监督管理局按照风险程度确定类别。境内医疗器械确定为第二类的，国家药品监督管理局将申报资料转申请人所在地省、自治区、直辖市药品监督管理部门审评审批；境内医疗器械确定为第一类的，国家药品监督管理局将申报资料转申请人所在地设区的市级药品监督管理部门备案。

（二）电子申报与立卷审查

国家药品监督管理局开展了医疗器械注册电子申报信息化系统（eRPS）的建设工作，研究借鉴国际医疗器械注册电子申报经验，实现了医疗器械注册申请的电子申报和在线审评。自2019年6月24日起，eRPS系统正式启用，医疗器械注册申请人、注册人可按照《医疗器械注册申请电子提交技术指南（试行）》（国家药品监督管理局通告2019年第29号）以及相关通知的要求，在eRPS系统业务范围内进行线上电子申报，无需提交纸质资料。上述指南参照国际医疗器械监管论坛（IMDRF）注册申报规范（regulated product submission，RPS）工作组形成的注册申报资料目录（table of contents，ToC）。

eRPS系统的电子提交目录完整采纳了RPS的相关目录设置模式，以植入目录树的形式对电子注册申报资料的上传方式进行合理设置，明确了对各级目录标题下提交的电子资料的内容要求，也便于审评人员的查阅及上市产品信息的归档。各个目录标题的资料说明与《关于公布医疗器械注册申报资料要求和批准证明文件格式的公告》（国家食品药品监督管理总局公告2014年第43号）、《关于公布体外诊断试剂注册申报资料要求和批准证明文件格式的公告》（国家食品药品监督管理总局公告2014年第44号）的要求保持一致。

eRPS系统业务范围为国家药监局医疗器械注册事项，包括行政许可事项和公共服务事项。行政许可事项包括境内第三类和进口第二、三类医疗器械注册、注册变更、延续注册以及第三类高风险医疗器械临床试验审批。公共服务事项包括医疗器械说明书更改告知、医疗器械注册及许可事项变更复审、创新医疗器械特别审查等事项。进口第一类医疗器械备案，注册证及变更文件补办，注册证及变更文件纠错，注册证及变更文件自行注销，自行撤回医疗器械注册、注册变更、延续注册、复审，医疗器械注册指定检验等事项暂不包含在 eRPS 系统业务范围之内，仍沿用提交纸质资料的线下形式办理。国家药监局医疗器械注册电子政务服务事项列表详见表3-3。

表3-3 电子申报事项列表

序号	项目	子项	分项
1	境内医疗器械行政许可事项	境内第三类医疗器械注册申请	境内第三类医疗器械注册申请
2			境内第三类体外诊断试剂注册申请
3		境内第三类医疗器械注册变更申请	境内第三类医疗器械注册登记事项变更申请
4			境内第三类医疗器械注册许可事项变更申请
5			境内第三类体外诊断试剂注册登记事项变更申请
6			境内第三类体外诊断试剂注册许可事项变更申请
7		境内第三类医疗器械延续注册申请	境内第三类医疗器械延续注册申请
8			境内第三类体外诊断试剂延续注册申请
9		境内第三类高风险医疗器械临床试验审批申请	
10	进口医疗器械行政许可事项	进口第二、三类医疗器械注册申请	进口第二、三类医疗器械注册申请
11			进口第二类体外诊断试剂注册申请
12			进口第三类体外诊断试剂注册申请
13		进口第二、三类医疗器械注册变更申请	进口第二、三类医疗器械注册登记事项变更申请
14			进口第二、三类医疗器械注册许可事项变更申请
15			进口第二、三类体外诊断试剂注册登记事项变更申请
16			进口第二、三类体外诊断试剂注册许可事项变更申请
17		进口医疗器械延续注册申请	进口第二、三类医疗器械延续注册申请
18			进口第二、三类体外诊断试剂延续注册申请
19		进口第三类高风险医疗器械临床试验审批申请	
20	医疗器械公共服务事项	医疗器械说明书更改告知申请	
21		医疗器械注册/许可事项变更复审申请	
22		创新医疗器械特别审查申请	
23		医疗器械注册证/变更文件补办申请	
24		医疗器械注册证/变更文件纠错申请	
25		医疗器械注册证/变更文件自行注销申请	
26		自行撤回医疗器械注册/注册变更/延续注册/复审申请	
27		医疗器械指定注册检验申请	

eRPS 系统注册事项操作流程包括：①企业用户注册并登录；②申报资料的电子签章；③上传电子申报资料；④受理审查；⑤缴费流转；⑥审评审批；⑦提交补充资料；⑧查看审评审批进度。

为配合医疗器械注册电子申报工作的开展，国家药品监督管理局组织制定了《医疗器械产品注册项目立卷审查要求（试行）》等立卷审查要求（国家药监局通告2019年第42号）。

立卷审查是国家药品监督管理局医疗器械技术审评中心在受理环节按照立卷审查要求对相应申请的申报资料进行审查，对申报资料进入技术审评环节的完整性、合规性、一致性进行判断。立卷审查不对产品安全性、有效性评价的合理性、充分性进行分析，不对产品风险受益比进行判定。立卷审查适用于医疗器械注册、许可事项变更、临床试验审批等申请事项。

立卷审查实质上对应行政受理环节。按照《注册管理办法》的规定，在行政受理环节药品监管部门应对申报资料开展形式审查，并在5个工作日内完成。据此规定，立卷审查的定位明确为：立卷审查是依照"立卷审查要求"，对申请人/注册人递交注册申报资料的完整性进行形式审核，对注册申报资料在形式上是否满足相关的法规/规范性文件的要求、是否足够用于开展深入的技术审评进行判定。立卷审查阶段，审评人员仅对资料的完整性进行形式审核，对资料是否可证明产品用于所申请适用范围的受益大于风险不作评判。若在立卷审查环节未能作出正确判断，导致不应通过立卷审查环节的申报资料通过了立卷审查，在技术审评环节，审评人员仍可对立卷审查要求中的问题提出补正意见。立卷审查由国家药品监督管理局医疗器械技术审评中心审评部人员、临床与生物统计部人员完成，项目受理后，由进行立卷审查的人员对项目进行技术审评。与原行政受理形式审查相比，立卷审查及技术审评均由审评人员进行，审查针对性更强，也更加深入。

（三）技术审评与行政审批

为规范医疗器械注册审批工作，原国家食品药品监督管理总局组织制定了《境内第三类和进口医疗器械注册审批操作规范》（食药监械管〔2014〕208号）和《境内第二类医疗器械注册审批操作规范》（食药监械管〔2014〕209号），已自2014年10月1日起施行。

1.技术审评 受理注册申请的药品监督管理部门应当自受理之日起3个工作日内将申报资料转交技术审评机构。技术审评机构应当在60个工作日内完成第二类医疗器械注册的技术审评工作，在90个工作日内完成第三类医疗器械注册的技术审评工作。需要外聘专家审评、药械组合产品需与药品审评机构联合审评的，所需时间不计算在内，技术审评机构应当将所需时间书面告知申请人。

技术审评过程中需要申请人补正资料的，技术审评机构应当一次告知需要补正的全部内容。申请人应当在1年内按照补正通知的要求一次提供补充资料；技术审评机构应当自收到补充资料之日起60个工作日内完成技术审评。申请人补充资料的时间不计算在审评时限内。申请人对补正资料通知内容有异议的，可以向相应的技术审评机构提出书面意见，说明理由并提供相应的技术支持资料。申请人逾期未提交补充资料的，由技术审评机构终止技术审评，提出不予注册的建议，由药品监督管理部门核准后作出不予注册的决定。医疗器械注册技术审评过程中涉及的补正通知和补充资料过程，可参照《医疗器械注册审评补正资料要求管理规范》（国家药品监督管理局医疗器械技术审评中心通告2020年第1号）执行。

药品监督管理部门在组织产品技术审评时可以调阅原始研究资料，并组织对申请人进行与产品研制、生产有关的质量管理体系核查。境内第二类、第三类医疗器械注册质量管理体系核查，由省、自治区、直辖市药品监督管理部门开展，其中境内第三类医疗器械注册质量管理体系核查，由国家药品监督管理局技术审评机构通知相应省、自治区、直辖市药品监督管理部门开展核查，必要时参与核查。省、自治区、直辖市药品监督管理部门应当在30个工作日内根据相关要求完成体系核查。国家药品监督管理局技术审评机构在对进口第二类、第三类医疗器械开展技术审评时，认为有必要进行质量管理体系核查的，通知国家药品监督管理局质量管理体系检查技术机构根据相关要求开展核查，必要时技术审评机构参与核查。质量管理体系核查的时间不计算在审评时限内。

为加强医疗器械产品注册工作的监督和指导，进一步提高医疗器械注册质量管理体系核查工作质量，国家药品监督管理局组织制定了《医疗器械注册质量管理体系核查指南》（国家药监局通告 2020年第19号），于2020年3月17日发布通告。该指南适用于医疗器械监管部门对第二类、第三类医疗器械注册质量管理体系现场核查。该指南应当在遵循《医疗器械生产质量管理规范》及其附录的前提下使用。指南要求，医疗器械注册申请人，应当建立与产品实现过程相适应的质量管理体系，确保其在医疗器械全生命周期管理过程中有效运行，保证设计开发、生产等过程数据真实可靠、完整、可追溯，并与注册时提交的全部注册申报资料一致；应当结合注册申报资料，重点关注与产品研制、生产有关的设计开发、采购、生产管理、质量控制等内容，以及真实性核查要求。核查结论按照《境内第三类医疗器械注册质量管理体系核查工作程序（暂行）》的要求，分为通过核查、未通过核查、整改后通过核查、整改后未通过核查4种情形。

2.行政审批 受理注册申请的药品监督管理部门应当在技术审评结束后20个工作日内作出决定。对符合安全、有效要求的，准予注册，自作出审批决定之日起10个工作日内发给医疗器械注册证，经过核准的产品技术要求以附件形式发给申请人。对不予注册的，应当书面说明理由，并同时告知申请人享有申请复审和依法申请行政复议或者提起行政诉讼的权利。医疗器械注册证有效期为5年。

对用于治疗罕见疾病以及应对突发公共卫生事件急需的医疗器械，药品监督管理部门可以在批准该医疗器械注册时要求申请人在产品上市后进一步完成相关工作，并将要求载明于医疗器械注册证中。

对于已受理的注册申请，有下列情形之一的，药品监督管理部门作出不予注册的决定，并告知申请人：①申请人对拟上市销售医疗器械的安全性、有效性进行的研究及其结果无法证明产品安全、有效的；②注册申报资料虚假的；③注册申报资料内容混乱、矛盾的；④注册申报资料的内容与申报项目明显不符的；⑤不予注册的其他情形。

对于已受理的注册申请，申请人可以在行政许可决定作出前，向受理该申请的药品监督管理部门申请撤回注册申请及相关资料，并说明理由。

对于已受理的注册申请，有证据表明注册申报资料可能虚假的，药品监督管理部门可以中止审批。经核实后，根据核实结论继续审查或者作出不予注册的决定。

3.注册救济 申请人对药品监督管理部门作出的不予注册决定有异议的，可以自收到不予注册决定通知之日起20个工作日内，向作出审批决定的药品监督管理部门提出复审申请。复审申请的内容仅限于原申请事项和原申报资料。药品监督管理部门应当自受理复审申请之日起30个工作日内作出复审决定，并书面通知申请人。维持原决定的，药品监督管理部门不再受理申请人再次提出的复审申请。申请人对药品监督管理部门作出的不予注册的决定有异议，且已申请行政复议或者提起行政诉讼的，药品监督管理部门不受理其复审申请。

注册申请审查过程中及批准后发生专利权纠纷的，应当按照有关法律、法规的规定处理。

医疗器械注册证遗失的，注册人应当立即在原发证机关指定的媒体上登载遗失声明。自登载遗失声明之日起满1个月后，向原发证机关申请补发，原发证机关在20个工作日内予以补发。

医疗器械注册审批流程见图3-1。

4.注册证编号的编排方式 医疗器械注册证格式由国家药品监督管理局统一制定。注册证编号的编排方式为：×1械注×2×××3×4×5×××6。其中：

×1为注册审批部门所在地的简称：境内第三类医疗器械，进口第二类、第三类医疗器械为"国"字；境内第二类医疗器械为注册审批部门所在地省、自治区、直辖市简称；

×2为注册形式："准"字适用于境内医疗器械；"进"字适用于进口医疗器械；"许"字适用

于香港、澳门、台湾地区的医疗器械；

　　××××3为首次注册年份；

　　×4为产品管理类别；

　　××5为产品分类编码；

　　×××6为首次注册流水号。

　　延续注册的，××××3和×××6数字不变。产品管理类别调整的，应当重新编号。

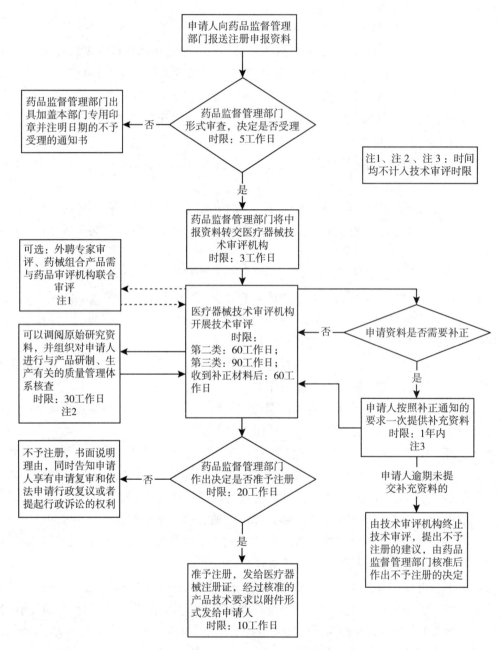

图3-1　医疗器械注册审批流程

（四）医疗器械应急审批程序

为有效预防、及时控制和消除突发公共卫生事件的危害，确保突发公共卫生事件应急所需医疗器械尽快完成注册审批，原国家食品药品监督管理局组织制定了《医疗器械应急审批程序》

（国食药监械〔2009〕565号），自2009年8月28日起施行。

国家药品监督管理局根据突发公共卫生事件的情形和发展情况，决定启动及终止医疗器械应急审批程序的时间。程序启动后，各级药品监督管理部门及相关技术机构，根据各自职能和应急审批程序规定，开展相关医疗器械的注册检测、质量管理体系考核、技术审评和行政审批等工作。

医疗器械应急审批程序适用于突发公共卫生事件应急所需，且在我国境内尚无同类产品上市，或虽在我国境内已有同类产品上市，但产品供应不能满足突发公共卫生事件应急处理需要，并经国家药品监督管理局确认的医疗器械的审批。

1.申请　拟申请医疗器械应急审批的，申请人应当将产品应急所需的情况及产品研发情况事先告知相应的药品监督管理部门。各级药品监督管理部门应当及时了解相关医疗器械研制情况，必要时采取早期介入的方式，对拟申报产品进行技术评估，及时指导生产企业开展相关申报工作。

2.确认　对于申请应急审批的医疗器械，申请人应当向国家药品监督管理局先行提交综述资料及相关说明。国家药品监督管理局设立特别专家组，对申请应急审批的医疗器械进行评估和审核。在3日内，对产品是否进行应急审批予以确认，对产品管理类别进行界定，并将结果通知申请人。

3.生产许可　对于经国家药品监督管理局确认进行应急审批的第一类医疗器械，生产企业应当按照《医疗器械生产监督管理办法》的相关规定向所在地省、自治区、直辖市药品监督管理局书面告知，省、自治区、直辖市药品监督管理局应当及时予以签收。对于经国家药品监督管理局确认进行应急审批的第二类、第三类医疗器械，生产企业所在地省、自治区、直辖市药品监督管理局在接到相关医疗器械生产企业《医疗器械生产企业许可证》申办或变更申请后，应当按照《医疗器械生产监督管理办法》的相关规定，在5日内作出是否予以核发或变更《医疗器械生产企业许可证》的决定。

4.技术评价　对于经国家药品监督管理局确认进行应急审批的医疗器械（以下简称应急审批医疗器械），相关医疗器械检测机构应当在接收样品后24小时内组织开展医疗器械注册检测，并及时出具检测报告。对于应急审批医疗器械，相应的药品监督管理部门在接到生产企业质量管理体系考核申请后，应当在2日内组织开展现场考核工作，并及时出具质量管理体系考核报告。对于应急审批医疗器械，相应的医疗器械注册受理部门受理后，应当将该注册申请项目标记为"应急审批"，并于受理当日由专人负责进行注册申报资料流转。

5.技术审评及行政审批　第二类应急审批医疗器械注册申请受理后，药品监督管理部门应当在5日内完成技术审评；技术审评结束后，在3日内完成行政审批。第三类应急审批医疗器械注册申请受理后，药品监督管理部门应当在10日内完成技术审评；技术审评结束后，在3日内完成行政审批。

（五）创新医疗器械特别审查程序

为贯彻落实中共中央办公厅、国务院办公厅《关于深化审评审批制度改革鼓励药品医疗器械创新的意见》（厅字〔2017〕42号），鼓励医疗器械研发创新，促进医疗器械新技术的推广和应用，推动医疗器械产业高质量发展，国家药品监督管理局组织修订了《创新医疗器械特别审查程序》，自2018年12月1日起施行。

符合下列情形的医疗器械审查，适用于《创新医疗器械特别审查程序》：①申请人通过其主导的技术创新活动，在中国依法拥有产品核心技术发明专利权，或者依法通过受让取得在中国发明专利权或其使用权，创新医疗器械特别审查申请时间距专利授权公告日不超过5年；或者核心技术发明专利的申请已由国务院专利行政部门公开，并由国家知识产权局专利检索咨询中心出具检索报告，报告载明产品核心技术方案具备新颖性和创造性；②申请人已完成产品的前期研究并具有基本定型产品，研究过程真实和受控，研究数据完整和可溯源；③产品主要工作原理或者作用机理为国内首创，产品性能或者安全性与同类产品比较有根本性改进，技术上处于国际领先水平，且具有显著的临床应用价值。

《创新医疗器械特别审查程序》要求各级药品监督管理部门及相关技术机构，根据各自职责和本程序规定，按照早期介入、专人负责、科学审查的原则，在标准不降低、程序不减少的前提下，对创新医疗器械予以优先办理，并加强与申请人的沟通交流。

1. 资料要求 申请人申请创新医疗器械特别审查，应当在第二类、第三类医疗器械首次注册申请前，填写《创新医疗器械特别审查申请表》，并提交支持拟申请产品符合创新医疗器械情形要求的资料。申报资料应当使用中文；原文为外文的，应当有中文译本。资料应当包括以下内容。

（1）申请人企业资质证明文件。

（2）产品知识产权情况及证明文件。

（3）产品研发过程及结果综述。

（4）产品技术文件，至少应当包括：①产品的适用范围或者预期用途；②产品工作原理或者作用机理；③产品主要技术指标及确定依据，主要原材料、关键元器件的指标要求，主要生产工艺过程及流程图，主要技术指标的检验方法。

（5）产品创新的证明性文件，至少应当包括：①核心刊物公开发表的能够充分说明产品临床应用价值的学术论文、专著及文件综述；②国内外已上市同类产品应用情况的分析及对比（如有）；③产品的创新内容及在临床应用的显著价值。

（6）产品风险分析资料。

（7）产品说明书（样稿）。

（8）其他证明产品符合创新医疗器械情形要求的资料。

（9）所提交资料真实性的自我保证声明。境外申请人应当委托中国境内的企业法人作为代理人或者由其在中国境内的办事机构提出申请，并提交以下文件：①境外申请人委托代理人或者其在中国境内办事机构办理创新医疗器械特别审查申请的委托书；②代理人或者申请人在中国境内办事机构的承诺书；③代理人营业执照或者申请人在中国境内办事机构的机构登记证明。

2. 审批流程

（1）申请 境内申请人应当向其所在地的省级药品监督管理部门提出创新医疗器械特别审查申请。省级药品监督管理部门对申报项目是否符合创新医疗器械情形要求进行初审，并于20个工作日内出具初审意见。经初审不符合要求的，省级药品监督管理部门应当告知申请人；符合要求的，省级药品监督管理部门将申报资料和初审意见一并报送国家药品监督管理局行政事项受理服务和投诉举报中心。境外申请人应当向国家药品监督管理局提出创新医疗器械特别审查申请。

（2）审查 国家药品监督管理局行政事项受理服务和投诉举报中心对创新医疗器械特别审查申请申报资料进行形式审查，对符合申请资料规定的形式要求的予以受理，并给予受理编号，编排方式为：CQTS×××1×××2，其中×××1为申请的年份；×××2为产品流水号。对于已受理的创新医疗器械特别审查申请，申请人可以在审查决定作出前，申请撤回创新医疗器械特别审查申请及相关资料，并说明理由。

国家药品监督管理局医疗器械技术审评中心设立创新医疗器械审查办公室，对创新医疗器械特别审查申请进行审查。创新医疗器械审查办公室收到创新医疗器械特别审查申请后，组织专家进行审查。

申请资料存在以下五种情形之一的，创新医疗器械审查办公室不组织专家进行审查：①申请资料虚假的；②申请资料内容混乱、矛盾的；③申请资料的内容与申报项目明显不符的；④申请资料中产品知识产权证明文件不完整、专利权不清晰的；⑤前次审查意见已明确指出产品主要工作原理或者作用机理非国内首创，且再次申请时产品设计未发生改变的。

创新医疗器械审查办公室收到创新医疗器械特别审查申请后，应当于60个工作日内出具审查意见（公示及异议处理时间不计算在内）。经创新医疗器械审查办公室审查，对拟进行特别审查的申请项目，应当在国家药品监督管理局医疗器械技术审评中心网站将申请人、产品名称予以公示，公示时间应当不少于10个工作日。对于公示内容有异议的，应当对相关意见研究后作出最终审查决定。

创新医疗器械审查办公室作出审查决定后，将审查结果通过国家药品监督管理局医疗器械技术审评中心网站告知申请人。审查结果告知后5年内，未申报注册的创新医疗器械，不再按照《创新医疗器械特别审查程序》实施审查。5年后，申请人可按照《创新医疗器械特别审查程序》重新申请创新医疗器械特别审查。

经审查拟同意进行特别审查的申请项目，创新医疗器械审查办公室在出具审查意见时一并对医疗器械管理类别进行界定。所申请创新医疗器械的管理属性存在疑问的，申请人应当先进行属性界定后再提出创新医疗器械特别审查申请。对于境内企业申请，如产品被界定为第二类医疗器械，相应的省级药品监督管理部门可参照《创新医疗器械特别审查程序》进行审查。

（3）技术评价　对于经审查同意按《创新医疗器械特别审查程序》审查的创新医疗器械，申请人所在地省级药品监督管理部门应当指定专人，应申请人的要求及时沟通、提供指导。在收到申请人质量管理体系核查申请后，应当予以优先办理。

对于创新医疗器械，医疗器械检验机构在进行检验时，应当优先进行检验，并出具检验报告。创新医疗器械的临床试验应当按照医疗器械临床试验相关规定的要求进行，药品监督管理部门应当根据临床试验的进程进行监督检查。创新医疗器械临床研究工作需重大变更的，如临床试验方案修订、使用方法、规格型号、预期用途、适用范围或人群的调整等，申请人应当评估变更对医疗器械安全性、有效性和质量可控性的影响。产品主要工作原理或者作用机理发生变化的创新医疗器械，应当按照《创新医疗器械特别审查程序》重新申请。

（4）沟通交流　对于创新医疗器械，在产品注册申请受理前以及技术审评过程中，国家药品监督管理局医疗器械技术审评中心应当指定专人，应申请人的要求及时沟通、提供指导，共同讨论相关技术问题。对于创新医疗器械，申请人在注册申请受理前以及技术审评过程中可填写创新医疗器械沟通交流申请表，就下列问题与国家药品监督管理局医疗器械技术审评中心沟通交流：①重大技术问题；②重大安全性问题；③临床试验方案；④阶段性临床试验结果的总结与评价；⑤其他需要沟通交流的重要问题。

国家药品监督管理局医疗器械技术审评中心应当对申请人提交的沟通交流申请及相关资料及时进行审核，并将审核结果告知申请人。国家药品监督管理局医疗器械技术审评中心同意进行沟通交流的，应当明确告知申请人拟讨论的问题，与申请人商定沟通交流的形式、时间、地点、参加人员等，并安排与申请人沟通交流。沟通交流应当形成记录，记录需经双方签字确认，供该产品的后续研究及审评工作参考。

（5）技术审评及行政审批　国家药品监督管理局行政事项受理服务和投诉举报中心受理创新医疗器械注册申请后，应当将该注册申请项目标记为"创新医疗器械"，并及时进行注册申报资料流转。国家药品监督管理局医疗器械技术审评中心对已受理注册申报的创新医疗器械，应当优先进行技术审评；技术审评结束后，国家药品监督管理局优先进行行政审批。

属于下列情形之一的，国家药品监督管理局可终止创新医疗器械特别审查程序并告知申请人：①申请人主动要求终止的；②申请人未按规定的时间及要求履行相应义务的；③申请人提供伪造和虚假资料的；④全部核心技术发明专利申请被驳回或视为撤回的；⑤失去产品全部核心技术发明专利专利权或者使用权的；⑥申请产品不再作为医疗器械管理的；⑦经专家审查会议讨论确定不宜再按照《创新医疗器械特别审查程序》管理的。

国家药品监督管理局在实施《创新医疗器械特别审查程序》过程中，应当加强与有关部门的沟通和交流，及时了解创新医疗器械的研发进展。按《创新医疗器械特别审查程序》审查获准注册的医疗器械申请许可事项变更的，国家药品监督管理局予以优先办理。

突发公共卫生事件应急所需医疗器械，按照《医疗器械应急审批程序》办理。

（六）医疗器械优先审批程序

为保障医疗器械临床使用需求，根据《条例》（国务院令第650号）、《国务院关于改革药品医疗器械审评审批制度的意见》（国发〔2015〕44号）等有关规定，原国家食品药品监督管理总局组织制定了《医疗器械优先审批程序》（国家食品药品监督管理总局通告2016年第168号），自2017年1月1日起施行，对符合下列条件之一的境内第三类和进口第二类、第三类医疗器械注册申请实施优先审批。

1.符合下列情形之一的医疗器械：①诊断或者治疗罕见病，且具有明显临床优势；②诊断或者治疗恶性肿瘤，且具有明显临床优势；③诊断或者治疗老年人特有和多发疾病，且目前尚无有效诊断或者治疗手段；④专用于儿童，且具有明显临床优势；⑤临床急需，且在我国尚无同品种产品获准注册的医疗器械。

2.列入国家科技重大专项或者国家重点研发计划的医疗器械。

3.其他应当优先审批的医疗器械。

对于上述条件1、2的情形，需要优先审批的医疗器械，申请人应当向国家药品监督管理局提出优先审批申请。对于上述条件3的情形，由国家药品监督管理局广泛听取意见，并组织专家论证后确定。

对于符合上述条件1、2情形的，申请人应当在提交医疗器械注册申请时一并提交医疗器械优先审批申请表。对于上述条件2情形的医疗器械优先审批申请，申请人还应当提交该产品列入国家科技重大专项或者国家重点研发计划的相关证明文件。

国家药品监督管理局医疗器械注册申请受理部门对优先审批申请材料进行形式审查，对优先审批申请材料齐全且予以受理的注册申请项目，注明优先审批申请，转交国家医疗器械技术审评中心进行审核。

对于上述条件1情形的医疗器械优先审批申请以及其他应当优先审批的医疗器械，国家医疗器械技术审评中心每月集中组织专家论证审核，出具审核意见。经专家论证需要优先审批的，拟定予以优先审批。对于上述条件2情形的医疗器械优先审批申请，国家医疗器械技术审评中心自收到申请之日起5个工作日内进行审核，符合优先审批情形的，拟定予以优先审批。

国家医疗器械技术审评中心将拟定优先审批项目的申请人、产品名称、受理号在其网站上予以公示，公示时间应当不少于5个工作日。公示期内无异议的，即优先进入审评程序，并告知申请人。对公示项目有异议的，应当在公示期内向国家医疗器械技术审评中心提交书面意见并说明理由。国家医疗器械技术审评中心应当在收到异议起10个工作日内，对相关意见进行研究，并将研究意见告知申请人和提出异议方。

国家医疗器械技术审评中心经审核不予优先审批的，将不予优先审批的意见和原因告知申请人，并按常规审批程序办理。国家医疗器械技术审评中心对列入优先审批的医疗器械注册申请，按照接收时间单独排序，优先进行技术审评。对于优先审批的项目，省级药品监督管理部门优先安排医疗器械注册质量管理体系核查。对于优先审批的项目，国家医疗器械技术审评中心在技术审评过程中，应当按照相关规定积极与申请人进行沟通交流，必要时，可以安排专项交流。

对于申请优先审批的境内医疗器械注册申请项目，国家医疗器械技术审评中心确认该产品属于第二类医疗器械的，受理部门及时将第二类医疗器械注册申报资料和分类意见转申请人所在地省级药品监督管理部门审评审批。各省、自治区、直辖市药品监督管理部门可参照《医疗器械优先审批程序》开展行政区域内第二类医疗器械注册优先审批工作。

对于优先审批的项目，国家医疗器械技术审评中心在技术审评报告中注明为优先审批项目，国家药品监督管理局优先进行行政审批。

已经按照医疗器械应急审批程序、创新医疗器械特别审批程序进行审批的注册申请项目，不执行医疗器械优先审批程序。

（七）医疗器械附条件批准上市指导原则

为贯彻落实中共中央办公厅、国务院办公厅《关于深化审评审批制度改革鼓励药品医疗器械创新的意见》，解决严重危及生命疾病的临床治疗需求，加快相关医疗器械的审评审批，国家药品监督管理局组织制定了《医疗器械附条件批准上市指导原则》（国家药监局通告2019年第93号）。该指导原则适用于拟申请附条件批准上市的医疗器械注册。

1.基本原则　对治疗严重危及生命且尚无有效治疗手段疾病的医疗器械，应当充分考虑医疗器械上市后预期收集的数据与上市前已收集的数据之间的平衡性，综合评估产品的风险受益。上市前已收集的数据应当能够证明医疗器械已显示疗效并能合理预测或者判断其临床价值，可附条件批准该医疗器械上市。

医疗器械附条件批准上市应当有助于增加患有严重危及生命且尚无有效治疗手段疾病的患者及时使用新器械的机会。

从可附条件批准上市的论证、所附条件的设立，到上市后数据的收集，附条件批准上市对医疗器械临床试验的要求有灵活性，但不得降低医疗器械安全性、有效性综合评价的要求。

2.基本要求　申请人应当充分评估申报产品附条件批准上市的受益风险比和剩余风险，且风险评估结果应当表明受益大于风险。

在申报产品注册申请过程中及附条件批准上市后，申请人、注册人应当按照既定临床试验方案继续开展临床试验和完成其他研究工作及要求。

注册申报资料除满足《医疗器械附条件批准上市指导原则》要求的资料外，还应当符合医疗器械注册申请其他要求。

3.沟通交流　医疗器械上市前和上市后，申请人、注册人可针对重大技术问题、重大安全性问题、临床试验方案、注册证中附条件的完成情况等向技术审评机构提交沟通交流申请。

4.临床前研究要求

（1）临床试验前研究资料应当合理验证申报产品的安全性和有效性，申请人应当对可能存在的风险进行充分评定。

（2）临床试验前研究资料包括但不限于申请人的科学研究结果，如实验室数据、动物实验、细胞试验、模拟试验等，和（或）相关文献资料的总结，以及性能研究、生物相容性评价研究、稳定性研究、软件研究资料等。

5.上市前临床试验要求

（1）临床试验资料至少包括：临床试验方案、伦理委员会意见、必须接受治疗的情况说明、受试者知情同意书（文本）、临床试验报告等，如有特殊情况应当具体说明。

（2）临床试验方案设计与统计分析方法应当科学合理，并符合我国医疗器械注册相关法规、规章、指导原则的要求。

（3）申请人可在临床试验方案设计时将替代指标纳入到研究设计中，通过分析替代指标来评估产品安全性和有效性，注意评估的科学性，如统计学考量。

（4）临床试验替代指标是指可显示疗效并合理评估产品临床价值的指标，可不是临床试验主要评价指标，不直接衡量长期临床获益。

（5）临床试验替代指标的确定需要根据疾病、长期终点和预期作用之间关系的合理性以及支持这种关系的科学证据进行判断。申请人应当提供证据证明替代指标与临床试验主要评价指标的关联性和可评价性。

（6）临床试验数据应当证明申报产品已显示疗效并能合理评估或者判断其临床价值。

（7）申请人可与技术审评机构沟通并确定申请附条件批准上市产品的评价指标，以及临床试验数据要求、可合理评估或者判断其临床获益的标准、临床试验的设计及其他内容。

（8）申请人应当充分评估提交的临床试验数据显示申报产品可能存在的风险。如不良事件的严重程度、类型、数量和发生率，不良事件对受试者造成伤害的持续时间、手术相关并发症的类型、数量和发生率等。

（9）临床试验数据应当符合医疗器械注册相关要求，科学、真实、准确、完整、可追溯，且不得筛选。申请人应当确保临床试验中受试者的权益得到保障，其他人员可能遭受的风险得以控制。

6.附条件要求

（1）医疗器械注册人应当在规定的时限内完成医疗器械注册证备注栏载明的上市批准附带条件的要求。附条件批准上市的医疗器械注册证的有效期与注册证注明的附带条件的完成时限一致。

（2）附带条件可包括以下内容：①继续完成上市前临床试验；②新的上市后临床研究；③上市后产品的临床使用信息；④其他要求，包括产品上市后规定时限内应当继续完成的其他工作和要求，如使用该医疗器械的医疗机构范围、使用者的能力要求、使用前应当经伦理委员会同意、相关研究的时限等。

（3）注册人应当在产品标签、说明书中提示产品的风险。

7.上市后监测

（1）注册人应当加强对附条件批准上市的医疗器械的不良事件监测，并符合《医疗器械不良事件监测和再评价管理办法》相关规定。

（2）注册人应当在医疗器械全生命周期收集受益和风险相关数据，持续对申报产品的受益和风险开展监测与评估。

（3）发生以下情形时，注册人应当及时主动申请注销医疗器械注册证：①注册人按注册证载明附带条件要求获取的相关证据表明风险大于受益；②经再评价不能证明产品的安全性和有效性。

三、注册变更

已注册的第二类、第三类医疗器械，医疗器械注册证及其附件载明的内容发生变化，注册人应当向原注册部门申请注册变更，并按照相关要求提交申报资料。

医疗器械注册事项包括许可事项和登记事项。许可事项包括产品名称、型号、规格、结构及组成、适用范围、产品技术要求、进口医疗器械的生产地址等；登记事项包括注册人名称和住所、代理人名称和住所、境内医疗器械的生产地址等。

（一）许可事项变更

产品名称、型号、规格、结构及组成、适用范围、产品技术要求、进口医疗器械生产地址等发生变化的，注册人应当向原注册部门申请许可事项变更。申请许可事项变更需要提交如下资料。

（1）申请表。

（2）证明性文件　境内注册人应当提交：①企业营业执照副本复印件；②组织机构代码证复印件。境外注册人应当提交：①如变更事项在境外注册人注册地或生产地址所在国家（地区），需要获得新的医疗器械主管部门出具的允许产品上市销售证明文件和新的企业资格证明文件的，应当提交相应文件；如变更事项不需要获得注册人注册地或生产地址所在国家（地区）医疗器械主管部门批准的，应当予以说明；②境外注册人在中国境内指定代理人的委托书、代理人承诺书及营业执照副本复印件或者机构登记证明复印件。

（3）注册人关于变更情况的声明。

（4）原医疗器械注册证及其附件复印件、历次医疗器械注册变更文件复印件。

（5）变更申请项目申报资料　根据具体变更情况选择提交以下文件：①产品名称变化的对比表及说明；②产品技术要求变化的对比表及说明；③型号、规格变化的对比表及说明；④结构及组成变化的对比表及说明；⑤产品适用范围变化的对比表及说明；⑥进口医疗器械生产地址变化的对比表及说明；⑦注册证中"其他内容"变化的对比表及说明；⑧其他变化的说明。

（6）与产品变化相关的安全风险管理报告。

（7）变化部分对产品安全性、有效性影响的资料　分析并说明变化部分对产品安全性、有效性的影响，并提供相关的研究资料。适用范围变化的必须提供临床评价资料。

（8）针对产品技术要求变化部分的注册检验报告。

（9）符合性声明　①注册人声明本产品符合《注册管理办法》和相关法规的要求；声明本产品符合现行国家标准、行业标准，并提供符合标准的清单；②所提交资料真实性的自我保证声明（境内产品由注册人出具，进口产品由注册人和代理人分别出具）。

对于许可事项变更，技术审评机构应当重点针对变化部分进行审评，对变化后产品是否安全、有效作出评价。受理许可事项变更申请的药品监督管理部门应当按照《注册管理办法》第五章规定的时限组织技术审评，即受理注册申请的药品监督管理部门应当自受理之日起3个工作日内将申报资料转交技术审评机构，技术审评机构应当在60个工作日内完成第二类医疗器械注册的技术审评工作，在90个工作日内完成第三类医疗器械注册的技术审评工作。

（二）登记事项变更

注册人名称和住所、代理人名称和住所发生变化的，注册人应当向原注册部门申请登记事项变更；境内医疗器械生产地址变更的，注册人应当在相应的生产许可变更后办理注册登记事项变更。办理登记事项变更需要提交如下资料。

（1）申请表。

（2）证明性文件　境内注册人提交：①企业营业执照副本复印件；②组织机构代码证复印

件。境外注册人提交：①如变更事项在境外注册人注册地或生产地址所在国家（地区），需要获得新的医疗器械主管部门出具的允许产品上市销售证明文件或新的企业资格证明文件的，应当提交相应文件；如变更事项不需要获得注册人注册地或生产地址所在国家（地区）医疗器械主管部门批准的，应当予以说明；②境外注册人在中国境内指定代理人的委托书、代理人承诺书及营业执照副本复印件或者机构登记证明复印件。

（3）注册人关于变更情况的声明。

（4）原医疗器械注册证及其附件复印件、历次医疗器械注册变更文件复印件。

（5）关于变更情况相关的申报资料

1）注册人名称变更　企业名称变更核准通知书（境内注册人）和（或）相应详细变更情况说明及相应证明文件。

2）注册人住所变更　相应详细变更情况说明及相应证明文件。

3）境内医疗器械生产地址变更　应当提供相应变更后的生产许可证。

4）代理人变更　①注册人出具变更代理人的声明；②注册人出具新代理人委托书、新代理人出具的承诺书；③变更后代理人的营业执照副本复印件或机构登记证明复印件。

5）代理人住所变更　变更前后营业执照副本复印件或机构登记证明复印件。

（6）符合性声明　①注册人声明本产品符合《注册管理办法》和相关法规的要求；声明本产品符合现行国家标准、行业标准，并提供符合标准的清单；②所提交资料真实性的自我保证声明（境内产品由注册人出具，进口产品由注册人和代理人分别出具）。

登记事项变更资料符合要求的，药品监督管理部门应当在10个工作日内发给医疗器械注册变更文件。登记事项变更资料不齐全或者不符合形式审查要求的，药品监督管理部门应当一次告知需要补正的全部内容。

医疗器械注册变更文件与原医疗器械注册证合并使用，其有效期与该注册证相同。取得注册变更文件后，注册人应当根据变更内容自行修改产品技术要求、说明书和标签。

四、延续注册

医疗器械注册证有效期为5年。医疗器械注册证有效期届满需要延续注册的，注册人应当在医疗器械注册证有效期届满6个月前，向药品监督管理部门申请延续注册，并按照相关要求提交申报资料。除有下列情形外，接到延续注册申请的药品监督管理部门应当在医疗器械注册证有效期届满前作出准予延续的决定。逾期未作决定的，视为准予延续。

有下列情形之一的，不予延续注册：①注册人未在规定期限内提出延续注册申请的；②医疗器械强制性标准已经修订，该医疗器械不能达到新要求的；③对用于治疗罕见疾病以及应对突发公共卫生事件急需的医疗器械，批准注册部门在批准上市时提出要求，注册人未在规定期限内完成医疗器械注册证载明事项的。

延续注册需要提交如下资料。

（1）申请表。

（2）证明性文件　境内注册人应当提交企业营业执照的副本复印件和组织机构代码证复印件；境外注册人应当提交其在中国指定代理人的委托书、代理人承诺书及营业执照副本复印件或者机构登记证明复印件。进口医疗器械延续注册时，不需要提供注册人注册地或者生产地址所在国家（地区）批准产品上市销售的证明文件。

（3）关于产品没有变化的声明　注册人提供产品没有变化的声明。

（4）原医疗器械注册证及其附件的复印件、历次医疗器械注册变更文件复印件。

（5）原医疗器械注册证中载明要求继续完成工作的，应当提供相关总结报告，并附相应资料。

（6）产品检验报告　如医疗器械强制性标准已经修订，应提供产品能够达到新要求的产品检验报告。产品检验报告可以是自检报告、委托检验报告或符合强制性标准实施通知规定的检验报告。其中，委托检验报告应由具有医疗器械检验资质的医疗器械检验机构出具。

（7）符合性声明　①注册人声明本产品符合《注册管理办法》和相关法规的要求；声明本产品符合现行国家标准、行业标准，并提供符合标准的清单；②所提交资料真实性的自我保证声明（境内产品由注册人出具，进口产品由注册人和代理人分别出具）。

（8）其他　如在原医疗器械注册证有效期内发生了涉及产品技术要求变更的，应当提交依据注册变更文件修改的产品技术要求一式两份。

为优化医疗器械审评审批流程，提高审评审批效率，原国家食品药品监督管理总局在2017年4月发布《国家食品药品监督管理总局关于调整部分医疗器械行政审批事项审批程序的决定》（国家食品药品监督管理总局令第32号），规定从2017年7月1日起，第三类高风险医疗器械临床试验审批决定、国产第三类医疗器械和进口医疗器械许可事项变更审批决定、国产第三类医疗器械和进口医疗器械延续注册审批决定，由国家医疗器械技术审评中心以国家药监局名义作出。

此前，境内第三类和进口医疗器械注册审批包括受理、技术审评、行政审批和批件制作4个环节。其中，技术审评由国家医疗器械技术审评中心负责，行政审批由国家药监局负责。医疗器械技术审评结束后，国家药监局在收到技术审评意见之日起20个工作日内作出审批决定。此次将部分审批事项的技术审评和行政审批决定均由国家医疗器械技术审评中心作出，对于调整后的审批事项，工作程序包括受理、技术审评和行政审批、批件制作3个环节，优化了审批流程。对于调整后的审批事项，国家医疗器械技术审评中心作出审批决定后，国家药监局相应部门在10个工作日内制作《医疗器械注册证》《医疗器械注册变更文件》《不予行政许可决定书》等批件。

五、注册收费

根据原国家食品药品监督管理总局《关于发布药品、医疗器械产品注册收费标准的公告》（2015年第53号），国务院药品监督管理部门和省级药品监督管理部门依照法定职责，对第二类、第三类医疗器械产品首次注册、变更注册、延续注册申请以及第三类高风险医疗器械临床试验申请开展行政受理、质量管理体系核查、技术审评等注册工作，并按标准收取有关费用。

1.收费标准　具体收费标准如表3-4。

表3-4　医疗器械产品注册费标准　　　　　（单位：万元）

项目分类		境内	进口
第二类	首次注册费	由省级价格、财政部门制定	21.09
	变更注册费	由省级价格、财政部门制定	4.20
	延续注册费（五年一次）	由省级价格、财政部门制定	4.08
第三类	首次注册费	15.36	30.88
	变更注册费	5.04	5.04
	延续注册费（五年一次）	4.08	4.08
	临床试验申请费（高风险医疗器械）	4.32	4.32

注：

（1）医疗器械产品注册收费按《注册管理办法》《体外诊断试剂注册管理办法》确定的注册

单元计收。

（2）《注册管理办法》《体外诊断试剂注册管理办法》中属于备案的登记事项变更申请，不收取变更注册申请费。

（3）进口医疗器械产品首次注册收费标准在境内相应注册收费标准基础上加收境内外检查交通费、住宿费和伙食费等差额。

（4）港、澳、台医疗器械产品注册收费标准按进口医疗器械产品注册收费标准执行。

（5）医疗器械产品注册加急费收费标准另行制定。

2.缴费程序　不同事项实行不同的缴费程序。

（1）首次注册申请　注册申请人向国家药品监督管理局提出境内第三类、进口第二类和第三类医疗器械产品首次注册申请，国家药品监督管理局受理后出具《行政许可项目缴费通知书》，注册申请人应当按要求缴纳。

（2）变更注册申请　注册申请人向国家药品监督管理局提出境内第三类、进口第二类和第三类医疗器械产品许可事项变更注册申请，国家药品监督管理局受理后出具《行政许可项目缴费通知书》，注册申请人应当按要求缴纳。《注册管理办法》《体外诊断试剂注册管理办法》中属于注册登记事项变更的，不收取变更注册申请费用。

（3）延续注册申请　注册申请人向国家药品监督管理局提出境内第三类、进口第二类和第三类医疗器械产品延续注册申请，国家药品监督管理局受理后出具《行政许可项目缴费通知书》，注册申请人应当按要求缴纳。

3.其他说明

（1）注册申请人应当按照注册单元提出产品注册申请并按规定缴纳费用，对于根据相关要求需拆分注册单元的，被拆分出的注册单元应当另行申报。

（2）对注册申请人按进口第二类医疗器械申请首次注册，经技术审评确认为第三类医疗器械的，退出注册程序。注册申请人按确定后的管理类别重新申请注册，需补缴差额费用。

（3）注册申请人应当在收到《行政许可项目缴费通知书》后5个工作日内按照要求缴纳注册费，未按要求缴纳的，其注册程序自行中止。

（4）注册申请受理后，申请人主动提出撤回注册申请的，或国家药品监督管理局依法作出不予许可决定的，已缴纳的注册费不予退回。再次提出注册申请的，应当重新缴纳费用。

（5）对于注册申请人按照第三类医疗器械产品申请首次注册，经技术审评确认为第一类、第二类医疗器械产品的，进口产品退还差额费用，境内产品退还全部已缴费用。

（6）小微企业提出的创新医疗器械产品首次注册申请，免收其注册费。

（7）按医疗器械管理的体外诊断试剂的注册收费适用于上述标准及程序等。

六、注册监督

国家药品监督管理局负责全国医疗器械注册与备案的监督管理工作，对地方药品监督管理部门医疗器械注册与备案工作进行监督和指导。

省、自治区、直辖市药品监督管理部门负责本行政区域的医疗器械注册与备案的监督管理工作，组织开展监督检查，并将有关情况及时报送国家药品监督管理局。

省、自治区、直辖市药品监督管理部门按照属地管理原则，对进口医疗器械代理人注册与备案相关工作实施日常监督管理。

设区的市级药品监督管理部门应当定期对备案工作开展检查，并及时向省、自治区、直辖市药品监督管理部门报送相关信息。

已注册的医疗器械有法律、法规规定应当注销的情形，或者注册证有效期未满但注册人主动提出注销的，药品监督管理部门应当依法注销，并向社会公布。

已注册的医疗器械，其管理类别由高类别调整为低类别的，在有效期内的医疗器械注册证继续有效。如需延续的，注册人应当在医疗器械注册证有效期届满6个月前，按照改变后的类别向药品监督管理部门申请延续注册或者办理备案。医疗器械管理类别由低类别调整为高类别的，注册人应当依照《注册管理办法》第五章的规定，按照改变后的类别向药品监督管理部门申请注册。国家药品监督管理局在管理类别调整通知中应当对完成调整的时限作出规定。

省、自治区、直辖市药品监督管理部门违反《注册管理办法》规定实施医疗器械注册的，由国家药品监督管理局责令限期改正；逾期不改正的，国家药品监督管理局可以直接公告撤销该医疗器械注册证。

药品监督管理部门、相关技术机构及其工作人员，对申请人或者备案人提交的试验数据和技术秘密负有保密义务。

七、医疗器械注册人制度试点

为深入贯彻落实中共中央办公厅、国务院办公厅《关于深化审评审批制度改革鼓励药品医疗器械创新的意见》（厅字〔2017〕42号）精神，加快推进医疗器械产业创新发展，在前期上海、广东、天津自贸区开展医疗器械注册人制度试点工作的基础上，2019年8月1日，国家药品监督管理局发布《关于扩大医疗器械注册人制度试点工作的通知》（国药监械注〔2019〕33号），进一步扩大医疗器械注册人制度试点，北京、天津、河北、辽宁等21个省、自治区、直辖市参加本次试点，为全面实施医疗器械注册人制度进一步积累经验。

医疗器械注册人，是指取得药品监督管理部门的第二类或者第三类医疗器械注册证，以自己的名义将医疗器械投入市场，并对医疗器械全生命周期依法承担法律责任的主体。实质是医疗器械注册人拥有了可选择权，其既可以选择自行生产，也可以委托具备相应生产能力的一家或多家企业生产。

（一）注册人条件和义务责任

1.注册人条件　①住所或者生产地址位于参与试点的省、自治区和直辖市内的企业、科研机构；②具备专职的法规事务、质量管理、上市后事务等工作相关的技术与管理人员，具有医疗器械监管法规和标准相关知识和经验；③建立与产品相适应的质量管理体系并保持有效运行，有对质量管理体系独立进行评估、审核和监督的人员；④具备承担医疗器械质量安全责任的能力。

2.注册人的义务责任　①依法承担医疗器械设计开发、临床试验、生产制造、销售配送、售后服务、产品召回、不良事件报告等环节中的相应法律责任；②与受托生产企业签订委托合同和质量协议，明确委托生产中技术要求、质量保证、责任划分、放行要求等责任，明确生产放行要求和产品上市放行方式；③加强对受托生产企业的监督管理，对受托生产企业的质量管理能力进行评估，定期对受托生产企业开展质量管理体系评估和审核；④加强不良事件监测，根据风险等级建立医疗器械相应的追溯管理制度，确保医疗器械产品可满足全程追溯的要求；⑤可以自行销售医疗器械，也可以委托具有相关资质的医疗器械经营企业销售。自行销售的注册人应当具备规定的医疗器械经营能力和条件；委托销售的，应当签订委托合同，明确各方权利义务；⑥通过信息化手段，对研发、生产、销售和不良事件监测情况进行全流程追溯、监控；⑦确保提交的研究资料和临床试验数据真实可靠、系统完整、可追溯。

（二）受托生产企业条件和义务责任

1.受托生产企业条件　①住所或者生产地址位于参与试点的省、自治区和直辖市内的企业；②具备与受托生产医疗器械相适应的质量管理体系和生产能力。

2.受托生产企业的义务责任　①承担《条例》、以及其他相关法律法规以及委托合同、质量协议规定的义务，并承担相应的法律责任；②按照医疗器械相关法规规定以及委托合同、质量协议约定的要求组织生产，对注册人负相应质量责任；③发现上市后医疗器械发生重大质量事故的，应当及时报告所在地省级药品监管部门；④受托生产终止时，受托生产企业应当向所在地省级药品监管部门申请减少医疗器械生产许可所附生产产品登记表中登载的受托产品信息；⑤受托生产企业不得再次转托。

（三）办理程序

1.注册申请　注册申请人提交医疗器械注册申请的，向相应药品监管部门提交注册申请资料，经审查符合要求的，核发医疗器械注册证，医疗器械注册证中登载的生产地址为受托生产地址的，备注栏标注受托企业名称。

2.生产许可办理　受托生产企业不具备相应生产资质的，可提交注册人的医疗器械注册证申请生产许可或者申请生产许可变更，跨区域试点的向受托生产企业所在地省级药品监管部门提交。

3.生产地址登记事项变更办理　对于注册人拟通过委托生产方式变更注册证生产地址的，由受托生产企业所在地省级药品监管部门会同注册人所在地省级药品监管部门开展现场核查，并由受托生产企业所在地省级药品监管部门变更《医疗器械生产许可证》。注册人提交受托生产企业变更后《医疗器械生产许可证》和委托协议向相应药品监管部门办理登记事项变更。

4.受托备案　受托生产企业应当向所在地省级药品监管部门备案，备案时应当提交委托合同、质量协议等资料。

医疗器械注册人制度试点探索建立医疗器械委托生产管理制度，优化资源配置，落实主体责任。医疗器械注册申请人申请并取得医疗器械注册证的，成为医疗器械注册人。申请人可以委托具备相应生产能力的企业生产样品，注册人可以将已获证产品委托给具备生产能力的一家或者多家企业生产产品。鼓励集团公司通过注册人制度试点进一步整合、优化资源配置，落实医疗器械注册人主体责任。探索建立完善的注册人医疗器械质量管理体系，明确医疗器械注册人、受托人等主体之间的法律关系，在责任清晰、风险可控的基础上，构建注册人全生命周期质量管理制度和体系。探索创新医疗器械监管方式，有效落实"监管工作一定要跟上"的要求，完善事中事后监管体系，厘清跨区域监管责任，形成完善的跨区域协同监管机制，增强监管合力，提升监管效能。探索释放医疗器械注册人制度红利，鼓励医疗器械创新，推动医疗器械产业高质量发展。积累医疗器械注册人制度试点经验，为全面推进实施医疗器械注册人管理制度提供重要支撑。

属于原国家食品药品监督管理总局发布的禁止委托生产医疗器械目录的产品，暂不列入试点。

八、法律责任

生产、经营未取得医疗器械注册证的第二类、第三类医疗器械的，由县级以上人民政府药品监督管理部门没收违法所得、违法生产经营的医疗器械和用于违法生产经营的工具、设备、原材料等物品；违法生产经营的医疗器械货值金额不足1万元的，并处5万元以上10万元以下罚款；

货值金额1万元以上的，并处货值金额10倍以上20倍以下罚款；情节严重的，5年内不受理相关责任人及企业提出的医疗器械许可申请。

提供虚假资料或者采取其他欺骗手段取得医疗器械注册证的，由原发证部门撤销已经取得的许可证件，并处5万元以上10万元以下罚款，5年内不受理相关责任人及单位提出的医疗器械许可申请。

伪造、变造、买卖、出租、出借医疗器械注册证的，由原发证部门予以收缴或者吊销，没收违法所得；违法所得不足1万元的，处1万元以上3万元以下罚款；违法所得1万元以上的，处违法所得3倍以上5倍以下罚款；构成违反治安管理行为的，由公安机关依法予以治安管理处罚。

违反《注册管理办法》规定，未依法办理第二类、第三类医疗器械注册登记事项变更的，由县级以上人民政府药品监督管理部门责令限期改正；逾期不改正的，向社会公告未备案单位和产品名称，可以处1万元以下罚款。

违反《注册管理办法》规定，未依法办理医疗器械注册许可事项变更的，按照上述有关未取得医疗器械注册证的情形予以处罚。

申请人未按照《条例》和《注册管理办法》规定开展临床试验的，由县级以上药品监督管理部门责令改正，可以处3万元以下罚款；情节严重的，应当立即停止临床试验，已取得临床试验批准文件的，予以注销。

第四节　医疗器械标准及技术评价

PPT

💬 **案例讨论**

案例　某市一家研发和生产植入材料的医疗科技股份有限公司，于2018年底推出了一款新型医疗器械——膝关节假体，已在监管部门完成相应技术评审工作，并被准予进行临床试验。在2019年初的临床试验准备工作阶段，通过社会和医疗机构招募，已获得若干临床受试者的申请。在申请者中，有一名2岁的先天性膝关节缺损的幼儿患者，另有一名55岁的重度精神障碍患者。

讨论　1.医疗器械临床试验的含义和目的是什么？

2.以上两名患者是否适合进行本次临床试验？如其中确有需要进行本次临床试验的，需另外进行哪些申请？

3.保障受试者权益的主要措施有哪些？

一、医疗器械标准

2002年，国家药品监督管理局发布施行的《医疗器械标准管理办法（试行）》对指导我国医疗器械标准化管理起到了推动作用。2010年，国家药品监督管理局组建成立了医疗器械标准管理的专职机构，加强了医疗器械标准的组织管理。2014年6月，国务院颁布《条例》取消了对注册产品标准的要求，明确产品技术要求的法律地位。2017年，国家食品药品监督管理总局发布了新修订的《医疗器械标准管理办法》（以下简称《标准管理办法》），自2017年7月1日起施行。《标准管理办法》明确了产品技术要求与强制性标准、推荐性标准之间的关系，补充完善了标准的实施与监督，细化了标准管理职责及标准制修订工作程序的内容。

（一）医疗器械标准定义与分类

1.医疗器械标准的定义　医疗器械标准是指由国家药品监督管理局依据职责组织制修订，依法定程序发布，在医疗器械研制、生产、经营、使用、监督管理等活动中遵循的统一的技术要求。医疗器械标准是医疗器械生产企业研发生产产品的技术要求和医疗器械行政管理部门行使监督管理职权的执行准则。

2.医疗器械标准的分类　医疗器械标准按照其效力分为强制性标准和推荐性标准。对保障人体健康和生命安全的技术要求，应当制定为医疗器械强制性国家标准和强制性行业标准。强制性标准是由法律规定必须遵照执行的标准。对满足基础通用、与强制性标准配套、对医疗器械产业起引领作用等需要的技术要求，可以制定为医疗器械推荐性国家标准和推荐性行业标准。强制性标准以外的标准是推荐性标准。国家鼓励医疗器械研制机构、生产经营企业和使用单位积极研制和采用医疗器械推荐性标准，积极参与医疗器械标准制修订工作，及时向有关部门反馈医疗器械标准实施问题和提出改进建议。

强制性国家标准的代号为"GB"，推荐性国家标准的代号为"GB/T"。行业标准中的推荐性标准也是在行业标准代号后加个"T"字。医疗器械行业标准的编号由行业标准的代号、标准号和标准发布的年号构成，一般表示为YY×××1—×××2和YY/T×××1—×××2。其中，医疗器械行业强制性行业标准表示为"YY"，推荐性标准表示为"YY/T"，×××1为标准号，×××2为标准发布年号。医疗器械研制机构、生产经营企业和使用单位应当严格执行医疗器械强制性标准。

医疗器械标准按照其规范对象可以分类为：基础标准、方法标准、管理标准和产品标准。此外，依法成立的社会团体可以制定发布团体标准，团体标准的管理应当符合国家相关规定。

（二）医疗器械标准管理机构和职责

药品监督管理部门是医疗器械标准工作的管理机构。2010年3月30日，国家食品药品监督管理局医疗器械标准管理中心正式揭牌。

1.国家药品监督管理局　①组织贯彻医疗器械标准管理相关法律、法规，制定医疗器械标准管理工作制度；②组织拟定医疗器械标准规划，编制标准制修订年度工作计划；③依法组织医疗器械标准制修订，发布医疗器械行业标准；④依法指导、监督医疗器械标准管理工作。

2.地方药品监督管理部门　①组织贯彻医疗器械标准管理的法律法规；②组织、参与医疗器械标准的制修订相关工作；③监督医疗器械标准的实施；④收集并向上一级药品监督管理部门报告标准实施过程中的问题。

3.医疗器械标准管理中心　①组织开展医疗器械标准体系的研究，拟定医疗器械标准规划草案和标准制修订年度工作计划建议；②依法承担医疗器械标准制修订的管理工作；③依法承担医疗器械标准化技术委员会的管理工作；④承担医疗器械标准宣传、培训的组织工作；⑤组织对标准实施情况进行调研，协调解决标准实施中的重大技术问题；⑥承担医疗器械国际标准化活动和对外合作交流的相关工作；⑦承担医疗器械标准信息化工作组织医疗器械行业标准出版；⑧承担国家药品监督管理局交办的其他标准管理工作。

4.医疗器械标准化技术委员会　主要职责详见第一章第二节医疗器械监管机构体系中医疗器械技术管理部门与机构。

（三）医疗器械标准制定与修订

医疗器械标准制修订程序包括标准立项、起草、征求意见、技术审查、批准发布、复审和废止等。根据《2019年度医疗器械注册工作报告》，截止2019年底，医疗器械现行有效标准共1671项，其中国家标准220项，行业标准1451项，我国标准与国际标准一致性程度达到90.4%。

1.标准立项　医疗器械标准管理中心应当根据医疗器械标准规划，向社会公开征集医疗器械标准制定、修订立项提案。对征集到的立项提案，由相应的医疗器械标准化技术委员会进行研究后，提出本专业领域标准计划项目立项申请。涉及两个或者两个以上医疗器械标准化技术委员会的标准计划项目立项提案，应当由医疗器械标准管理中心负责协调，确定牵头医疗器械标准化技术委员会，并由其提出标准计划项目立项申请。

医疗器械标准管理中心对医疗器械标准计划项目立项申请，经公开征求意见并组织专家论证后，提出医疗器械标准计划项目，编制标准制修订年度工作计划建议，报国家药品监督管理局审核。国家药品监督管理局审核通过的医疗器械标准计划项目，应当向社会公示。国家标准计划项目送国务院标准化行政主管部门批准下达；行业标准计划项目由国家药品监督管理局批准下达。

2.起草　医疗器械生产经营企业、使用单位、监管部门、检测机构以及有关教育科研机构社会团体等，可以向承担医疗器械标准计划项目的医疗器械标准化技术委员会提出起草相关医疗器械标准的申请。医疗器械标准化技术委员会结合标准的技术内容，按照公开、公正择优的原则，选定起草单位。同时，起草单位应当广泛调研深入分析研究，积极借鉴相关国际标准，在对技术内容进行充分验证的基础上起草医疗器械标准，形成医疗器械标准征求意见稿，经医疗器械标准化技术委员会初步审查后，报送医疗器械标准管理中心。

3.征求意见　医疗器械标准征求意见稿在医疗器械标准管理中心网站向社会公开征求意见，征求意见的期限一般为两个月。承担医疗器械标准计划项目的医疗器械标准化技术委员会对征集到的意见进行汇总后，反馈给标准起草单位，起草单位应当对汇总意见进行认真研究，对征求意见稿进行修改完善，形成医疗器械标准送审稿。

4.技术审查　承担医疗器械标准计划项目的医疗器械标准化技术委员会负责组织对医疗器械标准送审稿进行技术审查。审查通过后，将医疗器械标准报批稿、实施建议及相关资料报送医疗器械标准管理中心进行审核。

5.标准公布　医疗器械标准管理中心将审核通过后的医疗器械标准报批稿及审核结论等报送国家药品监督管理局审查。审查通过的医疗器械国家标准送国务院标准化行政主管部门批准、发布；审查通过的医疗器械行业标准由国家药品监督管理局确定实施日期和实施要求，以公告形式发布。医疗器械国家标准、行业标准按照国务院标准化行政主管部门的相关规定进行公开，供公众查阅。

6.医疗器械标准修改　医疗器械标准批准发布后，因个别技术内容影响标准使用、需要进行修改，或者对原标准内容进行少量增减时，应当采用标准修改单方式修改。标准修改单应当按照标准制修订程序制定，由医疗器械标准的原批准部门审查发布。

7.医疗器械标准复和废止　医疗器械标准化技术委员会应当对已发布实施的医疗器械标准开展复审工作，根据科学技术进步、产业发展以及监管需要对其有效性、适用性和先进性及时组织复审，提出复审结论。复审结论分为继续有效、修订或者废止。复审周期原则上不超过5年。医疗器械标准复审结论由医疗器械标准管理中心审核通过后，报送国家药品监督管理局审查。医疗器械国家标准复审结论，送国务院标准化行政主管部门批准；医疗器械行业标准复审结论由国家药品监督管理局审查批准，并对复审结论为废止的标准以公告形式发布。

对医疗器械监管急需制修订的标准，可以按照国家药品监督管理局规定的快速程序开展。

（四）医疗器械标准实施与监督

医疗器械企业应当严格按照经注册或者备案的产品技术要求组织生产，保证出厂的医疗器械符合强制性标准以及经注册或者备案的产品技术要求。药品监督管理部门对医疗器械企业实施医疗器械强制性标准以及经注册或者备案的产品技术要求的情况进行监督检查。

医疗器械推荐性标准被法律法规、规范性文件及经注册或者备案的产品技术要求引用的内容应当强制执行。医疗器械产品技术要求，应当与产品设计特性、预期用途和质量控制水平相适应，并不得低于产品适用的强制性国家标准和强制性行业标准。

任何单位和个人有权向药品监督管理部门举报或者反映违反医疗器械强制性标准以及经注册或者备案的产品技术要求的行为。医疗器械标准化技术委员会对标准的实施情况进行跟踪评价。医疗器械标准管理中心根据跟踪评价情况对强制性标准实施情况进行统计分析。

二、产品技术要求

第一类医疗器械产品备案和申请第二类、第三类医疗器械产品注册，应当提交产品技术要求等资料。医疗器械生产企业应当严格按照经注册或者备案的产品技术要求组织生产，保证出厂的医疗器械符合强制性标准以及经注册或者备案的产品技术要求。

医疗器械注册申请人应当根据医疗器械成品的性能指标和检验方法编制产品技术要求，在注册申请时提交产品技术要求及其他注册申报资料。

承担注册检验的医疗器械检验机构，应当依据产品技术要求对相关产品进行注册检验，并根据2014年8月国家食品药品监督管理总局《关于印发医疗器械检验机构开展医疗器械产品技术要求预评价工作规定的通知》的要求，对注册申请人提交的产品技术要求进行预评价。

医疗器械技术审评机构在对申请注册医疗器械进行技术审评时，应当根据产品技术要求及其他注册申报资料，对其安全性、有效性研究和结果进行系统评价，提出结论性审评意见。

产品技术要求主要包括医疗器械成品的性能指标和检验方法，其中哪些项目需要出厂检验，不在产品技术要求中规定。企业应当根据产品技术要求、产品特性、生产工艺、生产过程、质量管理体系等确定生产过程中各个环节的检验项目，最终以产品检验规程的形式予以细化和固化，用以指导企业的出厂检验和放行工作，确保出厂的产品质量符合强制性标准以及经注册或者备案的产品技术要求。

医疗器械生产企业发现其生产的医疗器械不符合强制性标准、经注册或者备案的产品技术要求或者存在其他缺陷的，应当立即停止生产，通知相关生产经营企业、使用单位和消费者停止经营和使用，召回已经上市销售的医疗器械，采取补救、销毁等措施，记录相关情况，发布相关信息，并将医疗器械召回和处理情况向药品监督管理部门和卫生健康主管部门报告。

药品监督管理部门应当加强本行政区域医疗器械生产企业的监督检查，并对医疗器械生产企业是否按照经注册或者备案的产品技术要求组织生产等事项进行重点监督检查。产品技术要求是载明产品性能指标和检验方法的文件，可作为监督抽验的抽验依据。

产品技术要求是针对一个具体注册申报产品制定的，依据产品技术要求认可医疗器械检验机构检验资质，不能解决承检范围覆盖问题，应该按照检验项目和参数来进行检验机构资质认定，可以满足注册检验和监督抽验的要求，符合监管工作需求。

2014年，国家食品药品监督管理总局组织制定了《医疗器械产品技术要求编写指导原则》，医疗器械产品技术要求需按照下列指导原则进行编写。

（一）基本要求

1.医疗器械产品技术要求的编制应符合国家相关法律法规。

2.医疗器械产品技术要求中应采用规范、通用的术语。如涉及特殊的术语，需提供明确定义，并写到"4.术语"部分。

3.医疗器械产品技术要求中的检验方法各项内容的编号原则上应和性能指标各项内容的编号相对应。

4.医疗器械产品技术要求中的文字、数字、公式、单位、符号、图表等应符合标准化要求。

5.如医疗器械产品技术要求中的内容引用国家标准、行业标准或中国药典，应保证其有效性，并注明相应标准的编号和年号以及中国药典的版本号。

（二）内容要求

医疗器械产品技术要求的内容应符合以下要求。

1.**产品名称**　产品技术要求中的产品名称应使用中文，并与申请注册（备案）的中文产品名称相一致。

2.**产品型号/规格及其划分说明**　产品技术要求中应明确产品型号和（或）规格，以及其划分的说明。对同一注册单元中存在多种型号和（或）规格的产品，应明确各型号及各规格之间的所有区别（必要时可附相应图示进行说明）。对于型号/规格的表述文本较大的可以附录形式提供。

3.**性能指标**

（1）产品技术要求中的性能指标是指可进行客观判定的成品的功能性、安全性指标以及质量控制相关的其他指标。产品设计开发中的评价性内容（例如生物相容性评价）原则上不在产品技术要求中制定。

（2）产品技术要求中性能指标的制定应参考相关国家标准/行业标准并结合具体产品的设计特性、预期用途和质量控制水平且不应低于产品适用的强制性国家标准/行业标准。

（3）产品技术要求中的性能指标应明确具体要求，不应以"见随附资料""按供货合同"等形式提供。

4.**检验方法**　检验方法的制定应与相应的性能指标相适应。应优先考虑采用公认的或已颁布的标准检验方法。检验方法的制定需保证具有可重现性和可操作性，需要时明确样品的制备方法，必要时可附相应图示进行说明，文本较大的可以附录形式提供。对于体外诊断试剂类产品，检验方法中还应明确说明采用的参考品/标准品、样本制备方法、使用的试剂批次和数量、试验次数、计算方法。

5.对于第三类体外诊断试剂类产品，产品技术要求中应以附录形式明确主要原材料、生产工艺及半成品要求。

6.医疗器械产品技术要求编号为相应的注册证号（备案号）。拟注册（备案）的产品技术要求编号可留空。

（三）格式要求

遵照医疗器械产品技术要求的规范格式。

三、注册检验

现行《注册管理办法》对医疗器械产品注册管理中的产品的注册检验作出了明确规定。

（一）注册检验的范围

申请第二类、第三类医疗器械注册，应当进行注册检验。医疗器械检验机构应当依据产品技术要求对相关产品进行注册检验。办理第一类医疗器械备案的，备案人可以提交产品自检报告。注册检验样品的生产应当符合医疗器械质量管理体系的相关要求，注册检验合格的方可进行临床试验或者申请注册。

（二）注册检验的机构和实施

医疗器械检验机构应当具有医疗器械检验资质，在其承检范围内进行检验，并对申请人提交的产品技术要求进行预评价。预评价意见随注册检验报告一同出具给申请人。根据2014年8月21日国家食品药品监督管理总局发布的《医疗器械检验机构开展医疗器械产品技术要求预评价工作规定》的通知，医疗器械检验机构对注册申请人提交的产品技术要求进行预评价，应当主要从以下方面进行评价。

1.产品技术要求中性能指标的完整性与适用性；检验方法是否具有可操作性和可重复性，是否与检验要求相适应。

2.依据现行强制性或推荐性国家标准、行业标准检验的，所用强制性国家标准、行业标准的完整性，所用标准与产品的适宜性，所用条款的适用性。

3.如检验内容涉及引用《中国药典》的相关内容，其引用的完整性、适宜性和适用性。

医疗器械检验机构资质认定工作按照国家有关规定实行统一管理。经国务院认证认可监督管理部门会同国务院药品监督管理部门认定的检验机构，方可对医疗器械实施检验。

申请注册检验，申请人应当向检验机构提供注册检验所需要的有关技术资料、注册检验用样品及产品技术要求。注册检验样品的生产应当符合医疗器械质量管理体系的相关要求，注册检验合格的方可进行临床试验或者申请注册。尚未列入医疗器械检验机构承检范围的医疗器械，由相应的注册审批部门指定有能力的检验机构进行检验。同一注册单元内所检验的产品应当能够代表本注册单元内其他产品的安全性和有效性。

四、临床评价

医疗器械临床评价是指申请人或者备案人通过临床文献资料、临床经验数据、临床试验等信息对产品是否满足使用要求或者适用范围进行确认的过程。需要进行临床试验的，提交的临床评价资料应当包括临床试验方案和临床试验报告。

2015年5月19日，国家食品药品监督管理总局发布了《关于医疗器械临床评价技术指导原则的通告》（2015年第14号）。该指导原则旨在为注册申请人进行临床评价及药品监督管理部门对临床评价资料的审评提供技术指导，适用于第二类、第三类医疗器械注册申报时的临床评价工作，不适用于按医疗器械管理的体外诊断试剂的临床评价工作。如有针对特定产品的临床评价技术指导原则发布，则相应产品临床评价工作应遵循有关要求。

1.**基本原则**　临床评价应全面、客观，应通过临床试验等多种手段收集相应数据，临床评价过程中收集的临床性能和安全性数据、有利的和不利的数据均应纳入分析。临床评价的深度和广度、需要的数据类型和数据量应与产品的设计特征、关键技术、适用范围和风险程度相适应，也应与非临床研究的水平和程度相适应。临床评价应对产品的适用范围（如适用人群、适用部位、与人体接触方式、适应证、疾病的程度和阶段、使用要求、使用环境等）、使用方法、禁忌证、防范措施、警告等临床使用信息进行确认。注册申请人通过临床评价应得出以下结论：在正常使用条件下，产品可达到预期性能；与预期受益相比较，产品的风险可接受；产品的临床性能和安全性均有适当的证据支持。

2.列入《免于进行临床试验的医疗器械目录》（以下简称《目录》）产品的临床评价要求　注册申请人需提交申报产品相关信息与《目录》所述内容的对比资料和申报产品与已获准境内注册的《目录》中医疗器械的对比说明。提交的上述资料应能证明申报产品与《目录》所述的产品具有等同性。若无法证明申报产品与《目录》产品具有等同性，则应按照本指导原则其他要求开展相应工作。

3.通过同品种医疗器械临床试验或临床使用获得的数据进行分析评价要求　注册申请人通过同品种医疗器械临床试验或临床使用获得的数据进行分析评价，证明医疗器械安全、有效的，需首先将申报产品与一个或多个同品种医疗器械进行对比，证明二者之间基本等同。

差异性对产品的安全有效性是否产生不利影响，应通过申报产品自身的数据进行验证和（或）确认，如申报产品的非临床研究数据、临床文献数据、临床经验数据、针对差异性在中国境内开展的临床试验的数据。临床试验或临床使用获得的数据可来自中国境内和（或）境外公开发表的科学文献和合法获得的相应数据，包括临床文献数据、临床经验数据。注册申请人可依据产品的具体情形选择合适的数据来源和收集方法。通过数据的质量评价、数据集的建立、数据的统计分析和数据评价，进行同品种医疗器械临床数据分析评价。临床评价完成后需撰写临床评价报告。

4.临床试验相关要求　对于在中国境内进行临床试验的产品，其临床试验应在取得资质的临床试验机构内，按照医疗器械临床试验质量管理规范的要求开展。对于在境外进行临床试验的进口医疗器械，如其临床试验符合中国相关法规，注册技术指导原则中相关要求，如样本量、对照组选择、评价指标及评价原则、疗效评价指标等，注册申请人在注册申报时，可提交在境外上市时提交给境外医疗器械主管部门的临床试验资料。资料至少应包括伦理委员会意见、临床试验方案和临床试验报告，申请人还需提交论证产品临床性能和（或）安全性是否存在人种差异的相关支持性资料。对于列入《需进行临床试验审批的第三类医疗器械目录》中的医疗器械应当在中国境内进行临床试验。

2018年1月，国家食品药品监督管理总局发布了《接受医疗器械境外临床试验数据技术指导原则》，旨在为申请人通过医疗器械境外临床试验数据申报注册以及监管部门对该类临床试验数据的审评提供技术指导，避免或减少重复性临床试验，加快医疗器械在我国上市进程。该指导原则适用于指导医疗器械（含体外诊断试剂）在我国申报注册时，接受申请人采用境外临床试验数据作为临床评价资料的工作。

五、临床试验

（一）概述

为加强医疗器械临床试验的管理，维护医疗器械临床试验过程中受试者权益，保证医疗器械临床试验过程规范，结果真实、科学、可靠和可追溯，原国家食品药品监管总局会同原国家卫生和计划生育委员会制定颁布了《医疗器械临床试验质量管理规范》（以下简称《规范》），于2016年6月1日实施。在中华人民共和国境内开展医疗器械临床试验，应当遵循该规范。《规范》不适用于按照医疗器械管理的体外诊断试剂。原国家食品药品监管总局还制定了医疗器械临床试验伦理审查申请与审批表、知情同意书、医疗器械临床试验方案、医疗器械临床试验报告、医疗器械临床试验病例报告表等格式范本和医疗器械临床试验应当保存的基本文件目录六个文件，发布后将与《规范》同步实施。

1.概念 医疗器械临床试验，是指在经资质认定的医疗器械临床试验机构中，对拟申请注册的医疗器械在正常使用条件下的安全性和有效性进行确认或者验证的过程。医疗器械临床试验应当遵循依法原则、伦理原则和科学原则。医疗器械临床试验是对医疗器械产品进行技术评价的最主要手段。

2.管理体制及职责分工 省级以上药品监督管理部门负责对医疗器械临床试验进行监督管理。卫生健康主管部门在职责范围内加强对医疗器械临床试验的管理。两个部门之间应当建立医疗器械临床试验质量管理信息通报机制，加强第三类医疗器械、列入国家大型医用设备配置管理品目的医疗器械开展临床试验审批情况以及相应的临床试验监督管理数据的信息通报。

3.备案审批

（1）免于进行临床试验 第一类医疗器械产品备案，不需要进行临床试验。申请第二类、第三类医疗器械产品注册，应当进行临床试验；但是，有下列情形之一的，可以免于进行临床试验：①工作机理明确、设计定型，生产工艺成熟，已上市的同品种医疗器械临床应用多年且无严重不良事件记录，不改变常规用途的；②通过非临床评价能够证明该医疗器械安全、有效的；③通过对同品种医疗器械临床试验或者临床使用获得的数据进行分析评价，能够证明该医疗器械安全、有效的。

免于进行临床试验的医疗器械目录由国家药品监督管理部门制定、调整并公布。2018年9月，国家药品监督管理局发布了《关于公布新修订免于进行临床试验医疗器械目录的通告》（2018年第94号），涵盖855项医疗器械产品和393项体外诊断试剂产品。2019年12月，国家药品监督管理局发布了《关于公布新增和修订的免于进行临床试验医疗器械目录的通告》（2019年第91号），新增148项医疗器械产品和23项体外诊断试剂产品免于进行临床试验。

未列入免于进行临床试验的医疗器械目录的产品，通过对同品种医疗器械临床试验或者临床使用获得的数据进行分析评价，能够证明该医疗器械安全、有效的，申请人可以在申报注册时予以说明，并提交相关证明资料。

（2）医疗器械临床试验备案 按照医疗器械临床试验质量管理规范的要求，在具备相应条件的临床试验机构进行，并向临床试验提出者所在地省、自治区、直辖市人民政府药品监督管理部门备案。接受临床试验备案的药品监督管理部门应当将备案情况通报临床试验机构所在地的同级药品监督管理部门和卫生健康主管部门。根据《中共中央办公厅、国务院办公厅印发〈关于深化审评审批制度改革鼓励药品医疗器械创新的意见〉的通知》和《国务院关于修改〈医疗器械监督管理条例〉的决定》规定，医疗器械临床试验机构由资质认定改为备案管理。原国家食品药品监督管理总局会同原国家卫生和计划生育委员会制定了《医疗器械临床试验机构条件和备案管理办法》，自2018年1月1日起施行。

（3）医疗器械临床试验审批 第三类医疗器械进行临床试验对人体具有较高风险的，应当经国务院药品监督管理部门批准。临床试验对人体具有较高风险的第三类医疗器械目录由国务院药品监督管理部门制定、调整并公布。2014年8月25日，国家食品药品监督管理总局发布《关于需进行临床试验审批的第三类医疗器械目录的通告》（2014年第14号），明确以下产品进行临床试验时需要审批：①植入式心脏起搏器、植入式心脏除颤器、植入式心脏再同步复律除颤器；②植入式血泵；③植入式药物灌注泵；④境内市场上尚未出现的血管内支架系统；⑤境内市场上尚未出现的植入性人工器官、接触式人工器官、骨科内固定产品及骨科填充材料；⑥可吸收四肢长骨内固定产品；⑦纳米骨材植入物；⑧定制增材制造（3D打印）骨科植入物。

国家药品监督管理局审批临床试验，应当对拟承担医疗器械临床试验的机构的设备、专业人员等条件、该医疗器械的风险程度、临床试验实施方案、临床受益与风险对比分析报告等进行综合分析。准予开展临床试验的，应当通报临床试验提出者以及临床试验机构所在地省、自治区、直辖市人民政府药品监督管理部门和卫生健康主管部门。

国家药品监督管理局受理审批申请后，应当自受理申请之日起3个工作日内将申报资料转交医疗器械技术审评机构。技术审评机构应当在40个工作日内完成技术审评。国家药品监督管理局应当在技术审评结束后20个工作日内作出决定。准予开展临床试验的，发给医疗器械临床试验批件；不予批准的，应当书面说明理由。技术审评过程中需要申请人补正资料的，技术审评机构应当一次告知需要补正的全部内容。申请人应当在1年内按照补正通知的要求一次提供补充资料。技术审评机构应当自收到补充资料之日起40个工作日内完成技术审评。申请人补充资料的时间不计算在审评时限内。申请人逾期未提交补充资料的，由技术审评机构终止技术审评，提出不予批准的建议，国家药品监督管理局核准后作出不予批准的决定。

有下列情形之一的，国家药品监督管理局应撤销已获得的医疗器械临床试验批准文件：①临床试验申报资料虚假的；②已有最新研究证实原批准的临床试验伦理性和科学性存在问题的；③其他应当撤销的情形。医疗器械临床试验应当在批准后3年内实施：逾期未实施的，原批准文件自行废止，仍需进行临床试验的，应当重新申请。

根据《关于调整医疗器械临床试验审批程序的公告》（国家药监局2019年第26号），申请人在提出临床试验审批申请前，可以根据《关于需审批的医疗器械临床试验申请沟通交流有关事项的通告》（国家食品药品监督管理总局通告2017年第184号）与国家药品监督管理局医疗器械技术审评中心进行沟通。自临床试验审批申请受理并缴费之日起60个工作日内，申请人在预留联系方式、邮寄地址有效的前提下，未收到器审中心意见（包括专家咨询会议通知和补充资料通知）的，可以开展临床试验。对于同意开展临床试验的，国家药品监督管理局医疗器械技术审评中心将受理号、申请人名称和住所、试验用医疗器械名称、型号规格、结构及组成在器审中心网站公布，并将审查结果通过器审中心网站告知申请人，不再发放临床试验批件。其他关于医疗器械临床试验审批要求，按照《医疗器械注册管理办法》等相关规定执行。该审批程序自2019年3月29日起施行。

（二）医疗器械临床试验参与者

医疗器械临床试验参与者包括：申办者、伦理委员会、临床试验受试者和临床试验机构及其研究者。

1.伦理委员会　是指临床试验机构设置的对医疗器械临床试验项目的科学性和伦理性进行审查的独立的机构。医疗器械临床试验机构伦理委员会应当至少由5名委员组成，包括医学专业人员、非医学专业人员，其中应当有不同性别的委员。非医学专业委员中至少有一名为法律工作者，一名为该临床试验机构以外的人员。伦理委员会委员应当具有评估和评价该项临床试验的科学、医学和伦理学等方面的资格或者经验。

伦理委员会召开会议应当事先通知，参加评审和表决人数不能少于5人，作出任何决定应当由伦理委员会组成成员半数以上通过。研究者可以提供有关试验的任何方面的信息，但不应当参与评审、投票或者发表意见。伦理委员会在审查某些特殊试验时，可以邀请相关领域的专家参加。伦理委员会接到医疗器械临床试验的申请后应当召开会议，审阅讨论，签发书面意见、盖章，并附出席会议的人员名单、专业以及本人签名。伦理委员会的意见可以是：同意、作必要的修改后同意、不同意、暂停或者终止已批准的试验。

多中心临床试验，是指按照同一临床试验方案，在三个以上（含三个）临床试验机构实施的临床试验。多中心临床试验的伦理审查，应当由牵头单位伦理委员会负责建立协作审查工作程序，保证审查工作的一致性和及时性。各临床试验机构试验开始前应当由牵头单位伦理委员会负责审查试验方案的伦理合理性和科学性，参加试验的其他临床试验机构伦理委员会在接受牵头单位伦理委员会审查意见的前提下，可以采用会议审查或者文件审查的方式，审查该项试验在本临床试验机构的可行性，包括研究者的资格与经验、设备与条件等，一般情况下不再对试验方案设计提出修改意见，但是有权不批准在其临床试验机构进行试验。

伦理委员会应当对本临床试验机构的临床试验进行跟踪监督，发现受试者权益不能得到保障等情形，可以在任何时间书面要求暂停或者终止该项临床试验。被暂停的临床试验，未经伦理委员会同意，不得恢复。

2. 申办者 是指临床试验的发起、管理和提供财务支持的机构或者组织。申办者负责发起、申请、组织、监查临床试验，并对临床试验的真实性、可靠性负责。申办者通常为医疗器械生产企业。申办者为境外机构的，应当按规定在我国境内指定代理人。

（1）制定和修改相关文件 申办者负责组织制定和修改研究者手册、临床试验方案、知情同意书、病例报告表、有关标准操作规程以及其他相关文件，并负责组织开展临床试验所必需的培训。申办者在组织临床试验方案的制定中不得夸大宣传试验用医疗器械的机理和疗效。在临床试验过程中，申办者得到影响临床试验的重要信息时，应当及时对研究者手册以及相关文件进行修改，并通过临床试验机构的医疗器械临床试验管理部门提交伦理委员会审查同意。

（2）选择试验机构及其研究者 申办者应当根据试验用医疗器械的特性，在经资质认定的医疗器械临床试验机构中选择试验机构及其研究者。申办者在与临床试验机构签署临床试验协议前，应当向临床试验机构和研究者提供最新的研究者手册以及其他相关文件，以供其决定是否可以承担该项临床试验。

（3）暂停或者终止临床试验 申办者决定暂停或者终止临床试验的，应当在5日内通知所有临床试验机构医疗器械临床试验管理部门，并书面说明理由。临床试验机构医疗器械临床试验管理部门应当及时通知相应的研究者、伦理委员会。对暂停的临床试验，未经伦理委员会同意，不得恢复。临床试验结束后，申办者应当书面告知其所在地省、自治区、直辖市药品监督管理部门。

（4）承担监查责任 监查是指申办者为保证开展的临床试验能够遵循临床试验方案、标准操作规程、《规范》和有关适用的管理要求，选派专门人员对临床试验机构、研究者进行评价调查，对临床试验过程中的数据进行验证并记录和报告的活动。申办者应选择符合要求的监查员履行监查职责。监查员，是指申办者选派的对医疗器械临床试验项目进行监查的专门人员。监查员人数以及监查的次数取决于临床试验的复杂程度和参与试验的临床试验机构数目。

（5）核查 是指由申办者组织的对临床试验相关活动和文件进行系统性的独立检查，以确定此类活动的执行、数据的记录、分析和报告是否符合临床试验方案、标准操作规程、《规范》和有关适用的管理要求。申办者可以组织独立于临床试验并具有相应培训和经验的核查员对临床试验开展情况进行核查，评估临床试验是否符合试验方案的要求。核查员，是指受申办者委托对医疗器械临床试验项目进行核查的人员。核查可以作为申办者临床试验质量管理常规工作的一部分，也可以用于评估监查活动的有效性，或者针对严重的或者反复的临床试验方案偏离、涉嫌造假等情况开展核查。

（6）不良事件报告、通知 对于严重不良事件和可能导致严重不良事件的器械缺陷，申办者应当在获知后5个工作日内向所备案的药品监督管理部门和同级卫生健康主管部门报告，同时应当向参与试验的其他临床试验机构和研究者通报，并经其医疗器械临床试验管理部门及时通知该临床试验机构的伦理委员会。

（7）多中心临床试验　申办者应当保证在临床试验前已制定文件，明确协调研究者和其他研究者的职责分工。对于多中心临床试验，申办者应当按照临床试验方案组织制定标准操作规程，并组织对参与试验的所有研究者进行临床试验方案和试验用医疗器械使用和维护的培训，确保在临床试验方案执行、试验用医疗器械使用方面的一致性。在多中心临床试验中，申办者应当保证病例报告表的设计严谨合理，能够使协调研究者获得各分中心临床试验机构的所有数据。

3.临床试验机构和研究者

（1）评估　临床试验机构在接受临床试验前，应当根据试验用医疗器械的特性，对相关资源进行评估，以决定是否接受该临床试验。

（2）研究者资质　研究者是在临床试验机构中负责实施临床试验的人。如果在临床试验机构中是由一组人员实施试验的，则研究者是指该组的负责人，也称主要研究者。研究者的条件要求：①在该临床试验机构中具有副主任医师、副教授、副研究员等副高级以上相关专业技术职称和资质；②具有试验用医疗器械所要求的专业知识和经验，必要时应当经过有关培训；③熟悉申办者要求和其所提供的与临床试验有关的资料、文献；④有能力协调、支配和使用进行该项试验的人员和设备，且有能力处理试验用医疗器械发生的不良事件和其他关联事件；⑤熟悉国家有关法律、法规以及本规范。

（3）提出申请　临床试验前，临床试验机构的医疗器械临床试验管理部门应当配合申办者向伦理委员会提出申请，并按照规定递交相关文件。

（4）研究者主要职责　应当保证所有临床试验参与人员充分了解临床试验方案、相关规定、试验用医疗器械特性以及与临床试验相关的职责，并确保有足够数量并符合临床试验方案入选标准的受试者进入临床试验、确保有足够的时间在协议约定的试验期内，按照相关规定安全地实施和完成临床试验。

研究者应当保证将试验用医疗器械只用于该临床试验的受试者，并不得收取任何费用。研究者应当严格遵循临床试验方案，未经申办者和伦理委员会的同意，或者未按照规定经国家药品监督管理总局批准，不得偏离方案或者实质性改变方案。但在受试者面临直接危险等需要立即消除的紧急情况下，也可以事后以书面形式报告。

研究者负责招募受试者、与受试者或者其监护人谈话。研究者有责任向受试者说明试验用医疗器械以及临床试验有关的详细情况，告知受试者可能的受益和已知的、可以预见的风险，并取得受试者或者其监护人签字和注明日期的知情同意书。

在临床试验中出现严重不良事件的，研究者应当立即对受试者采取适当的治疗措施，同时书面报告所属的临床试验机构医疗器械临床试验管理部门，并经其书面通知申办者。医疗器械临床试验管理部门应当在24小时内书面报告相应的伦理委员会以及临床试验机构所在地省、自治区、直辖市药品监督管理部门和卫生健康主管部门。对于死亡事件，临床试验机构和研究者应当向伦理委员会和申办者提供所需要的全部资料。研究者应当记录临床试验过程中发生的所有不良事件和发现的器械缺陷，并与申办者共同分析事件原因，形成书面分析报告，提出继续、暂停或者终止试验的意见，经临床试验机构医疗器械临床试验管理部门报伦理委员会审查。

（5）接受监督　临床试验机构和研究者应当接受申办者的监查、核查以及伦理委员会的监督，并提供所需的与试验有关的全部记录。药品监督管理部门、卫生健康主管部门派检查员开展检查的，临床试验机构和研究者应当予以配合。

临床试验机构和研究者发现风险超过可能的受益，或者已经得出足以判断试验用医疗器械安全性和有效性的结果等，需要暂停或者终止临床试验时，应当通知受试者，并保证受试者得到适当治疗和随访，同时按照规定报告，提供详细书面解释。必要时，报告所在地省、自治区、直辖市药品监督管理部门。研究者接到申办者或者伦理委员会需要暂停或者终止临床试验的通知时，应当及时通知受试者，并保证受试者得到适当治疗和随访。

临床试验机构和研究者对申办者违反有关规定或者要求改变试验数据、结论的，应当向申办者所在地省、自治区、直辖市药品监督管理部门或者国家药品监督管理局报告。

4.受试者

（1）受试者的选取　受试者，是指被招募接受医疗器械临床试验的个人。应当尽量避免选取未成年人、孕妇、老年人、智力障碍人员、处于生命危急情况的患者等作为受试者；确需选取时，应当遵守伦理委员会提出的有关附加要求，在临床试验中针对其健康状况进行专门设计，并应当有益于其健康。

（2）伦理审查　伦理审查与知情同意是保障受试者权益的主要措施。医疗器械临床试验应当遵循《世界医学大会赫尔辛基宣言》确定的伦理准则。参与临床试验的各方应当按照试验中各自的职责承担相应的伦理责任。临床试验前，申办者应当通过研究者和临床试验机构的医疗器械临床试验管理部门向伦理委员会提交有关文件，伦理委员会应当秉承伦理和科学的原则，审查和监督临床试验的实施。

（3）知情同意　是指向受试者告知临床试验的各方面情况后，受试者确认自愿参加该项临床试验的过程，应当以签名和注明日期的知情同意书作为证明文件。申办者、临床试验机构和研究者不得夸大参与临床试验的补偿措施，误导受试者参与临床试验。受试者有权在临床试验的任何阶段退出并不承担任何经济责任。

在受试者参与临床试验前，研究者应当充分向受试者或者无民事行为能力人、限制民事行为能力人的监护人说明临床试验的详细情况，包括已知的、可以预见的风险和可能发生的不良事件等。经充分和详细解释后由受试者或者其监护人在知情同意书上签署姓名和日期，研究者也需在知情同意书上签署姓名和日期。

知情同意书，是指受试者表示自愿参加临床试验的证明性文件。知情同意书应当采用受试者或者监护人能够理解的语言和文字。知情同意书不应当含有会引起受试者放弃合法权益以及免除临床试验机构和研究者、申办者或者其代理人应当负责任的内容。

（三）临床试验前的准备

临床试验前，申办者应当完成试验用医疗器械的临床前研究，包括产品设计（结构组成、工作原理和作用机理、预期用途以及适用范围、适用的技术要求）和质量检验、动物实验以及风险分析等，且结果应当能够支持该项临床试验。质量检验结果包括自检报告和具有资质的检验机构出具的一年内的产品注册检验合格报告。临床试验前，申办者应当准备充足的试验用医疗器械。试验用医疗器械的研制应当符合适用的医疗器械质量管理体系相关要求。

医疗器械临床试验应当在两个或者两个以上医疗器械临床试验机构中进行。所选择的试验机构应当是经资质认定的医疗器械临床试验机构，且设施和条件应当满足安全有效地进行临床试验的需要。研究者应当具备承担该项临床试验的专业特长、资格和能力，并经过培训。

临床试验前，申办者与临床试验机构和研究者应当就试验设计、试验质量控制、试验中的职责分工、申办者承担的临床试验相关费用以及试验中可能发生的伤害处理原则等达成书面协议。

临床试验应当获得医疗器械临床试验机构伦理委员会的同意。列入需进行临床试验审批的第三类医疗器械目录的，还应当获得国家药品监督管理局的批准。临床试验前，申办者应当向所在地省、自治区、直辖市药品监督管理部门备案。接受备案的药品监督管理部门应当将备案情况通报临床试验机构所在地的同级药品监督管理部门以及卫生健康主管部门。

（四）临床试验方案

开展医疗器械临床试验，申办者应当按照试验用医疗器械的类别、风险、预期用途等组织制定科学、合理的临床试验方案。未在境内外批准上市的新产品，安全性以及性能尚未经医学证实的，临床试验方案设计时应当先进行小样本可行性试验，待初步确认其安全性后，再根据统计学要求确定样本量开展后续临床试验。

医疗器械临床试验方案应当包括下列内容：①一般信息；②临床试验的背景资料；③试验目的；④试验设计；⑤安全性评价方法；⑥有效性评价方法；⑦统计学考虑；⑧对临床试验方案修正的规定；⑨对不良事件和器械缺陷报告的规定；⑩直接访问源数据、文件；⑪临床试验涉及的伦理问题和说明以及知情同意书文本；⑫数据处理与记录保存；⑬财务和保险；⑭试验结果发表约定。

上述部分内容可以包括在方案的其他相关文件如研究者手册中。临床试验机构的具体信息、试验结果发表约定、财务和保险可以在试验方案中表述，也可以另行制定协议加以规定。

多中心临床试验由多位研究者按照同一试验方案在不同的临床试验机构中同期进行。其试验方案的设计和实施应当至少包括以下内容：①试验方案由申办者组织制定并经各临床试验机构以及研究者共同讨论认定，且明确牵头单位临床试验机构的研究者为协调研究者；②协调研究者负责临床试验过程中各临床试验机构间的工作协调，在临床试验前期、中期和后期组织研究者会议，并与申办者共同对整个试验的实施负责；③各临床试验机构原则上应当同期开展和结束临床试验；④各临床试验机构试验样本量以及分配、符合统计分析要求的理由；⑤申办者和临床试验机构对试验培训的计划与培训记录要求；⑥建立试验数据传递、管理、核查与查询程序，尤其明确要求各临床试验机构试验数据有关资料应当由牵头单位集中管理与分析；⑦多中心临床试验结束后，各临床试验机构研究者应当分别出具临床试验小结，连同病历报告表按规定经审核后交由协调研究者汇总完成总结报告。

（五）试验用医疗器械管理

申办者应当参照国家药品监督管理局有关医疗器械说明书和标签管理的规定，对试验用医疗器械作适当的标识，并标注"试验用"。试验用医疗器械的记录包括生产日期、产品批号、序列号等与生产有关的记录，与产品质量和稳定性有关的检验记录，运输、维护、交付各临床试验机构使用的记录，以及试验后回收与处置日期等方面的信息。

试验用医疗器械的使用由临床试验机构和研究者负责，研究者应当保证所有试验用医疗器械仅用于该临床试验的受试者，在试验期间按照要求储存和保管试验用医疗器械，在临床试验后按照国家有关规定和与申办者的协议对试验用医疗器械进行处理。上述过程需由专人负责并记录。研究者不得把试验用医疗器械转交任何非临床试验参加者。

（六）记录、报告与文件处理

1.研究者临床试验记录 研究者应当确保将任何观察与发现均正确完整地予以记录，并认真填写病例报告表。记录至少应当包括：①所使用的试验用医疗器械的信息，包括名称、型号、规格、接收日期、批号或者系列号等；②每个受试者相关的病史以及病情进展等医疗记录、护理记录等；③每个受试者使用试验用医疗器械的记录，包括每次使用的日期、时间、试验用医疗器械的状态等；④记录者的签名以及日期。

临床试验记录作为原始资料，不得随意更改；确需作更改时应当说明理由，签名并注明日期。对显著偏离临床试验方案或者在临床可接受范围以外的数据应当加以核实，由研究者作必要的说明。

2.申办者临床试验记录 内容包括：①试验用医疗器械运送和处理记录，包括名称、型号、规格、批号或者序列号，接收人的姓名、地址，运送日期，退回维修或者临床试验后医疗器械样品回收与处置日期、原因和处理方法等；②与临床试验机构签订的协议；③监查报告、核查报告；④严重不良事件和可能导致严重不良事件的器械缺陷的记录与报告。

3.研究者临床试验报告 研究者应当按照临床试验方案的设计要求，验证或者确认试验用医疗器械的安全性和有效性，并完成临床试验报告。多中心临床试验的临床试验报告应当包含各分中心的临床试验小结。临床试验报告应当与临床试验方案一致，主要包括：①一般信息；②摘要；③简介；④临床试验目的；⑤临床试验方法；⑥临床试验内容；⑦临床一般资料；⑧试验用医疗器械和对照用医疗器械或者对照诊疗方法；⑨所采用的统计分析方法以及评价方法；⑩临床评价标准；⑪临床试验的组织结构；⑫伦理情况说明；⑬临床试验结果；⑭临床试验中发现的不良事件以及其处理情况；⑮临床试验结果分析、讨论，尤其是适应证、适用范围、禁忌证和注意事项；⑯临床试验结论；⑰存在问题以及改进建议；⑱试验人员名单；⑲其他需要说明的情况。

4.基本文件管理 临床试验机构、研究者、申办者应当建立基本文件保存制度。临床试验基本文件按临床试验阶段分为三部分：准备阶段文件、进行阶段文件和终止或者完成后文件。临床试验机构应当保存临床试验资料至临床试验结束后10年。申办者应当保存临床试验资料至无该医疗器械使用时。

（七）法律责任

1.违法开展临床试验法律责任 违反现行《条例》规定开展医疗器械临床试验的，由县级以上人民政府药品监督管理部门责令改正或者立即停止临床试验，可以处5万元以下罚款；造成严重后果的，依法对直接负责的主管人员和其他直接责任人员给予降级、撤职或者开除的处分；该机构5年内不得开展相关专业医疗器械临床试验。

2.出具虚假临床试验报告的法律责任 医疗器械临床试验机构出具虚假报告的，由县级以上人民政府药品监督管理部门处5万元以上10万元以下罚款；有违法所得的，没收违法所得；对直接负责的主管人员和其他直接责任人员，依法给予撤职或者开除的处分；该机构10年内不得开展相关专业医疗器械临床试验。

3.申请人违法开展临床试验的法律责任 申请人未按照现行《条例》和《注册管理办法》规定开展临床试验的，由县级以上药品监督管理部门责令改正，可以处3万元以下罚款；情节严重的，应当立即停止临床试验，已取得临床试验批准文件的，予以注销。

为满足公众临床需要，使临床急需治疗的患者能够尽快获得试验用医疗器械，规范医疗器械拓展性临床试验的开展和安全性数据的收集，维护受试者权益，2020年3月，国家药品监督管理局会同国家卫生健康委员会发布了《医疗器械拓展性临床试验管理规定（试行）》，在中华人民共和国境内开展医疗器械拓展性临床试验，应当遵守该规定。

医疗器械拓展性临床试验，是指患有危及生命且尚无有效治疗手段的疾病的患者，可在开展临床试验的机构内使用尚未批准上市的医疗器械的活动和过程。拓展性临床试验医疗器械的使用需基于已有临床试验初步观察可能使患者获益，且患者由于临床试验机构已按临床试验方案完成病例的入选，不能通过参加已开展的临床试验获得该医疗器械的使用。医疗器械拓展性临床试验应当符合医疗器械临床试验质量管理的相关规定。

岗位对接

本章是医疗器械类各专业学生须掌握的学习内容，可为学习生产管理、经营管理、使用管理等奠定必要的基础知识，培养学生成为合格的医疗器械从业人员。

本章对应医疗器械行业企业中产品研发、检验检测、注册认证、临床试验管理与服务等工作岗位的基础能力要求，培养学生从事医疗器械研制、注册、生产、监管等工作的基本能力。

医疗器械类从业人员均须掌握医疗器械上市前监管的相关要求，熟悉医疗器械产品注册及备案相关的法规和标准，具备医疗器械注册管理法规的查询和应用能力。

本章小结

我国医疗器械产品在上市前，应当按规定申请注册或者办理备案。根据产品的风险进行分类管理，第一类产品实行备案管理，第二类和第三类产品实行注册管理。医疗器械的注册与备案管理制度用以保证医疗器械的安全、有效，其主要依据为《医疗器械注册管理办法》及其配套文件等。这些法规文件对医疗器械产品注册及备案的资料要求、流程要求以及法律责任等作出了明确规定。同时，医疗器械标准、医疗器械产品技术要求、医疗器械注册检验、医疗器械临床评价、医疗器械临床试验等要素构成了一个较为完整的技术评价体系，有力地支撑了医疗器械产品注册管理制度的实施。

习题

习题

一、不定项选择题

1. 我国需要实行备案管理的医疗器械类型是（　　）。

　　A.第一类　　　　　　　B.第三类　　　　　　　C.第一类和第二类　　　　D.第二类和第三类

2. 申请注册或者办理备案的进口医疗器械，应当提供在申请人或者备案人注册地或者生产地址所在国家（地区）的（　　）。

　　A.已获准生产的证明　　　　　　　　　　B.已获准上市销售的证明

　　C.产品注册（备案）证明　　　　　　　　D.公证书

3. 备案时提供虚假资料的，由县级以上人民政府药品监督管理部门向社会公告备案单位和产品名称；情节严重的，直接责任人员（　　）年内不得从事医疗器械生产经营活动。

　　A.2　　　　　　　　　B.3　　　　　　　　　C.5　　　　　　　　　D.10

4. 一般情况下，技术审评机构应当在（　　）个工作日内完成第三类医疗器械注册的技术审评工作。

　　A.30　　　　　　　　　B.60　　　　　　　　　C.90　　　　　　　　　D.120

5. 一般情况下，医疗器械注册证有效期为（　　）年。有效期届满需要延续注册的，应当在有效期届满（　　）向原注册部门提出延续注册的申请。

　　A.5；3个月前　　　　　B.5；6个月前　　　　　C.4；3个月前　　　　　D.4；6个月前

6.以下哪种是医疗器械推荐性国家标准（　　）。

A.GB 228—2002

B.GB/T 20001.1—2001

C.YY 0645—2018

D.YY/T 0514—2018

7.对医疗器械产品进行技术评价的最主要手段是（　　）。

A.完善的监管机构和机制

B.专业负责的医疗器械检验机构

C.健全的医疗器械检验方法

D.良好的临床试验质量管理

8.现行《医疗器械临床试验质量管理规范》针对的医疗器械临床试验不包括（　　）。

A.常规外科手术器械进行的临床试验

B.第二类医疗器械进行的临床试验

C.第三类医疗器械进行的临床试验

D.体外诊断试剂进行的临床试验

9.以下属于医疗器械注册申请人和备案人的责任与义务的有（　　）。

A.保证研制过程规范

B.保证研制数据真实、完整和可溯源

C.建立与产品研制、生产有关的质量管理体系

D.使质量管理体系保持有效运行

10.医疗器械的产品技术要求主要包括（　　）。

A.性能指标　　　　B.出厂检验　　　　C.检验方法　　　　D.产品特色

二、简答题

1.医疗器械产品备案和注册时提交资料的内容和形式上有哪些异同？为什么会有差异？

2.医疗器械被准予进行临床试验后，请简述该医疗器械的申办者需要承担的职责有哪些？

第四章 医疗器械生产管理

第一节 概 述

💬 **案例讨论**

案例 COVID-19疫情发生后，全国各地迅速行动，药品监督管理部门、市场监管部门、卫生健康部门、公安部门等联合紧抓疫情防控工作。监管部门加大对疫情防控用医疗器械的监督检查，严格监督生产企业落实质量管理要求，加强对应急审批产品的检查和抽检力度。严厉打击非法制售防护产品的行为，对未经生产许可或备案从事医疗器械生产、生产未经注册或备案的医疗器械等违法行为进行重点整治，确保疫情防控产品的安全有效。各地监管部门公布疫情防控期间违法典型案例，明确打击整治重点。

讨论 1.医疗器械生产管理的概念和内容？

2.医疗器械生产监管的主体和监管现状？

一、生产管理的现状

1.医疗器械生产管理的概念 生产管理（production management）是计划、组织、协调、控制生产活动的综合管理活动，包括生产计划、生产组织和生产控制等内容。企业通过经济合理地组织生产过程，有效利用生产资源，以达到预期的生产目标。

医疗器械生产管理，是指对医疗器械生产环节的管理行为，包括医疗器械的设计开发、生产备案或生产许可、生产质量控制、委托生产等活动的监督管理活动。

2.我国医疗器械生产企业现状 近年来，随着我国大力发展医药卫生事业、促进医疗器械产业进步，我国医疗器械生产企业的数量、规模、创新研发能力都在飞速发展，市场潜力巨大。但是，我国医疗器械生产企业数量多、规模小、发展不平衡，技术含量低、产业集中度低以及创新能力、竞争力较弱等问题并没有解决。从事第一、二类医疗器械生产活动的企业增长快，尤其是从事第一类医疗器械生产的企业发展更为明显，而从事第三类医疗器械生产的企业相对较少。据2018年度药品监管统计年报显示，截至2018年11月底，全国实有医疗器械生产企业1.7万家，其中：可生产一类产品的企业7513家，可生产二类产品的企业9189家，可生产三类产品的企业1997家。

我国医疗器械生产企业存在着发展不平衡的问题，在生产管理方面难以用同一个标准或者方法进行管理。发展不平衡主要体现在三个方面：①企业规模及管理方式不平衡。医疗器械生产企业大多数为中小型企业，既有实现现代企业管理制度的大型医疗器械生产企业，也有家庭小作坊式医疗器械生产企业；②企业生产工艺及管理不平衡。医疗器械产品种类繁多，产品之间的差距也非常大，产品的特点决定了企业的管理方式及企业规模，医疗器械生产企业的生产工艺及管理方式也千差万别；③区域发展的不平衡。医疗器械产业的发展程度与区域经济发展相适应，存在着东西差距及沿海优势，医疗器械市场占有率居前六位的省份占全国市场约80%的份额，而欠发达区域的医疗器械生产企业较少。

3.医疗器械生产监管主体　国家药品监督管理局负责全国医疗器械生产监督管理工作。县级以上药品监督管理部门负责本行政区域的医疗器械生产监督管理工作。上级药品监督管理部门负责指导和监督下级药品监督管理部门开展医疗器械生产监督管理工作。

为提高医疗器械生产监管的科学化水平，明确各级药品监督管理部门的监管责任，2014年9月30日，国家食品药品监督管理总局发布了《医疗器械生产企业分类分级监督管理规定》，自发布之日起施行，原国家食品药品监督管理局《关于印发〈医疗器械生产日常监督管理规定〉的通知》（国食药监械〔2006〕19号）同时废止。药品监督管理部门依照风险管理原则，对医疗器械生产实施分类分级管理，对于提高监管效能，依法保障医疗器械安全有效，有着重要意义。

二、生产监管立法

医疗器械的安全有效关乎人民群众生命健康，医疗器械的生产过程直接影响产品的质量安全。为了加强医疗器械生产的监督管理，规范生产秩序，保证医疗器械安全、有效，2004年7月20日，国家食品药品监督管理局发布了《医疗器械生产监督管理办法》。2014年7月30日，根据2014年版《条例》，国家食品药品监督管理总局发布《医疗器械生产监督管理办法》（国家食品药品监督管理总局令第7号）（以下简称《生产管理办法》），自2014年10月1日起施行，2004年7月20日公布的《医疗器械生产监督管理办法》同时废止。在中华人民共和国境内从事医疗器械生产活动及其监督管理，应当遵守《生产管理办法》。

1.修订的总体思路　①遵循现行《条例》风险管理和分类管理的原则，在具体制度设计上突出管理的科学性；②借鉴国外先进监管经验，综合考虑当前医疗器械监管基础，体现可操作性；③结合我国现阶段经济社会的市场成熟度和社会诚信体系情况，注重调动和发挥企业的主体责任，构建以企业为主的产品质量安全保障体系，体现管理的引导性。

2.修订体现的原则

（1）风险管理的原则　对不同风险的生产行为进行分类管理，完善分类监管措施，突出对高风险产品生产行为的严格管理。

（2）落实责任的原则　细化企业生产质量管理的各项措施，要求企业按照医疗器械生产质量管理规范要求建立质量管理体系并保持有效运行，实行企业自查和报告制度，督促企业落实主体责任。

（3）强化监管的原则 通过综合运用抽查检验、质量公告、飞行检查、责任约谈、"黑名单"等制度，丰富监管措施，完善监管手段，推动监管责任的落实。

（4）违法严处的原则 完善相关行为的法律责任，细化处罚种类，加大加重对违法行为的处罚力度。

为贯彻落实国务院深化简政放权、放管结合、优化服务改革的要求，原国家食品药品监督管理总局对涉及行政审批制度改革、商事制度改革等有关规章进行了清理。根据2017年11月7日国家食品药品监督管理总局《关于修改部分规章的决定》，对《生产管理办法》的部分条款予以修改，将第八条第一项"营业执照、组织机构代码证复印件"修改为"营业执照复印件"；将第三十条第二款第二项"委托方和受托方企业营业执照和组织机构代码证复印件"修改为"委托方和受托方企业营业执照复印件"；将第三十二条第一款第一项"委托方和受托方营业执照、组织机构代码证复印件"修改为"委托方和受托方营业执照复印件"；增加一条，作为第七十二条："食品药品监督管理部门制作的医疗器械生产许可电子证书与印制的医疗器械生产许可证书具有同等法律效力"。

2009年12月16日，国家食品药品监督管理局发布《医疗器械生产质量管理规范（试行）》（国食药监械〔2009〕833号）。为规范医疗器械生产质量管理，原国家食品药品监督管理总局组织对《医疗器械生产质量管理规范（试行）》进行了修订，修订后的《医疗器械生产质量管理规范》（以下简称《生产质量规范》）于2014年12月29日公告发布，共十三章八十四条，自2015年3月1日起实施，原《医疗器械生产质量管理规范（试行）》同时废止。依法实施《生产质量规范》，是加强医疗器械全生命周期的质量管理、保障医疗器械安全有效的重要措施。《医疗器械监督管理条例》（国务院令第680号）明确要求医疗器械生产企业应当按照《生产质量规范》建立健全与所生产产品相适应的质量管理体系并保证其有效运行。《生产管理办法》进一步细化了医疗器械生产企业实施《生产质量规范》的主体责任以及监管部门按照《生产质量规范》进行监督检查的有关要求。

为有序推进《生产质量规范》及相关法规的实施，确保实现平稳过渡，综合考虑我国企业质量管理水平和监管工作基础，2014年，国家食品药品监督管理总局发布《关于医疗器械生产质量管理规范执行有关事宜的通告》（2014年第15号），按照风险管理、分类推进的原则，确定了不同类型医疗器械生产企业实施《生产质量规范》的具体时限要求。自2016年1月1日起，所有第三类医疗器械生产企业应当符合《生产质量规范》的要求。其中，无菌、植入性医疗器械和体外诊断试剂生产企业的质量管理体系还应当分别符合无菌、植入性医疗器械和体外诊断试剂附录（国家食品药品监督管理总局公告2015年第101号、第102号、第103号）的要求。自2018年1月1日起，所有医疗器械生产企业均应当符合《生产质量规范》要求。

第二节 医疗器械生产备案与许可

💬 案例讨论

案例 某地药品监管部门在一次飞行检查中发现，某医疗器械公司在采购、生产管理等方面违反了医疗器械生产质量管理要求，有可能存在产品安全风险。其中，该公司生产的髋关节假体（生物型），注册证书号为国械注准2016XXXXXXX，批号为170XXX-QT，产品规格描述为φXX/＋X。经查，该产品的销售记录单中存在十多个不同规格，但是该产品技术要求中并没有

PPT

上述规格，不符合经注册或者备案的产品技术要求。药监部门责令该公司暂停生产进行整改。

讨论　1.开办医疗器械生产企业应当具备什么条件？

2.该生产企业增加生产产品规格时应当办理什么手续？

一、生产基本条件

医疗器械生产企业应当对生产的医疗器械质量负责。委托生产的，委托方对所委托生产的医疗器械质量负责。

从事医疗器械生产，应当具备以下条件：①有与生产的医疗器械相适应的生产场地、环境条件、生产设备以及专业技术人员；②有对生产的医疗器械进行质量检验的机构或者专职检验人员以及检验设备；③有保证医疗器械质量的管理制度；④有与生产的医疗器械相适应的售后服务能力；⑤符合产品研制、生产工艺文件规定的要求。

以上条件是开办医疗器械生产企业的基本条件，也是监管部门依据医疗器械生产质量管理规范开展生产许可现场核查的核心内容。从事第一类医疗器械生产备案以及从事第二类、第三类医疗器械生产许可，均应具备生产活动的基本条件，提交其符合规定条件的证明资料。

药品监督管理部门依法及时公布医疗器械生产许可和备案相关信息。申请人可以查询审批进度和审批结果；公众可以查阅审批结果。

二、第一类医疗器械生产备案

医疗器械生产备案，是指从事第一类医疗器械生产活动的生产企业向其所在地的设区的市级药品监督管理部门进行生产备案信息告知的行为。

（一）备案要求与流程

开办第一类医疗器械生产企业的，应当向所在地设区的市级药品监督管理部门办理第一类医疗器械生产备案，提交备案企业持有的所生产医疗器械的备案凭证复印件和相关资料。相关资料主要有：①营业执照复印件；②法定代表人、企业负责人身份证明复印件；③生产、质量和技术负责人的身份、学历、职称证明复印件；④生产管理、质量检验岗位从业人员学历、职称一览表；⑤生产场地的证明文件，有特殊生产环境要求的还应当提交设施、环境的证明文件复印件；⑥主要生产设备和检验设备目录；⑦质量手册和程序文件；⑧工艺流程图；⑨经办人授权证明；⑩其他证明资料。

药品监督管理部门应当当场对企业提交资料的完整性进行核对，符合规定条件的予以备案，发给第一类医疗器械生产备案凭证。

第一类医疗器械生产备案凭证备案编号的编排方式为：××食药监械生产备×××××××××号。其中：

第一位×代表备案部门所在地省、自治区、直辖市的简称；

第二位×代表备案部门所在地设区的市级行政区域的简称；

第三到六位×代表4位数备案年份；

第七到十位×代表4位数备案流水号。

（二）生产备案凭证变更与补发

第一类医疗器械生产备案凭证内容发生变化的，应当变更备案。变更备案是对经备案而又发生变化的内容进行的更新，是对备案信息的及时补充。备案凭证遗失的，医疗器械生产企业应当及时向原备案部门办理补发手续。任何单位或者个人不得伪造、变造、买卖、出租、出借医疗器械生产备案凭证。设区的市级药品监督管理部门应当建立第一类医疗器械生产备案信息档案。

三、第二、三类医疗器械生产许可

现行《条例》第二十二条第一款确立了我国医疗器械生产许可制度。医疗器械生产许可，是指从事第二类、第三类医疗器械生产活动的企业向其所在地的省级药监部门提交申请，经监管部门核实审批后，对符合条件的生产企业发给《医疗器械生产许可证》的活动。

（一）生产许可申请与受理

开办第二类、第三类医疗器械生产企业的，应当向所在地省、自治区、直辖市药品监督管理部门申请生产许可并提交相关资料。申请生产许可提交的资料，在生产备案提交的资料基础上多了一项"申请企业持有的所生产医疗器械的注册证及产品技术要求复印件"的资料要求。

省、自治区、直辖市药品监督管理部门收到申请后，应当根据下列情况分别作出处理。

（1）申请事项属于其职权范围，申请资料齐全、符合法定形式的，应当受理申请。

（2）申请资料不齐全或者不符合法定形式的，应当当场或者在5个工作日内一次告知申请人需要补正的全部内容，逾期不告知的，自收到申请资料之日起即为受理。

（3）申请资料存在可以当场更正的错误的，应当允许申请人当场更正。

（4）申请事项不属于本部门职权范围的，应当即时作出不予受理的决定，并告知申请人向有关行政部门申请。

省、自治区、直辖市药品监督管理部门受理或者不予受理医疗器械生产许可申请的，应当出具受理或者不予受理的通知书。

（二）生产许可审核

受理生产许可申请的药品监督管理部门应当自受理之日起30个工作日内对申请资料进行审核，按照国家药品监督管理部门制定的医疗器械生产质量管理规范的要求进行现场核查。现场核查应当根据情况，避免重复核查。需要整改的，整改时间不计入审核时限。

医疗器械生产许可申请直接涉及申请人与他人之间重大利益关系的，药品监督管理部门应当告知申请人、利害关系人依照法律、法规以及国家药品监督管理局的有关规定享有申请听证的权利；在对医疗器械生产许可进行审查时，药品监督管理部门认为涉及公共利益的重大许可事项，应当向社会公告，并举行听证。

医疗器械生产企业因违法生产被药品监督管理部门立案调查但尚未结案的，或者收到行政处罚决定但尚未履行的，药品监督管理部门应当中止许可，直至案件处理完毕。

（三）生产许可决定

药品监督管理部门经许可审核后，认为医疗器械生产企业的申请符合规定条件的，依法作出准予许可的书面决定，并于10个工作日内发给《医疗器械生产许可证》；不符合规定条件的，作出不予许可的书面决定并说明理由。

《医疗器械生产许可证》的格式由国家药品监督管理局统一制定，并由省、自治区、直辖市药品监督管理部门印制。

医疗器械生产许可证编号编排方式为：x食药监械生产许可xxxxxxxx。其中：第1位x代表许可部门所在地省、自治区、直辖市的简称；第2到5位x代表4位数许可年份；第6到9位x代表4位数许可流水号。

《医疗器械生产许可证》有效期为5年，载明许可证编号、企业名称、法定代表人、企业负责人、住所、生产地址、生产范围、发证部门、发证日期和有效期限等事项。《医疗器械生产许可证》附医疗器械生产产品登记表，载明生产产品名称、注册号等信息。

微课

（四）生产许可变更

增加生产产品的，医疗器械生产企业应当向原发证部门提交生产许可申请资料中涉及变更内容的有关资料。

申请增加生产的产品不属于原生产范围的，原发证部门应当依照《生产管理办法》第十条的规定进行审核并开展现场核查，符合规定条件的，变更《医疗器械生产许可证》载明的生产范围，并在医疗器械生产产品登记表中登载产品信息。

申请增加生产的产品属于原生产范围，并且与原许可生产产品的生产工艺和生产条件等要求相似的，原发证部门应当对申报资料进行审核，符合规定条件的，在医疗器械生产产品登记表中登载产品信息；与原许可生产产品的生产工艺和生产条件要求有实质性不同的，应依照《生产管理办法》第十条的规定进行审核并开展现场核查，符合规定条件的，在医疗器械生产产品登记表中登载产品信息。

生产地址非文字性变更的，应当向原发证部门申请医疗器械生产许可变更，并提交生产许可申请资料中涉及变更内容的有关资料。原发证部门应当依照《生产管理办法》第十条的规定审核并开展现场核查，于30个工作日内作出准予变更或者不予变更的决定。医疗器械生产企业跨省、自治区、直辖市设立生产场地的，应当单独申请医疗器械生产许可。

企业名称、法定代表人、企业负责人、住所变更或者生产地址文字性变更的，医疗器械生产企业应当在变更后30个工作日内，向原发证部门办理《医疗器械生产许可证》变更登记，并提交相关部门的证明资料。原发证部门应当及时办理变更。对变更资料不齐全或者不符合形式审查规定的，应当一次告知需要补正的全部内容。

因分立、合并而存续的医疗器械生产企业，应当依规定申请变更许可；因企业分立、合并而新设立的医疗器械生产企业应当申请办理《医疗器械生产许可证》。

（五）许可延续与补发

《医疗器械生产许可证》有效期届满延续的，医疗器械生产企业应当自有效期届满6个月前，向原发证部门提出《医疗器械生产许可证》的延续申请。

原发证部门应当依照《生产管理办法》第十条的规定对延续申请进行审查，必要时开展现场核查，在《医疗器械生产许可证》有效期届满前作出是否准予延续的决定，符合规定条件的，准予延续。不符合规定条件的，责令限期整改；整改后仍不符合规定条件的，不予延续，并书面说明理由。逾期未作出决定的，视为准予延续。

《医疗器械生产许可证》遗失的，医疗器械生产企业应当立即在原发证部门指定的媒体上登载遗失声明。自登载遗失声明之日起满1个月后，向原发证部门申请补发。原发证部门及时补发《医疗器械生产许可证》。补发的《医疗器械生产许可证》编号和有效期限不变。延续的《医疗器械生产许可证》编号不变。

（六）许可注销

医疗器械生产企业有法律、法规规定应当注销的情形，或者有效期未满但企业主动提出注销的，省、自治区、直辖市药品监督管理部门应当依法注销其《医疗器械生产许可证》，并在网站上予以公布。因企业分立、合并而解散的医疗器械生产企业，应当申请注销《医疗器械生产许可证》。

医疗器械生产企业不具备原生产许可条件或者与备案信息不符，且无法取得联系的，经原发证或者备案部门公示后，依法注销其《医疗器械生产许可证》或者在第一类医疗器械生产备案信息中予以标注，并向社会公告。

省、自治区、直辖市药品监督管理部门应当建立《医疗器械生产许可证》核发、延续、变更、补发、撤销和注销等许可档案。

四、委托生产管理

（一）委托关系

医疗器械生产企业应当对生产的医疗器械质量负责。委托生产的，委托方对所委托生产的医疗器械质量负责。

1.医疗器械委托生产的委托方　应当是委托生产医疗器械的境内注册人或者备案人。其中，委托生产不属于按照创新医疗器械特别审批程序审批的境内医疗器械的，委托方应当取得委托生产医疗器械的生产许可或者办理第一类医疗器械生产备案。

委托方在同一时期只能将同一医疗器械产品委托一家医疗器械生产企业（绝对控股企业除外）进行生产。具有高风险的植入性医疗器械不得委托生产，具体目录由国务院药品监督管理部门制定、调整并公布。《定制式医疗器械监督管理规定（试行）》第三条规定，定制式医疗器械不得委托生产。

委托方应当加强对受托方生产行为的管理，保证其按照法定要求进行生产。委托方应当向受托方提供委托生产医疗器械的质量管理体系文件和经注册或者备案的产品技术要求，对受托方的生产条件、技术水平和质量管理能力进行评估，确认受托方具有受托生产的条件和能力，并对生产过程和质量控制进行指导和监督。

2.医疗器械委托生产的受托方　应当是取得受托生产医疗器械相应生产范围的生产许可或者办理第一类医疗器械生产备案的境内生产企业。受托方对受托生产医疗器械的质量负相应责任。受托方应当按照医疗器械生产质量管理规范、强制性标准、产品技术要求和委托生产合同组织生产，并保存所有受托生产文件和记录。

委托方和受托方应当签署委托生产合同，明确双方的权利、义务和责任。委托生产终止时，委托方和受托方应当向所在地省、自治区、直辖市或者设区的市级药品监督管理部门及时报告。

（二）委托生产备案

1.委托生产备案程序　委托生产第二类、第三类医疗器械的，委托方应当向所在地省、自治区、直辖市药品监督管理部门办理委托生产备案。受托方应当依照《生产管理办法》第十四条规定办理相关手续，在医疗器械生产产品登记表中登载受托生产产品信息。

委托生产第一类医疗器械的，委托方应当向所在地设区的市级药品监督管理部门办理委托生产备案。符合规定条件的，药品监督管理部门应当发给医疗器械委托生产备案凭证。受托方应当依照《生产管理办法》第二十一条的规定（第一类医疗器械生产备案凭证内容发生变化的，应当变更备案），向原备案部门办理第一类医疗器械生产备案变更。

委托生产备案时应当提交以下资料：①委托生产医疗器械的注册证或者备案凭证复印件；

②委托方和受托方企业营业执照复印件；③受托方的《医疗器械生产许可证》或者第一类医疗器械生产备案凭证复印件；④委托生产合同复印件；⑤经办人授权证明。

委托生产不属于按照创新医疗器械特别审批程序审批的境内医疗器械的，还应当提交委托方的《医疗器械生产许可证》或者第一类医疗器械生产备案凭证复印件；属于按照创新医疗器械特别审批程序审批的境内医疗器械的，应当提交创新医疗器械特别审批证明资料。

受托方《医疗器械生产许可证》生产产品登记表和第一类医疗器械生产备案凭证中的受托生产产品应当注明"受托生产"字样和受托生产期限。

2.受托方办理增加受托生产产品信息或者第一类医疗器械生产备案变更　除提交符合《生产管理办法》规定的资料外，还应当提交以下资料：①委托方和受托方营业执照复印件；②受托方《医疗器械生产许可证》或者第一类医疗器械生产备案凭证复印件；③委托方医疗器械委托生产备案凭证复印件；④委托生产合同复印件；⑤委托生产医疗器械拟采用的说明书和标签样稿；⑥委托方对受托方质量管理体系的认可声明；⑦委托方关于委托生产医疗器械质量、销售及售后服务责任的自我保证声明。

受托生产不属于按照创新医疗器械特别审批程序审批的境内医疗器械的，还应当提交委托方的《医疗器械生产许可证》或者第一类医疗器械生产备案凭证复印件；属于按照创新医疗器械特别审批程序审批的境内医疗器械的，应当提交创新医疗器械特别审批证明资料。

第三节　医疗器械生产质量管理

PPT

💬 **案例讨论**

案例　2016年，某省药品监督管理部门根据国家医疗器械抽检不符合标准规定情况，对辖区内某医疗器械有限公司进行检查。发现该公司不符合医疗器械生产质量管理规范要求，质量管理体系存在缺陷，省药品监督管理部门责令该家公司立即停产整改。其中，抽查计量证书时发现，该公司频率计的校准日期为201X年X月X日，校准周期定为XX个月，功率计的校准日期为201X年X月X日，校准周期定为XX个月，公司不能提供设定依据和支持性验证资料。

讨论　1.医疗器械生产质量管理规范对哪些事项作出了规定？
　　　　2.本案违反生产质量管理规范什么要求？

一、概述

医疗器械质量管理体系是国际上普遍采用的管理方式和评价医疗器械质量的基本方法，对质量体系审查成为产品能否进入市场的一个重要前提。

为了更有效地保障2014版《条例》的贯彻和实施，以及在新形势下更好地发挥生产质量管理规范的作用，2014年12月，国家食品药品监督管理总局发布了新修订的《生产质量规范》，是对生产质量管理体系的总体要求。《生产质量规范》第八十条规定，国家药品监督管理部门针对不同类别医疗器械生产的特殊要求，制定细化的具体规定。2015年7月，国家食品药品监督管理总局发布了《医疗器械生产质量管理规范附录无菌医疗器械》（2015年第101号公告）、《医疗器械生产质量管理规范附录植入性医疗器械》（2015年第102号公告）以及《医疗器械生产质量管理规范附录体外诊断试剂》（2015年第103号公告）等3个附录。2016年国家食品药品监督管理总局发布了《医疗器械生产质量管理规范附录定制式义齿》，该附录是定制式义齿生产质量管理规范的

医药大学堂
www.yiyaodkt.com

特殊要求。定制式义齿生产质量管理体系应当符合《医疗器械生产质量管理规范》及该附录的要求。2019年，国家药监局发布了《医疗器械生产质量管理规范附录独立软件》，于2020年7月1日起实施。独立软件附录包括范围和原则、特殊要求、术语、附则四部分。其中特殊要求部分对生产管理、质量控制、不良事件监测分析等八个方面提出要求，对于保证软件质量具有重要意义。

为应对医疗器械产业和监管面临的共同挑战，国际标准化组织于2016年3月1日发布ISO13485：2016《医疗器械　质量管理体系　用于法规的要求》。2017年1月19日，国家食品药品监督管理总局发布YY/T 0287—2017 idt ISO13485：2016《医疗器械　质量管理体系　用于法规的要求》标准（以下简称新版标准），于2017年5月1日起实施。新版标准等同采用了ISO13485：2016标准，新版标准进一步突出以法规为主线，更加强调贯彻法规要求的重要性和必要性，提高了法规与标准的相容性。明确了质量管理体系的标准适用于医疗器械全生命周期产业链各阶段的医疗器械组织，进一步保证了医疗器械全生命周期各阶段的安全有效。

二、生产质量管理规范的主要内容

现行《条例》第二十三条规定，医疗器械生产质量管理规范应当对医疗器械的设计开发、生产设备条件、原材料采购、生产过程控制、企业的机构设置和人员配备等影响医疗器械安全、有效的事项作出明确规定。

医疗器械生产企业（以下简称企业）在医疗器械设计开发、生产、销售和售后服务等过程中应当遵守《生产管理规范》的要求。医疗器械注册申请人或备案人在进行产品研制时，也应当遵守《生产管理规范》的相关要求。企业应当按照《生产管理规范》的要求，结合产品特点，建立健全与所生产医疗器械相适应的质量管理体系，并保证其有效运行。企业应当将风险管理贯穿于设计开发、生产、销售和售后服务等全过程，所采取的措施应当与产品存在的风险相适应。企业可根据所生产医疗器械的特点，确定不适用《生产管理规范》的条款，并说明不适用的合理性。

（一）机构与人员

企业应当建立与医疗器械生产相适应的管理机构，并有组织机构图，明确各部门的职责和权限，明确质量管理职能。生产管理部门和质量管理部门负责人不得互相兼任。

企业负责人是医疗器械产品质量的主要责任人，应当履行以下职责：①组织制定企业的质量方针和质量目标；②确保质量管理体系有效运行所需的人力资源、基础设施和工作环境等；③组织实施管理评审，定期对质量管理体系运行情况进行评估，并持续改进；④按照法律、法规和规章的要求组织生产。企业负责人应当确定一名管理者代表。管理者代表负责建立、实施并保持质量管理体系，报告质量管理体系的运行情况和改进需求，提高员工满足法规、规章和顾客要求的意识。

技术、生产和质量管理部门的负责人应当熟悉医疗器械相关法律法规，具有质量管理的实践经验，有能力对生产管理和质量管理中的实际问题作出正确的判断和处理。企业应当配备与生产产品相适应的专业技术人员、管理人员和操作人员，具有相应的质量检验机构或者专职检验人员。从事影响产品质量工作的人员，应当经过与其岗位要求相适应的培训，具有相关理论知识和实际操作技能。从事影响产品质量工作的人员，企业应当对其健康进行管理，并建立健康档案。

（二）厂房与设施

1.厂房与设施应当符合生产要求，生产、行政和辅助区的总体布局应当合理，不得互相妨碍。

2.厂房与设施应当根据所生产产品的特性、工艺流程及相应的洁净级别要求合理设计、布局和使用。生产环境应当整洁、符合产品质量需要及相关技术标准的要求。产品有特殊要求的，应当确保厂房的外部环境不能对产品质量产生影响，必要时应当进行验证。

3.厂房应当确保生产和贮存产品质量以及相关设备性能不会直接或者间接受到影响，厂房应当有适当的照明、温度、湿度和通风控制条件。

4.厂房与设施的设计和安装应当根据产品特性采取必要的措施，有效防止昆虫或者其他动物进入。对厂房与设施的维护和维修不得影响产品质量。

5.生产区应当有足够的空间，并与其产品生产规模、品种相适应。

6.仓储区应当能够满足原材料、包装材料、中间品、产品等的贮存条件和要求，仓储区应当按照待验、合格、不合格、退货或召回等进行有序、分区存放各类材料和产品，便于检查和监控。

7.企业应当配备与产品生产规模、品种、检验要求相适应的检验场所和设施。

（三）设备

1.**生产设备**　企业应当配备与所生产产品和规模相匹配的生产设备、工艺装备等，并确保有效运行。生产设备的设计、选型、安装、维修和维护必须符合预定用途，便于操作、清洁和维护。生产设备应当有明显的状态标识，防止非预期使用。企业应当建立生产设备使用、清洁、维护和维修的操作规程，并保存相应的操作记录。

2.**检验仪器和设备**　企业应当配备与产品检验要求相适应的检验仪器和设备，主要检验仪器和设备应当具有明确的操作规程。企业应当建立检验仪器和设备的使用记录，记录内容包括使用、校准、维护和维修等情况。

3.**计量器具**　企业应当配备适当的计量器具。计量器具的量程和精度应当满足使用要求，标明其校准有效期，并保存相应记录。

（四）文件管理

1.**建立健全质量管理体系文件**　质量管理体系文件，包括质量方针和质量目标、质量手册、程序文件、技术文件和记录，以及法规要求的其他文件。质量手册应当对质量管理体系作出规定。程序文件应当根据产品生产和质量管理过程中需要建立的各种工作程序而制定，包含本规范所规定的各项程序。技术文件应当包括产品技术要求及相关标准、生产工艺规程、作业指导书、检验和试验操作规程、安装和服务操作规程等相关文件。

2.**建立文件控制程序**　系统地设计、制定、审核、批准和发放质量管理体系文件，至少应当符合以下要求：①文件的起草、修订、审核、批准、替换或者撤销、复制、保管和销毁等应当按照控制程序管理，并有相应的文件分发、替换或者撤销、复制和销毁记录；②文件更新或者修订时，应当按规定评审和批准，能够识别文件的更改和修订状态；③分发和使用的文件应当为适宜的文本，已撤销或者作废的文件应当进行标识，防止误用。企业还应当确定作废的技术文件等必要的质量管理体系文件的保存期限，以满足产品维修和产品质量责任追溯等需要。

3.**建立记录控制程序**　记录控制程序，包括记录的标识、保管、检索、保存期限和处置要求等，并满足以下要求：①记录应当保证产品生产、质量控制等活动的可追溯性；②记录应当清晰、完整，易于识别和检索，防止破损和丢失；③记录不得随意涂改或者销毁，更改记录应当签注姓名和日期，并使原有信息仍清晰可辨，必要时，应当说明更改的理由；④记录的保存期限应当至少相当于企业所规定的医疗器械的寿命期，但从放行产品的日期起不少于2年，或者符合相关法规要求，并可追溯。

（五）设计开发

1.应当建立设计控制程序并形成文件，对医疗器械的设计和开发过程实施策划和控制。

2.在进行设计和开发策划时，应当确定设计和开发的阶段及对各阶段的评审、验证、确认和设计转换等活动，应当识别和确定各个部门设计和开发的活动和接口，明确职责和分工。

3.设计和开发输入应当包括预期用途规定的功能、性能和安全要求、法规要求、风险管理控制措施和其他要求。对设计和开发输入应当进行评审并得到批准，保持相关记录。

4.设计和开发输出应当满足输入要求，包括采购、生产和服务所需的相关信息、产品技术要求等。设计和开发输出应当得到批准，保持相关记录。

5.企业应当在设计和开发过程中开展设计和开发到生产的转换活动，以使设计和开发的输出在成为最终产品规范前得以验证，确保设计和开发输出适用于生产。

6.企业应当在设计和开发的适宜阶段安排评审，保持评审结果及任何必要措施的记录。企业应当对设计和开发进行验证，以确保设计和开发输出满足输入的要求，并保持验证结果和任何必要措施的记录。

7.企业应当对设计和开发进行确认，以确保产品满足规定的使用要求或者预期用途的要求，并保持确认结果和任何必要措施的记录。

8.确认可采用临床评价或者性能评价。进行临床试验时应当符合医疗器械临床试验法规的要求。

9.企业应当对设计和开发的更改进行识别并保持记录。必要时，应当对设计和开发更改进行评审、验证和确认，并在实施前得到批准。当选用的材料、零件或者产品功能的改变可能影响到医疗器械产品安全性、有效性时，应当评价因改动可能带来的风险，必要时采取措施将风险降低到可接受水平，同时应当符合相关法规的要求。

10.企业应当在包括设计和开发在内的产品实现全过程中，制定风险管理的要求并形成文件，保持相关记录。

（六）采购

1.建立采购控制程序　确保采购物品符合规定的要求，且不低于法律法规的相关规定和国家强制性标准的相关要求。企业应当根据采购物品对产品的影响，确定对采购物品实行控制的方式和程度。

2.建立供应商审核制度　企业应当建立供应商审核制度，并应当对供应商进行审核评价。必要时，应当进行现场审核。企业应当与主要原材料供应商签订质量协议，明确双方所承担的质量责任。

3.建立采购记录　采购时应当明确采购信息，清晰表述采购要求，包括采购物品类别、验收准则、规格型号、规程、图样等内容。应当建立采购记录，包括采购合同、原材料清单、供应商资质证明文件、质量标准、检验报告及验收标准等。采购记录应当满足可追溯要求。企业应当对采购物品进行检验或者验证，确保满足生产要求。

（七）生产管理

1.企业应当按照建立的质量管理体系进行生产，以保证产品符合强制性标准和经注册或者备案的产品技术要求。

2.企业应当编制生产工艺规程、作业指导书等，明确关键工序和特殊过程。关键工序是指对产品质量起决定性作用的工序。特殊过程是指通过检验和试验难以准确评定其质量的过程。

3.在生产过程中需要对原材料、中间品等进行清洁处理的，应当明确清洁方法和要求，并对清洁效果进行验证。企业应当根据生产工艺特点对环境进行监测，并保存记录。

4.企业应当对生产的特殊过程进行确认，并保存记录，包括确认方案、确认方法、操作人员、结果评价、再确认等内容。生产过程中采用的计算机软件对产品质量有影响的，应当进行验证或者确认。

5.每批（台）产品均应当有生产记录，并满足可追溯的要求。生产记录包括产品名称、规格型号、原材料批号、生产批号或者产品编号、生产日期、数量、主要设备、工艺参数、操作人员等内容。

6.企业应当建立产品标识控制程序，用适宜的方法对产品进行标识，以便识别，防止混用和错用。企业应当在生产过程中标识产品的检验状态，防止不合格中间产品流向下道工序。

7.企业应当建立产品的可追溯性程序，规定产品追溯范围、程度、标识和必要的记录。产品的说明书、标签应当符合相关法律法规及标准要求。

8.企业应当建立产品防护程序，规定产品及其组成部分的防护要求，包括污染防护、静电防护、粉尘防护、腐蚀防护、运输防护等要求。防护应当包括标识、搬运、包装、贮存和保护等。

（八）质量控制

1.**质量控制程序**　企业应当建立质量控制程序，规定产品检验部门、人员、操作等要求，并规定检验仪器和设备的使用、校准等要求，以及产品放行的程序。

2.**检验仪器和设备的管理使用要求**　检验仪器和设备的管理使用应当符合以下要求：①定期对检验仪器和设备进行校准或者检定，并予以标识；②规定检验仪器和设备在搬运、维护、贮存期间的防护要求，防止检验结果失准；③发现检验仪器和设备不符合要求时，应当对以往检验结果进行评价，并保存验证记录；④对用于检验的计算机软件，应当确认。

3.**制定检验规程**　企业应当根据强制性标准以及经注册或者备案的产品技术要求制定产品的检验规程，并出具相应的检验报告或者证书。需要常规控制的进货检验、过程检验和成品检验项目原则上不得进行委托检验。对于检验条件和设备要求较高，确需委托检验的项目，可委托具有资质的机构进行检验，以证明产品符合强制性标准和经注册或者备案的产品技术要求。每批（台）产品均应当有检验记录，并满足可追溯的要求。检验记录应当包括进货检验、过程检验和成品检验的检验记录、检验报告或者证书等。

4.**放行管理**　企业应当规定产品放行程序、条件和放行批准要求。放行的产品应当附有合格证明。

5.**留样管理**　企业应当根据产品和工艺特点制定留样管理规定，按规定进行留样，并保持留样观察记录。

（九）销售和售后服务

1.**销售管理**　企业应当建立产品销售记录，并满足可追溯的要求。销售记录至少包括医疗器械的名称、规格、型号、数量；生产批号、有效期、销售日期、购货单位名称、地址、联系方式等内容。直接销售自产产品或者选择医疗器械经营企业，应当符合医疗器械相关法规和规范要求。发现医疗器械经营企业存在违法违规经营行为时，应当及时向当地药品监督管理部门报告。

2.**售后服务管理**　企业应当具备与所生产产品相适应的售后服务能力，建立健全售后服务制度。应当规定售后服务的要求并建立售后服务记录，并满足可追溯的要求。需要由企业安装的医疗器械，应当确定安装要求和安装验证的接收标准，建立安装和验收记录。由使用单位或者其他企业进行安装、维修的，应当提供安装要求、标准和维修零部件、资料、密码等，并进行指导。企业应当建立顾客反馈处理程序，对顾客反馈信息进行跟踪分析。

（十）不合格品控制

企业应当建立不合格品控制程序，规定不合格品控制的部门和人员的职责与权限。企业应当对不合格品进行标识、记录、隔离、评审，根据评审结果，对不合格品采取相应的处置措施。在产品销售后发现产品不合格时，企业应当及时采取相应措施，如召回、销毁等。不合格品可以返工的，企业应当编制返工控制文件。返工控制文件包括作业指导书、重新检验和重新验证等内容。不能返工的，应当建立相关处置制度。

（十一）不良事件监测、分析和改进

1.不良事件监测和再评价　企业应当指定相关部门负责接收、调查、评价和处理顾客投诉，并保持相关记录。企业应当按照有关法规的要求建立医疗器械不良事件监测制度，开展不良事件监测和再评价工作，并保持相关记录。

2.不良事件分析　企业应当建立数据分析程序，收集分析与产品质量、不良事件、顾客反馈和质量管理体系运行有关的数据，验证产品安全性和有效性，并保持相关记录。企业应当建立纠正措施程序，确定产生问题的原因，采取有效措施，防止相关问题再次发生。应当建立预防措施程序，确定潜在问题的原因，采取有效措施，防止问题发生。

3.不良事件改进　对于存在安全隐患的医疗器械，企业应当按照有关法规要求采取召回等措施，并按规定向有关部门报告。企业应当建立产品信息告知程序，及时将产品变动、使用等补充信息通知使用单位、相关企业或者消费者。企业应当建立质量管理体系内部审核程序，规定审核的准则、范围、频次、参加人员、方法、记录要求、纠正预防措施有效性的评定等内容，以确保质量管理体系符合本规范的要求。企业应当定期开展管理评审，对质量管理体系进行评价和审核，以确保其持续的适宜性、充分性和有效性。

三、生产质量管理规范的检查

为加强医疗器械生产监督管理，指导监管部门对医疗器械生产企业实施《生产质量规范》及其相关附录的现场检查和对检查结果的评估，2015年9月，国家食品药品监督管理总局印发了《医疗器械生产质量管理规范现场检查指导原则》《医疗器械生产质量管理规范无菌医疗器械现场检查指导原则》《医疗器械生产质量管理规范植入性医疗器械现场检查指导原则》《医疗器械生产质量管理规范体外诊断试剂现场检查指导原则》。指导原则用于指导监管部门对医疗器械生产企业实施《生产质量规范》及相关附录的现场检查和对检查结果的评估，适用于医疗器械注册现场核查、医疗器械生产许可（含延续或变更）现场检查，以及根据工作需要对医疗器械生产企业开展的各类监督检查。2016年，国家食品药品监督管理总局印发《医疗器械生产质量管理规范定制式义齿现场检查指导原则》。

在医疗器械注册现场核查、生产许可（含变更）现场检查中，检查组应当依据指导原则对现场检查情况出具建议结论，建议结论分为"通过检查""未通过检查""整改后复查"三种情况。现场检查中未发现企业有不符合项目的，建议结论为"通过检查"。现场检查中发现企业关键项目（标识"*"项）不符合要求的，或虽然仅有一般项目（未标识"*"项）不符合要求，但可能对产品质量产生直接影响的，建议结论为"未通过检查"。仅存在一般项目不符合要求，且不对产品质量产生直接影响的，建议结论为"整改后复查"。检查结论为"整改后复查"的企业应当

在现场检查结束后的规定时限内［其中注册核查在6个月内，生产许可（含变更）现场检查在30天内］完成整改并向原审查部门一次性提交整改报告，审查部门必要时可安排进行现场复查，全部项目符合要求的，建议结论为"通过检查"。对于规定时限内未能提交整改报告或复查仍存在不符合项目的，建议结论为"未通过检查"。在生产许可延续现场检查中发现企业存在不符合项目的，应当通知企业限期整改，整改后仍不符合要求的，不予延续。

在各类监督检查中，发现关键项目不符合要求的，或虽然仅有一般项目不符合要求，但可能对产品质量产生直接影响的，应当要求企业停产整改；仅发现一般项目不符合要求，且不对产品质量产生直接影响的，应当要求企业限期整改。

监管部门应当对检查组提交的建议结论和现场检查资料进行审核，出具最终检查结果。对于涉及违反《条例》和相关法律法规的，应当依法依规进行处理。

第四节 监督管理和法律责任

💬 **案例讨论**

案例 2006年，某地药品监督管理部门接到群众举报后，经现场调查发现，某公司在未取得医疗器械生产企业许可证和医疗器械产品注册证情况下，私自从不法渠道购进隐形眼镜干片，又从市场购买玻璃瓶、氯化钠、铝塑盖等相关物品，在不具备生产条件的场所进行隐形眼镜的生产加工，通过自行制作标签、编造产品注册证号等方式假冒其他企业产品进行高价销售。

讨论 1.药品监督管理部门对医疗器械生产企业有哪些监管措施？
2.该案应如何处理？

一、生产监督管理

医疗器械产品的质量，与医疗器械生产过程关系密切，因此，医疗器械生产的全过程控制与生产过程监管非常重要。

（一）分类分级管理

药品监督管理部门依照风险管理原则，对医疗器械生产实施分类分级管理。

1.概念 分类分级监督管理，是指根据医疗器械的风险程度、医疗器械生产企业的质量管理水平，并结合医疗器械不良事件、企业监管信用及产品投诉状况等因素，将医疗器械生产企业分为不同的类别，并按照属地监管原则，实施分级动态管理的活动。

2.生产企业的分类分级 医疗器械生产企业分为四个监管级别。四级监管是对《国家重点监管医疗器械目录》涉及的生产企业和质量管理体系运行状况差、存在较大产品质量安全隐患的生产企业进行的监管活动。三级监管是对《省级重点监管医疗器械目录》涉及的生产企业和质量管理体系运行状况较差、存在产品质量安全隐患的生产企业进行的监管活动。二级监管是对除《国家重点监管医疗器械目录》和《省级重点监管医疗器械目录》以外的第二类医疗器械涉及的生产企业进行的监管活动。一级监管是对除《国家重点监管医疗器械目录》和《省级重点监管医疗器械目录》以外的第一类医疗器械涉及的生产企业进行的监管活动。医疗器械生产企业涉及多个监管级别的，按最高级别对其进行监管。

国家药品监督管理局根据产品风险程度和监管工作实际，并根据风险较高的部分第三类产品，以及不良事件监测、风险监测和监督抽验等发现普遍存在严重问题的产品，制定《国家重点监管医疗器械目录》。

省级药品监督管理部门根据除《国家重点监管医疗器械目录》以外的其他第三类产品和部分第二类产品，以及不良事件监测、风险监测和监督抽验发现存在较严重问题的产品，制定《省级重点监管医疗器械目录》。

省级药品监督管理部门依据上述原则对本行政区域内医疗器械生产企业进行评估，并确定监管级别。

医疗器械生产企业监管级别评定工作按年度进行，对于企业出现重大质量事故或新增高风险产品等情况可即时评定并调整企业监管级别。各级药品监督管理部门按照评定的级别进行相应的监督管理。

3.监管措施　各级药品监督管理部门对医疗器械生产企业按照监管级别确定监督检查的层级、方式、频次和其他管理措施，并综合运用全项目检查、飞行检查、日常检查、跟踪检查和监督抽验等多种形式强化监督管理。全项目检查是指按照医疗器械生产质量管理规范逐条开展的检查。飞行检查是指根据监管工作需要，对医疗器械生产企业开展的突击性有因检查。日常检查是指对医疗器械生产企业开展的一般性监督检查或有侧重的单项监督检查。跟踪检查是指对医疗器械生产企业有关问题的整改措施与整改效果的复核性检查。

实施四级监管的医疗器械生产企业，各级药品监督管理部门应当采取特别严格的措施，加强监管。省级药品监督管理部门确定本行政区域内四级监管企业的检查频次，实施重点监管，每年对每家企业的全项目检查不少于一次。

实施三级监管的医疗器械生产企业，各级药品监督管理部门应当采取严格的措施，防控风险。省级药品监督管理部门确定本行政区域内三级监管企业的检查频次，每两年对每家企业的全项目检查不少于一次。

实施二级监管的医疗器械生产企业，由设区的市级药品监督管理部门确定本行政区域内二级监管企业的检查频次，每四年对每家企业的全项目检查不少于一次。

实施一级监管的医疗器械生产企业，设区的市级药品监督管理部门在第一类产品生产企业备案后三个月内须组织开展一次全项目检查，并每年安排对本行政区域内一定比例的一级监管企业进行抽查。

地方各级药品监督管理部门对于监管中发现的共性问题、突出问题或企业质量管理薄弱环节，要结合本行政区域的监管实际，制定加强监管的措施并组织实施。涉及重大问题的，应当及时向上一级药品监督管理部门报告。

各级药品监督管理部门应当督促医疗器械生产企业加强风险管理，做好风险评估和风险控制，预防系统性风险，防止发生重大医疗器械质量事故。对于生产企业发生产品重大质量事故并造成严重后果的，省级药品监督管理部门应当及时组织检查，检查结果上报国家药品监督管理局。一般质量事故由设区的市级药品监督管理部门组织检查。

地方各级药品监督管理部门应当建立本行政区域内医疗器械生产企业分类监督管理档案。监督管理档案应当包括医疗器械生产企业产品注册和备案、生产许可和备案、委托生产、监督检查、监督抽验、不良事件监测、产品召回、处罚情况、不良行为记录和投诉举报等信息，同时应当录入医疗器械生产企业监管信息系统并定期更新，确保相关信息及时、准确。

（二）生产质量监督

1.生产质量管理体系　根据现行《条例》第二十四条规定，医疗器械生产企业应当按照医疗器械生产质量管理规范的要求，建立健全与所生产医疗器械相适应的质量管理体系并保证其有效运行；严格按照经注册或者备案的产品技术要求组织生产，保证出厂的医疗器械符合强制性标准以及经注册或者备案的产品技术要求。根据《生产管理办法》第四十一条规定，医疗器械生产企业应当定期按照医疗器械生产质量管理规范的要求对质量管理体系运行情况进行全面自查，并于每年年底前向所在地省、自治区、直辖市或者设区的市级药品监督管理部门提交年度自查报告。

2.生产条件 医疗器械生产企业的生产条件发生变化，不再符合医疗器械质量管理体系要求的，医疗器械生产企业应当立即采取整改措施；可能影响医疗器械安全、有效的，应当立即停止生产活动，并向所在地县级人民政府药品监督管理部门报告。医疗器械产品连续停产一年以上且无同类产品在产的，重新生产时，医疗器械生产企业应当提前书面报告所在地省、自治区、直辖市或者设区的市级药品监督管理部门，经核查符合要求后方可恢复生产。

医疗器械生产企业不具备原生产许可条件或者与备案信息不符，且无法取得联系的，经原发证或者备案部门公示后，依法注销其《医疗器械生产许可证》或者在第一类医疗器械生产备案信息中予以标注，并向社会公告。

3.生产标准 医疗器械生产企业应当按照经注册或者备案的产品技术要求组织生产，保证出厂的医疗器械符合强制性标准以及经注册或者备案的产品技术要求。出厂的医疗器械应当经检验合格并附有合格证明文件。

4.生产采购 医疗器械生产企业应当加强采购管理，建立供应商审核制度，对供应商进行评价，确保采购产品符合法定要求。为指导医疗器械生产企业做好供应商审核工作，2015年1月19日，国家食品药品监督管理总局组织制定了《医疗器械生产企业供应商审核指南》。生产企业应当以质量为中心，并根据采购物对产品的影响程度，对采购物品和供应商进行分类管理。采购物品应当符合生产企业规定的质量要求，且不低于国家强制性标准，并符合法律法规的相关规定。

5.生产记录 医疗器械生产企业应当对原材料采购、生产、检验等过程进行记录。记录应当真实、准确、完整，并符合可追溯的要求。国家鼓励医疗器械生产企业采用先进技术手段，建立信息化管理系统。

6.重大责任事故报告 医疗器械生产企业生产的医疗器械发生重大质量事故的，应当在24小时内报告所在地省、自治区、直辖市药品监督管理部门，省、自治区、直辖市药品监督管理部门应当立即报告国家药品监督管理部门。

7.出口监管 生产出口医疗器械的，应当保证其生产的医疗器械符合进口国（地区）的要求，并将产品相关信息向所在地设区的市级药品监督管理部门备案。生产企业接受境外企业委托生产在境外上市销售的医疗器械的，应当取得医疗器械质量管理体系第三方认证或者同类产品境内生产许可或者备案。

（三）检查监督

省、自治区、直辖市药品监督管理部门应当编制本行政区域的医疗器械生产企业监督检查计划，确定医疗器械监管的重点、检查频次和覆盖率，并监督实施。医疗器械生产监督检查应当检查医疗器械生产企业执行法律、法规、规章、规范、标准等要求的情况，重点检查现行《条例》第五十三条规定事项，即是否按照经注册或者备案的产品技术要求组织生产；质量管理体系是否保持有效运行；生产经营条件是否持续符合法定要求。

药品监督管理部门组织监督检查，应当制定检查方案，明确检查标准，如实记录现场检查情况，将检查结果书面告知被检查企业。需要整改的，应当明确整改内容及整改期限，并实施跟踪检查。

药品监督管理部门应当加强对医疗器械的抽查检验。省级以上药品监督管理部门应当根据抽查检验结论及时发布医疗器械质量公告。对投诉举报或者其他信息显示以及日常监督检查发现可能存在产品安全隐患的医疗器械生产企业，或者有不良行为记录的医疗器械生产企业，药品监督管理部门可以实施飞行检查。

（四）责任约谈

《生产管理办法》第五十六条规定，有下列情形之一的，药品监督管理部门可以对医疗器械生产企业的法定代表人或者企业负责人进行责任约谈：①生产存在严重安全隐患的；②生产产品因质量问题被多次举报投诉或者媒体曝光的；③信用等级评定为不良信用企业的；④药品监督管理部门认为有必要开展责任约谈的其他情形。

（五）监管档案、信息平台

地方各级药品监督管理部门应当建立本行政区域医疗器械生产企业的监管档案。监管档案应当包括医疗器械生产企业产品注册和备案、生产许可和备案、委托生产、监督检查、抽查检验、不良事件监测、产品召回、不良行为记录和投诉举报等信息。

国家药品监督管理局建立统一的医疗器械生产监督管理信息平台，地方各级药品监督管理部门应当加强信息化建设，保证信息衔接。地方各级药品监督管理部门应当根据医疗器械生产企业监督管理的有关记录，对医疗器械生产企业进行信用评价，建立信用档案。对有不良信用记录的企业，应当增加检查频次。对列入"黑名单"的企业，按照国家药品监督管理局的相关规定执行。

个人和组织发现医疗器械生产企业进行违法生产的活动，有权向药品监督管理部门举报，药品监督管理部门应当及时核实、处理。经查证属实的，应当按照有关规定给予奖励。

二、法律责任

（一）生产备案、许可法律责任

1.生产备案相关法律责任　从事第一类医疗器械生产活动未按规定向药品监督管理部门备案的，由县级以上人民政府监督管理部门责令限期改正；逾期不改正的，向社会公告未备案单位和产品名称，可以处1万元以下罚款。

备案时提供虚假资料的，由县级以上人民政府药品监督管理部门向社会公告备案单位和产品名称；情节严重的，直接责任人员5年内不得从事医疗器械生产经营活动。

伪造、变造、买卖、出租、出借医疗器械生产备案凭证的，由县级以上药品监督管理部门责令改正，处1万元以下罚款。

2.生产许可相关法律责任　提供虚假资料或者采取其他欺骗手段取得《医疗器械生产许可证》的，由原发证部门撤销已经取得的许可证件，并处5万元以上10万元以下罚款，5年内不受理相关责任人及单位提出的医疗器械许可申请。

伪造、变造、买卖、出租、出借《医疗器械生产许可证》的，由原发证部门予以收缴或者吊销，没收违法所得；违法所得不足1万元的，处1万元以上3万元以下罚款；违法所得1万元以上的，处违法所得3倍以上5倍以下罚款；构成违反治安管理行为的，由公安机关依法予以治安管理处罚。

（二）违法生产相关法律责任

1.非法生产　有下列情形之一的，由县级以上人民政府药品监督管理部门没收违法所得、违法生产经营的医疗器械和用于违法生产经营的工具、设备、原材料等物品；违法生产经营的医疗器械货值金额不足1万元的，并处5万元以上10万元以下罚款；货值金额1万元以上的，并处货值金额10倍以上20倍以下罚款；情节严重的，5年内不受理相关责任人及企业提出的医疗器械许可申请。

（1）生产未取得医疗器械注册证的第二类、第三类医疗器械的。

（2）未经许可从事第二类、第三类医疗器械生产活动的。

（3）生产超出生产范围或者与医疗器械生产产品登记表载明生产产品不一致的第二类、第三类医疗器械的。

（4）在未经许可的生产场地生产第二类、第三类医疗器械的。

（5）第二类、第三类医疗器械委托生产终止后，受托方继续生产受托产品的。

（6）《医疗器械生产许可证》有效期届满后，未依法办理延续，仍继续从事医疗器械生产的。

有第一项情形、情节严重的，由原发证部门吊销医疗器械生产许可证或者医疗器械经营许可证。

2.生产非法产品　具有以下情形之一的，由县级以上人民政府药品监督管理部门责令改正，没收违法生产的医疗器械；违法生产的医疗器械货值金额不足1万元的，并处2万元以上5万元以下罚款；货值金额1万元以上的，并处货值金额5倍以上10倍以下罚款；情节严重的，责令停产停业，直至由原发证部门吊销医疗器械注册证、医疗器械生产许可证。

（1）生产不符合强制性标准或者不符合经注册或者备案的产品技术要求的医疗器械的。

（2）医疗器械生产企业未按照经注册、备案的产品技术要求组织生产，或者未依照《生产管理办法》规定建立质量管理体系并保持有效运行的。

（3）委托不具备本办法规定条件的企业生产医疗器械或者未对受托方的生产行为进行管理的。

3.拒绝整改　医疗器械生产企业的生产条件发生变化、不再符合医疗器械质量管理体系要求，未依照《生产管理办法》规定整改、停止生产、报告的，由县级以上人民政府药品监督管理部门责令改正，处1万元以上3万元以下罚款；情节严重的，责令停产停业，直至由原发证部门吊销医疗器械生产许可证。

4.未交自查报告　医疗器械生产企业未按规定向省、自治区、直辖市或者设区的市级药品监督管理部门提交本企业质量管理体系运行情况自查报告的，由县级以上药品监督管理部门责令改正，给予警告；拒不改正的，处5000元以上2万元以下罚款；情节严重的，责令停产停业，直至由原发证部门吊销医疗器械生产许可证。

5.其他违法行为　有以下情形之一的，由县级以上药品监督管理部门给予警告，责令限期改正，可以并处3万元以下罚款。情节严重或者造成危害后果，属于违反现行《条例》相关规定的，依照现行《条例》的规定处罚。

（1）出厂医疗器械未按照规定进行检验的。

（2）出厂医疗器械未按照规定附有合格证明文件的。

（3）未按照《生产管理办法》第十六条规定办理《医疗器械生产许可证》变更登记的。

（4）未按照规定办理委托生产备案手续的。

（5）医疗器械产品连续停产一年以上且无同类产品在产，未经所在地省、自治区、直辖市或者设区的市级药品监督管理部门核查符合要求即恢复生产的。

（6）向监督检查的药品监督管理部门隐瞒有关情况、提供虚假资料或者拒绝提供反映其活动的真实资料的。

岗位对接

本章是医疗器械类各专业学生必须掌握的内容，为成为合格的医疗器械从业人员奠定基础。

本章对应岗位包括医疗器械行业生产、技术、质量岗位的相关工种，对医疗器械生产类企业岗位人员尤为重要，医疗器械经营类企业岗位人员对生产过程管理内容可基本了解。

上述岗位所有相关从业人员均须掌握医疗器械生产监督管理办法的主要内容，熟悉《医疗器械生产质量管理规范》及附录、现场检查指导原则等，了解医疗器械生产过程违反相关规定对应的处罚，具备医疗器械生产许可管理的能力。

本章小结

医疗器械生产管理是对医疗器械设计开发、生产备案或许可、生产质量控制、委托生产等生产环节的监督管理活动。我国医疗器械生产企业存在着发展不平衡的问题。医疗器械产品的质量，与医疗器械生产过程关系密切，因此，医疗器械生产的全过程控制与生产过程监管非常重要。《生产管理办法》对不同风险的生产行为进行分类管理，突出对高风险产品生产行为的严格管理。细化企业生产质量管理的各项措施，要求企业按照医疗器械生产质量管理规范要求建立质量管理体系并保持有效运行，督促企业落实主体责任。由于医疗器械产品种类繁多，生产工艺差异很大，《医疗器械生产质量管理规范》是对生产质量管理体系的总体要求，附录是针对不同类别医疗器械生产的特殊要求。

 习 题

习题

一、不定项选择题

1.医疗器械生产许可证的有效年限是（　　）年。

　　A.4　　　　　　　　B.5　　　　　　　　C.6　　　　　　　　D.3

2.开办第二类、第三类医疗器械生产企业的，应向所在地（　　）药品监管部门申请生产许可并提交相关资料。

　　A.县级　　　　　　B.设区的市级　　　　C.省级　　　　　　D.国家级

3.开办第一类医疗器械生产企业的，应当向所在地（　　）药品监督管理部门办理第一类医疗器械生产备案，提交备案企业持有的所生产医疗器械的备案凭证复印件和相关的资料。

　　A.县级　　　　　　B.设区的市级　　　　C.省级　　　　　　D.国家级

4.省、自治区、直辖市药品监督管理部门对生产许可申请应当自受理之日起（　　）个工作日内对申请资料进行审核，并按照医疗器械生产质量管理规范的要求开展现场核查。

A.5   B.10   C.30   D.60

5.委托生产第二类、第三类医疗器械的，委托方应当向（   ）药品监督管理部门办理委托生产备案。

    A.委托方所在地省级   B.委托方所在地设区的市级

    C.受托方所在地省级   D.受托方所在地设区的市级

6.医疗器械生产管理的环节，包括医疗器械（   ）等活动的监督管理活动。

    A.设计开发   B.生产许可   C.生产备案   D.委托生产

7.医疗器械生产许可证上可查询到的信息有（   ）等事项。

    A.许可证编号

    B.企业名称、法定代表人、企业负责人、住所、生产地址、生产范围

    C.发证部门、发证日期和有效期限

    D.附医疗器械生产产品登记表，载明生产产品名称、注册号等信息

8.伪造、变造、买卖、出租、出借《医疗器械生产许可证》的，按照以下《医疗器械监督管理条例》规定处罚（   ）。

    A.原发证部门予以收缴或者吊销证件

    B.没收违法所得

    C.违法所得不足1万元的，处1~3万元以下罚款；违法所得1万元以上的，处违法所得3~5倍罚款

    D.构成违反治安管理行为的，由公安机关依法予以治安管理处罚

9.生产许可变更包括如下情形（   ），需要进行现场审核。

    A.申请增加生产的产品不属于原生产范围的

    B.申请增加产品属于原生产范围，并且与原许可生产产品的生产工艺和生产条件相似的

    C.申请增加产品属于原生产范围，与原许可产品的生产工艺和生产条件要求有实质性不同的

    D.企业名称、法定代表人、企业负责人、住所变更或者生产地址文字性变更的

10.从事医疗器械生产，应当具备（   ）。

    A.有与生产的医疗器械相适应的生产场地、环境条件、生产设备及专业技术人员

    B.有对生产的医疗器械进行质量检验的机构或者专职检验人员以及检验设备

    C.有保证医疗器械质量的管理制度

    D.有与生产的医疗器械相适应的售后服务能力

二、简答题

1.简述医疗器械生产许可变更的有关规定。

2.简述医疗器械生产质量管理规范的文件体系结构。

第五章　医疗器械经营管理

知识目标

1. **掌握**　医疗器械经营质量管理规范的主要内容，包括从事医疗器械经营相关的职责、制度、人员、培训、设备、设施，以及所经营医疗器械的采购、验收、贮存、销售及售后服务等内容；医疗器械经营许可的申报材料及申请、审批要求。

2. **熟悉**　医疗器械经营企业分级监督管理的权限及范围；医疗器械采购的正规流程；医疗器械广告的申请、审批、发布的规范要求及相关的法律责任。

3. **了解**　《进口医疗器械注册申请表》的填写及所需材料、医疗器械产品出口销售证明的申请及审批等相关内容。

能力目标

1. **学会**　运用医疗器械经营许可与备案的相关规定进行医疗器械经营备案及许可的申请材料准备及申请工作；运用医疗器械经营质量管理规范的相关要求对经营企业进行质量管理。

2. **具备**　医疗器械采购的能力；医疗器械销售及培训医疗器械销售人员的能力。

第一节　医疗器械经营许可与备案

💬 案例讨论

案例　2017年8月，某地药品监督管理部门对辖区内某医疗器械有限公司进行飞行检查时，发现该公司的《医疗器械经营许可证》的经营范围中不包含Ⅲ类6846，但销售产品中有骨蜡，而骨蜡属于6846的Ⅲ类医疗器械。

讨论　1.该公司违反了医疗器械经营许可的哪项规定？

2.该公司如何整改才可以继续从事医疗器械经营活动？

一、概述

医疗器械是直接或者间接用于人体的仪器、设备、器具、体外诊断试剂及校准物、材料以及其他类似或者相关的物品，包括所需要的计算机软件，是医药行业的重要组成部分。随着改革开放的深入，国家支持力度的不断加大以及全球一体化进程的加快，我国医疗器械行业更是得到了突飞猛进的发展。医疗器械作为开展医疗工作的物质基础和医疗技术的支撑平台，已经成为疾病诊治的主要手段，临床医生对医疗器械的依赖性越来越强。因此，医疗器械的经营项目将会越来越多，管理工作也日趋重要。

PPT

微课

伴随我国"十三五"医改规划的不断深入，医疗器械行业面临着重要的发展机遇，人们生活水平的提高和人口老龄化的问题使社会对医疗服务的需求急剧增加，国家出台了一系列政策促进国产医疗器械的创新与进口替代，行业整合的步伐明显加快。但同时，医疗器械行业也面临着巨大的挑战，行业监管日趋严格，耗材两票制、集采降价、医保控费等政策不断推陈出新，行业变革在逐步加剧。未来几年内，风险与机遇注定会并存于医疗器械行业中。在医疗器械采购、验收、贮存、销售、运输、售后服务等环节采取有效的质量控制措施，方可保障经营过程中的质量安全。

医疗器械经营企业需要根据其预经营产品的种类及范围向相应的药品监督管理部门提供备案或许可申请，经审查合格、获准许可并获得医疗器械经营许可证后方可进行许可范围内的医疗器械的采购、销售等经营活动。根据2017年11月7日国家食品药品监督管理总局局务会议《关于修改部分规章的决定》修正，《医疗器械经营监督管理办法》（以下简称《经营监督管理办法》）中有关医疗器械经营管理的相关规定，按照医疗器械风险程度，医疗器械经营实施分类管理。经营第一类医疗器械不需许可和备案，经营第二类医疗器械实行备案管理，经营第三类医疗器械实行许可管理。

二、经营条件

医疗器械经营是指以购销的方式提供医疗器械产品的行为，包括采购、验收、贮存、销售、运输、售后服务等。

医疗器械经营包括医疗器械批发和医疗器械零售。医疗器械批发是指将医疗器械销售给具有资质的经营企业或者使用单位的医疗器械经营行为。医疗器械零售是指将医疗器械直接销售给消费者的医疗器械经营行为。

医疗器械经营企业是医疗器械生产企业与使用单位或个人的桥梁和纽带，担负着医疗器械的采购、运输、贮存、销售等多项重要功能。据国家药品监督管理局2019年5月9日发布的统计年报，截至2018年11月底，我国共有第二类、第三类医疗器械经营企业51.1万家，其中，仅经营第二类医疗器械产品的企业有29.2万家，仅经营第三类医疗器械产品的企业有6.7万家，而同时经营第二类和第三类医疗器械产品的企业则有15.2万。所有医疗器械经营企业均需要对其所经营医疗器械的质量保证及安全应用负有重要责任。

从事医疗器械经营活动的企业，需要首先确定其经营规模和经营范围，并满足相关规定的条件才能进行医疗器械经营备案或者经营许可的申请，所需具备的条件如下。

1.机构与人员　具有与其所经营范围和经营规模相适应的质量管理机构或者质量管理人员，质量管理人员应当具有国家认可的相关专业学历或者职称。

2.场所　具有与经营范围和经营规模相适应的经营、贮存场所。

3.贮存条件　具有与经营范围和经营规模相适应的贮存条件，全部委托其他医疗器械经营企业贮存的可以不设立库房。

4.质量管理制度　具有与所经营医疗器械相适应的质量管理制度。

5.技术　具备与经营的医疗器械相适应的专业指导、技术培训和售后服务的能力，或者约定由相关机构提供技术支持。

另外，如果企业的经营范围属于第三类医疗器械，还需要具备符合医疗器械经营质量管理要求的计算机信息管理系统，保证其所经营的产品可追溯。同时鼓励从事第一类、第二类医疗器械经营的企业建立同样的计算机信息管理系统。

三、经营备案

（一）备案要求与材料

按照医疗器械风险程度，医疗器械经营实施分类管理，其中经营第二类医疗器械实行备案管理。对于医疗器械经营企业新设立独立经营场所的，应当单独申请医疗器械经营备案。医疗器械注册人、备案人或者生产企业在其住所或者生产地址销售医疗器械，不需办理经营备案；在其他场所贮存并现货销售医疗器械的，应当按照规定办理经营备案。从事第二类医疗器械经营的企业需要填写第二类医疗器械经营备案表（表5-1，表5-2），向所在地设区的市级药品监督管理部门备案，并提交以下备案材料。

（1）营业执照复印件。

（2）法定代表人、企业负责人、质量负责人的身份证明、学历或者职称证明复印件。

（3）组织机构与部门设置说明。

（4）经营范围、经营方式说明。

（5）经营场所、库房地址的地理位置图、平面图、房屋产权证明文件或者租赁协议（附房屋产权证明文件）复印件。

（6）经营设施和设备目录。

（7）经营质量管理制度、工作程序等文件目录。

（8）经办人授权证明。

（9）其他证明材料。

表5-1　第二类医疗器械经营备案表

企业名称				营业执照注册号	
组织机构代码				成立日期	
住所				营业期限	
经营方式				注册资本	
经营场所				邮　编	
联系人	姓名	身份证号	联系电话	传　真	电子邮件
库房地址				联系电话	
				邮　编	
经营范围					
人员情况	姓名	身份证号	职务	学历	职称
法定代表人					
企业负责人					
质量负责人					
企业人员情况	人员总数（人）	质量管理人员（人）	售后服务人员（人）	专业技术人员（人）	
经营场所情况	建筑面积（㎡）	经营面积（㎡）	库房面积（㎡）	冷藏库面积（㎡）	

续表

经营场所及仓储条件	经营场所条件（包括面积、用房性质、设施设备情况等）	
	仓储条件（包括面积、环境控制、设施设备等）	

本企业承诺所提交的全部备案材料真实有效，并承担因失实引发的一切法律责任。同时，保证按照法律法规的要求从事医疗器械经营活动。

法定代表人（签字） （企业盖章）

年　月　日

[填表说明]

本表按照实际内容填写，不涉及可缺项。其中，企业名称、营业执照注册号、住所、法定代表人、注册资本、成立日期、营业期限等按照营业执照内容填写。

本表经营范围应当按照国家药品监督管理局颁布的医疗器械分类目录中规定的管理类别、分类目录类代号和类代号名称填写。

本表经营方式指批发、零售、批零兼营。

表5-2　第二类医疗器械经营备案表（同时从事第三类医疗器械经营）（样表）

企业名称		统一社会信用代码	
经营方式		库房地址	
经营范围			

本企业承诺所提交的全部资料真实有效，并承担一切法律责任。同时，保证持续符合医疗器械经营质量管理规范的要求，按照法律法规的要求从事医疗器械经营活动。

法定代表人或企业负责人（签字） （企业盖章）

年　月　日

（二）备案流程与备案变更

1.备案程序　药品监督管理部门应当场对企业所提交资料的完整性进行核对，所提交资料符合备案相关规定的要予以备案，并给申请企业发放第二类医疗器械经营备案凭证。医疗器械经营备案凭证应当载明编号、企业名称、法定代表人、企业负责人、住所、经营场所、经营方式、经营范围、库房地址、备案部门、备案日期等事项。第二类医疗器械经营备案凭证备案编号的编排方式为：××食药监械经营备××××××××号。其中：

第一位×代表备案部门所在地省、自治区、直辖市的简称；

第二位×代表所在地设区的市级行政区域的简称；

第三到六位×代表4位数备案年份；

第七到十位×代表4位数备案流水号。

设区的市级药品监督管理部门应当在医疗器械经营企业备案之日起3个月内，按照医疗器械经营质量管理规范的要求对第二类医疗器械经营企业开展现场核查。

2.备案变更　医疗器械经营备案凭证中企业名称、法定代表人、企业负责人、住所、经营场所、经营方式、经营范围、库房地址等备案事项发生变化的，应当及时变更备案。医疗器械经营备案凭证遗失的，医疗器械经营企业应当及时向原备案部门办理补发手续。

设区的市级药品监督管理部门应当建立医疗器械经营备案信息档案。

四、经营许可

（一）经营许可的申请

从事第三类医疗器械经营的企业应当向所在地设区的市级药品监督管理部门提出申请，并提交以下资料：①营业执照复印件；②法定代表人、企业负责人、质量负责人的身份证明、学历或者职称证明复印件；③组织机构与部门设置说明；④经营范围、经营方式说明；⑤经营场所、库房地址的地理位置图、平面图、房屋产权证明文件或者租赁协议（附房屋产权证明文件）复印件；⑥经营设施、设备目录；⑦经营质量管理制度、工作程序等文件目录；⑧计算机信息管理系统基本情况介绍和功能说明；⑨经办人授权证明；⑩其他证明材料。

（二）受理、审批

1. 受理　设区的市级药品监督管理部门应根据具体情况对申请人提出的第三类医疗器械经营许可申请分别作出如下处理。

（1）申请事项属于其职权范围，申请资料齐全、符合法定形式的，应予以受理。

（2）申请资料不齐全或者不符合法定形式的，应当当场或者在5个工作日内一次性告知申请人需要补正的全部内容，逾期不告知的，自收到申请资料之日起即为受理。

（3）申请资料存在可以当场更正的错误的，应当允许申请人当场更正。

（4）申请事项不属于本部门职权范围的，应当即时作出不予受理的决定，并告知申请人向有关行政部门申请。

设区的市级药品监督管理部门受理或者不予受理医疗器械经营许可申请的，应当出具受理或者不予受理的通知书。

2. 审查　设区的市级药品监督管理部门应当自受理之日起30个工作日内对申请资料进行审核，并按照医疗器械经营质量管理规范的要求开展现场核查。需要整改的，整改时间不计入审核时限。现场核查及结果判定参考本章第三节"医疗器械经营质量管理规范"中的相关规定。

医疗器械经营许可申请直接涉及申请人与他人之间重大利益关系的，药品监督管理部门应当告知申请人、利害关系人依照法律、法规以及国家药品监督管理局的有关规定享有申请听证的权利；在对医疗器械经营许可进行审查时，药品监督管理部门认为涉及公共利益的重大许可事项，应当向社会公告，并举行听证。

3. 许可决定　符合规定条件的，依法作出准予许可的书面决定，并于10个工作日内发给《医疗器械经营许可证》；不符合规定条件的，作出不予许可的书面决定，并说明理由。《医疗器械经营许可证》有效期为5年，载明许可证编号、企业名称、法定代表人、企业负责人、住所、经营场所、经营方式、经营范围、库房地址、发证部门、发证日期和有效期限等事项。《医疗器械经营许可证》编号的编排方式为：××食药监械经营许×××××××号。其中：

第一位×代表许可部门所在地省、自治区、直辖市的简称；

第二位×代表所在地设区的市级行政区域的简称；

第三到六位×代表4位数许可年份；

第七到十位×代表4位数许可流水号。

《医疗器械经营许可证》有效期满后需要延续的医疗器械经营企业应当在有效期届满6个月前，向原发证部门提出《医疗器械经营许可证》延续申请。原发证部门应按照相关规定对延续申请进行审核，必要时开展现场核查，在《医疗器械经营许可证》有效期届满前作出是否准予延续的决定。符合规定条件的，准予延续，延续后的《医疗器械经营许可证》编号不变。不符合规定条件的，责令限期整改；整改后仍不符合规定条件的，不予延续，并书面说明理由。逾期未作出决定的，视为准予延续。

4.许可变更及注销 《医疗器械经营许可证》事项的变更分为许可事项变更和登记事项变更。许可事项变更包括经营场所、经营方式、经营范围、库房地址的变更。许可事项变更的，应当向原发证部门提出《医疗器械经营许可证》变更申请，并提交涉及变更内容的有关资料。原发证部门应当自收到变更申请之日起15个工作日内进行审核，并作出准予变更或者不予变更的决定；需要按照医疗器械经营质量管理规范的要求开展现场核查的，自收到变更申请之日起30个工作日内作出准予变更或者不予变更的决定。不予变更的，应当书面说明理由并告知申请人。变更后的《医疗器械经营许可证》编号和有效期限不变。

登记事项变更是指上述事项以外其他事项的变更。登记事项变更的医疗器械经营企业应当及时向设区的市级药品监督管理部门办理变更手续。

另外，新设立独立经营场所的，应当单独申请医疗器械经营许可；因分立、合并而存续的医疗器械经营企业，应当依照规定申请变更许可；因企业分立、合并而解散的，应当申请注销《医疗器械经营许可证》；因企业分立、合并而新设立的，应当申请办理《医疗器械经营许可证》。

医疗器械注册人、备案人或者生产企业在其住所或者生产地址销售医疗器械，不需办理经营许可；在其他场所贮存并现货销售医疗器械的，应当按照规定办理经营许可。

医疗器械经营企业有法律、法规规定应当注销的情形，或者有效期未满但企业主动提出注销的，设区的市级药品监督管理部门应当依法注销其《医疗器械经营许可证》，并在网站上予以公布。

设区的市级药品监督管理部门应当建立《医疗器械经营许可证》核发、延续、变更、补发、撤销、注销等许可档案。

五、法律责任

（一）未经许可经营的法律责任

医疗器械经营企业未经许可就从事医疗器械经营活动，或者《医疗器械经营许可证》有效期届满后未依法办理延续、仍继续从事医疗器械经营的，由县级以上人民政府药品监督管理部门没收违法所得、违法经营的医疗器械和用于违法经营的工具、设备、原材料等物品；违法经营的医疗器械货值金额不足1万元的，并处5万元以上10万元以下罚款；货值金额1万元以上的，并处货值金额10倍以上20倍以下罚款；情节严重的，5年内不受理相关责任人及企业提出的医疗器械许可申请。

（二）非法获取或使用经营许可证的法律责任

提供虚假资料或者采取其他欺骗手段取得《医疗器械经营许可证》的，由原发证部门撤销已经取得的许可证件，并处5万元以上10万元以下罚款，5年内不受理相关责任人及单位提出的医疗器械许可申请。

伪造、变造、买卖、出租、出借《医疗器械经营许可证》的，由原发证部门予以收缴或者吊销，没收违法所得；违法所得不足1万元的，处1万元以上3万元以下罚款；违法所得1万元以上的，处违法所得3倍以上5倍以下罚款；构成违反治安管理行为的，由公安机关依法予以治安管理处罚。

（三）经营许可变更相关的法律责任

医疗器械经营企业未及时向设区的市级药品监督管理部门办理《医疗器械经营许可证》登记事项变更手续的，由县级以上药品监督管理部门责令限期改正并给予警告；拒不改正的，处5000元以上2万元以下罚款。

医疗器械经营企业的经营条件发生变化，不再符合医疗器械经营质量管理规范要求，未按照规定进行整改的；擅自变更经营场所或者库房地址、扩大经营范围或者擅自设立库房的，由县级以上药品监督管理部门责令改正，并处1万元以上3万元以下罚款。

（四）医疗器械经营备案有关的法律责任

未经医疗器械经营备案申请从事第二类医疗器械经营的企业，由县级以上药品监督管理部门责令限期改正；逾期不改正的，向社会公告未备案单位和产品名称，可以处1万元以下罚款。在备案申请时提供虚假资料的，由县级以上药品监督管理部门向社会公告备案单位和产品名称；情节严重的，直接责任人员5年内不得从事医疗器械经营活动。

伪造、变造、买卖、出租、出借医疗器械经营备案凭证的，由县级以上药品监督管理部门责令改正，并处1万元以下罚款。

第二节　医疗器械经营监督

PPT

💬 **案例讨论**

案例　2019年4月15日，国家药品监督管理局印发了医疗器械"清网"行动工作方案，在全国范围内部署开展医疗器械"清网"行动。行动共分三个阶段，企业自查阶段、监管部门检查阶段和总结评估阶段，国家药品监督管理局对各地"清网"行动的开展情况进行督导检查。要求医疗器械网络销售企业和网络交易服务第三方平台严格按照现行《条例》《医疗器械网络销售监督管理办法》等全面开展自查整改，通过依法查处违法违规企业、清理违法网站以及曝光典型案例等，净化医疗器械营销环境。

讨论　1.什么是"医疗器械网络交易服务第三方平台"和"医疗器械网络销售企业"？
　　　　2.从事医疗器械网络销售的企业的网络经营范围是什么？

一、经营企业分类分级监管

原国家食品药品监督管理总局为提高医疗器械经营监管的科学化水平，明确各级药品监督管理部门的监管责任，根据2014年版《条例》（国务院令第650号）和《经营监督管理办法》，组织制定了《医疗器械经营企业分类分级监督管理规定》（食药监械监〔2015〕158号）；同时制定了《医疗器械经营环节重点监管目录及现场检查重点内容》（食药监械监〔2015〕159号），各级药品监督管理部门要按照《医疗器械经营企业分类分级监督管理规定》对《医疗器械经营环节重点监管目录及现场检查重点内容》中所列品种的经营实施重点监管。

医疗器械经营企业分类分级监督管理，是指药品监督管理部门根据医疗器械的风险程度、医疗器械经营企业业态、质量管理水平和遵守法规的情况，结合医疗器械不良事件及产品投诉状况等因素，将医疗器械经营企业分为不同的类别，并按照属地监管的原则，实施分级动态管理的活

微课

医药大学堂
WWW.YIYAODXT.COM

动。该规定适用于各级药品监督管理部门对医疗器械经营企业分类分级监督管理活动的全过程。

（一）监管体制及分工

国家药品监督管理局负责指导和检查全国医疗器械经营企业分类分级监督管理工作；省级药品监督管理部门负责编制本省的医疗器械经营企业监督检查计划，并监督实施医疗器械经营企业分类分级监督管理工作；设区的市级药品监督管理部门结合实际确定本行政区域内医疗器械经营企业的监管级别，明确监管重点，规定检查频次和覆盖率，并组织实施；县（区）级药品监督管理部门负责本行政区域内医疗器械经营企业分类分级监督管理的具体工作。

（二）经营企业的分类分级

国家药品监督管理局根据经营环节产品的特殊储运要求和监督抽验、不良事件监测、风险监测、召回等情况，以及质量投诉多、社会关注度高的产品，制定公布《医疗器械经营环节重点监管目录及现场检查重点内容》。医疗器械经营企业为三个监管级别。

（1）三级监管　为风险最高级别的监管，主要是对医疗器械经营环节重点监管目录涉及的经营企业，为其他医疗器械生产经营企业提供贮存、配送服务的经营企业，上年度存在行政处罚且整改不到位和存在不良信用记录的经营企业进行的监管。

（2）二级监管　为风险一般级别的监管，主要是对除三级监管外的经营第二、三类医疗器械的批发企业进行的监管。

（3）一级监管　为风险较低级别的监管，主要是对除二、三级监管外的其他医疗器械经营企业进行的监管。

医疗器械经营企业涉及多个监管级别的，按最高级别对其进行监管。

医疗器械经营企业监管级别确定工作按年度进行并向社会公布，对于企业存在严重违法违规行为或新增经营业态等特殊情况可即时确定并调整企业监管级别。

（三）监管措施

地方各级药品监督管理部门应当督促医疗器械经营企业按照《经营质量管理规范》要求，采取有效的质量控制措施，保障经营过程中产品的质量安全，防止发生重大医疗器械质量事故；根据监管级别，制定监督计划，综合运用全项目检查、飞行检查、跟踪检查和监督抽验等多种形式强化监督管理。

全项目检查是指按照医疗器械经营质量管理规范逐条开展的检查。飞行检查是指针对医疗器械经营企业开展的不预先告知的监督检查。跟踪检查是指对医疗器械经营企业有关问题的整改措施与整改效果的复核性检查。

1.监督检查频次和覆盖率　设区的市级药品监督管理部门应结合监管实际，依据确定的监管级别，制定本行政区域内医疗器械经营企业的监督检查频次和覆盖率，原则要求如下。

（1）实施三级监管的经营企业，设区的市级药品监督管理部门组织每年检查不少于一次，角膜接触镜类和计划生育类产品各地可根据监管需要确定检查频次。对整改企业跟踪检查覆盖率要达到100%，直至企业整改到位。

（2）实施二级监管的经营企业，县（区）级药品监督管理部门每两年检查不少于一次。对整改企业跟踪检查覆盖率要达到100%，直至企业整改到位。

（3）实施一级监管的经营企业，县（区）级药品监督管理部门按照有关要求，随机抽取本行政区域内30%以上的企业进行监督检查，3年内达到全覆盖。

2.随机抽查　省级药品监督管理部门应当每年随机抽取本行政区域内一定比例的医疗器械经

营企业进行监督检查。

3.重大质量事故　对于经营企业发生重大质量事故，省级药品监督管理部门应当及时组织检查，并同时上报国家药品监督管理局。一般质量事故由设区的市级药品监督管理部门组织检查。

4.监督检查结果及处理措施　地方各级药品监督管理部门对于监管中发现的共性问题、突出问题或企业质量管理薄弱环节，要结合本行政区域的监管实际，制定加强监管的措施并组织实施。涉及重大问题的，应当及时向上一级药品监督管理部门报告。

地方各级药品监督管理部门应当及时、主动地向社会公开监督检查的结果、对企业经营的产品开展抽验的结果、查处的意见等监管信息，合格的、不合格的企业都要公开。

设区的市级及以下药品监督管理部门应当建立本行政区域内医疗器械经营企业分类分级监督管理档案。监督管理档案应当包括医疗器械经营企业许可和备案、监督检查、监督抽验、不良事件监测、产品召回、处罚情况和投诉举报等信息，同时应当录入医疗器械经营企业监管信息系统并定期更新，确保相关信息及时、准确。

上级药品监督管理部门应采取措施，对下级药品监督管理部门开展医疗器械经营企业分类分级监督管理工作进行督查，落实监管责任。对监管责任落实不到位的，可以通报当地政府。

二、经营监管管理

1.经营质量管理　药品监督管理部门应当定期或者不定期对医疗器械经营企业符合经营质量管理规范要求的情况进行监督检查，督促企业规范经营活动。对第三类医疗器械经营企业按照医疗器械经营质量管理规范要求进行全项目自查的年度自查报告，应当进行审查，必要时开展现场核查。

2.监督检查　药品监督管理部门组织监督检查，应当制定检查方案，明确检查标准，如实记录现场检查情况，将检查结果书面告知被检查企业。需要整改的，应当明确整改内容以及整改期限，并实施跟踪检查。

药品监督管理部门应当建立医疗器械经营日常监督管理制度，加强对医疗器械经营企业的日常监督检查。

3.抽查检验　药品监督管理部门应当加强对医疗器械的抽查检验。省级以上食品药品监督管理部门应当根据抽查检验结论及时发布医疗器械质量公告。

4.现场检查　对于监督检查过程中有下列情形之一的，药品监督管理部门应当加强现场检查：①上一年度监督检查中存在严重问题的；②因违反有关法律、法规受到行政处罚的；③新开办的第三类医疗器械经营企业；④药品监督管理部门认为需要进行现场检查的其他情形。

5.飞行检查　对投诉举报或者其他信息显示以及日常监督检查发现可能存在产品安全隐患的医疗器械经营企业，或者有不良行为记录的医疗器械经营企业，药品监督管理部门可以实施飞行检查。

6.责任约谈　有下列情形之一的，药品监督管理部门可以对医疗器械经营企业的法定代表人或者企业负责人进行责任约谈：①经营存在严重安全隐患的；②经营产品因质量问题被多次举报投诉或者媒体曝光的；③信用等级评定为不良信用企业的；④药品监督管理部门认为有必要开展责任约谈的其他情形。

三、网络销售监管

随着"互联网+"行动不断向前推进，医疗器械产业与互联网融合不断加快，医疗器械网络销售日趋活跃。与此同时，利用网络销售假冒伪劣医疗器械、虚假夸大宣传、欺骗消费者的问题不断出现，给人民群众用械安全带来潜在风险。同时，由于网络销售具有虚拟性、跨地域性、隐匿性、易转移性等特点，造成了监管管辖职权不明、监管手段滞后、调查取证困难、执法依据欠缺等诸多难题。因此，为加强医疗器械网络销售和医疗器械网络交易服务监督管理，保障公众用械安全，原国家食品药品监督管理总局制定颁布了《医疗器械网络销售监督管理办法》，于2018年3月1日起施行。从事医疗器械网络销售的企业、医疗器械网络交易服务第三方平台提供者均应当遵守医疗器械法规、规章和规范，建立健全管理制度，依法诚信经营，保证医疗器械质量安全。

1.从事医疗器械网络销售的企业　是指通过网络销售医疗器械的医疗器械上市许可持有人（即医疗器械注册人或者备案人）和医疗器械生产经营企业。

从事医疗器械网络销售的企业，应当通过自建网站或者医疗器械网络交易服务第三方平台开展医疗器械网络销售活动。通过自建网站开展医疗器械网络销售的企业，应当依法取得《互联网药品信息服务资格证书》，并具备与其规模相适应的办公场所以及数据备份、故障恢复等技术条件。从事医疗器械网络销售的企业，经营范围不得超出其生产经营许可或者备案的范围。

2.医疗器械网络交易服务第三方平台提供者　是指在医疗器械网络交易中仅提供网页空间、虚拟交易场所、交易规则、交易撮合、电子订单等交易服务，供交易双方或者多方开展交易活动，不直接参与医疗器械销售的企业。

医疗器械网络交易服务第三方平台提供者应当依法取得《互联网药品信息服务资格证书》，具备与其规模相适应的办公场所以及数据备份、故障恢复等技术条件，设置专门的医疗器械网络质量安全管理机构或者配备医疗器械质量安全管理人员；应当向所在地省级药品监督管理部门备案，填写医疗器械网络交易服务第三方平台备案表，并提交相关材料；应当对平台上的医疗器械销售行为及信息进行监测。

四、采购管理

（一）自行采购

1.采购审核　医疗器械经营企业在采购前应当审核供货者的合法资格、所购入医疗器械的合法性并获取加盖供货者公章的相关证明文件或者复印件，包括：①营业执照；②医疗器械生产或者经营的许可证或者备案凭证；③医疗器械注册证或者备案凭证；④销售人员身份证复印件，加盖本企业公章的授权书原件。授权书应当载明授权销售的品种、地域、期限，注明销售人员的身份证号码。

如有必要，医疗器械经营企业还可派相关人员对供货方进行现场核查，对供货者质量管理情况进行评价。发现供货方存在违法违规经营行为时，应当及时向企业所在地药品监督管理部门报告。

2.采购合同　企业应当与供货者签署采购合同或者协议，明确医疗器械的名称、规格（型号）、注册证号或者备案凭证编号、生产企业、供货者、数量、单价、金额等。企业应当在采购合同或者协议中，与供货者约定质量责任和售后服务责任，以保证医疗器械售后的安全使用。

3.采购记录　企业在采购医疗器械时，应当建立采购记录。记录应当列明医疗器械的名称、规格（型号）、注册证号或者备案凭证编号、单位、数量、单价、金额、供货者、购货日期等。

（二）政府采购

《中华人民共和国政府采购法》自2003年1月1日起施行，2014年8月31日修正。

1.相关定义

（1）政府采购　是指各级国家机关、事业单位和团体组织，使用财政性资金采购依法制定的集中采购目录以内的或者采购限额标准以上的货物、工程和服务的行为。

（2）采购　是指以合同方式有偿取得货物、工程和服务的行为，包括购买、租赁、委托、雇用等。

（3）货物　是指各种形态和种类的物品，包括原材料、燃料、设备、产品等。

（4）政府采购当事人　是指在政府采购活动中享有权利和承担义务的各类主体，包括采购人、供应商和采购代理机构等。

（5）供应商　是指向采购人提供货物、工程或者服务的法人、其他组织或者自然人。医疗器械经营企业即是供应商。供应商参加政府采购活动应当具备下列条件：①具有独立承担民事责任的能力；②具有良好的商业信誉和健全的财务会计制度；③具有履行合同所必需的设备和专业技术能力；④有依法缴纳税收和社会保障资金的良好记录；⑤参加政府采购活动前三年内，在经营活动中没有重大违法记录；⑥法律、行政法规规定的其他条件。

2.政府采购范围及方式　政府采购实行集中采购和分散采购相结合。集中采购包括集中采购机构采购和部门集中采购。集中采购的范围由省级以上人民政府公布的集中采购目录确定。纳入集中采购目录的政府采购项目，应当实行集中采购。各级人民政府财政部门是负责政府采购监督管理的部门，依法履行对政府采购活动的监督管理职责。政府采购采用以下方式。

（1）公开招标　应作为政府采购的主要采购方式。采购人不得将应当以公开招标方式采购的货物或者服务化整为零或者以其他任何方式规避公开招标采购。在一个财政年度内，采购人将一个预算项目下的同一品目或者类别的货物、服务采用公开招标以外的方式多次采购，累计资金数额超过公开招标数额标准的，属于以化整为零方式规避公开招标，但项目预算调整或者经批准采用公开招标以外方式采购的除外。

（2）邀请招标　符合下列情形之一的，可以采用邀请招标方式采购：①具有特殊性，只能从有限范围的供应商处采购的；②采用公开招标方式的费用占政府采购项目总价值的比例过大的。

（3）竞争性谈判　符合下列情形之一的，可以采用竞争性谈判方式采购：①招标后没有供应商投标或者没有合格标的或者重新招标未能成立的；②技术复杂或者性质特殊，不能确定详细规格或者具体要求的；③采用招标所需时间不能满足用户紧急需要的；④不能事先计算出价格总额的。

（4）单一来源采购　符合下列情形之一的，可以采用单一来源方式采购：①只能从唯一供应商处采购的；②发生了不可预见的紧急情况不能从其他供应商处采购的；③必须保证原有采购项目一致性或者服务配套的要求，需要继续从原供应商处添购，且添购资金总额不超过原合同采购金额百分之十的。

（5）询价　采购的货物规格、标准统一、现货货源充足且价格变化幅度小的政府采购项目，可以采用询价方式采购。

3.采购流程　负有编制部门预算职责的部门在编制下一财政年度部门预算时，应当将该财政年度政府采购的项目及资金预算列出，报本级财政部门汇总。部门预算的审批，按预算管理权限和程序进行。下面仅以招标采购为例介绍采购流程。

（1）招标程序　各单位采用招标（包括公开招标和邀请招标）方式采购货物和服务的，应当按照《政府采购法》及其实施条例、财政部有关政府采购货物服务招标投标规定的程序进行。

1）编制招标文件 采购人或者采购代理机构应当按照国务院财政部门制定的招标文件标准文本编制招标文件。招标文件应当包括采购项目的商务条件、采购需求、投标人的资格条件、投标报价要求、评标方法、评标标准以及拟签订的合同文本等。

2）发布招标信息 采购人或者采购代理机构应当在财政部门指定的媒体上发布招标公告、资格预审公告，或者发出投标邀请书。

3）接收投标 投标人应当按照招标文件的要求编制投标文件。投标文件应对招标文件提出的要求和条件作出明确响应。

4）开标、评标和中标 建立评标委员会进行专家评审，确定中标、成交供应商，订立书面合同。

（2）采购项目的验收 采购人或者其委托的采购代理机构应当组织对供应商履约的验收。大型或者复杂的政府采购项目，应当邀请国家认可的质量检测机构参加验收工作。验收方成员应当在验收书上签字，并承担相应的法律责任。

（3）采购文件 采购人、采购代理机构应当对政府采购项目每项采购活动的采购文件妥善保存，不得伪造、变造、隐匿或者销毁。采购文件的保存期限为从采购结束之日起至少保存十五年。采购文件包括采购活动记录、采购预算、招标文件、投标文件、评标标准、评估报告、定标文件、合同文本、验收证明、质疑答复、投诉处理决定及其他有关文件、资料。

4.采购"绿色通道" 当遇到某些极端情况的时候，国家相关部门会出台采购相应政策。自2019年年末，新型冠状病毒感染肺炎疫情在我国逐渐蔓延，防控形势严峻，所需疫情防控物资急剧增加。为应对这次疫情，国家财政部办公厅于2020年1月26日发布了《关于疫情防控采购便利化的通知》（以下简称"通知"）。通知要求，各级国家机关、事业单位和团体组织（以下简称采购单位）使用财政性资金采购疫情防控相关货物、工程和服务的，应以满足疫情防控工作需要为首要目标，建立采购"绿色通道"，可不执行政府采购法规定的方式和程序，采购进口物资无需审批。各采购单位应当建立健全紧急采购内控机制，在确保采购时效的同时，提高采购资金的使用效益，保证采购质量。同时应当加强疫情防控采购项目采购文件和凭据的管理，留存备查。

五、法律责任

（一）医疗器械经营企业的法律责任

1.销售人员法律责任 医疗器械经营企业派出销售人员销售医疗器械，未按照《经营监督管理办法》要求提供授权书的，由县级以上药品监督管理部门责令限期改正，给予警告；拒不改正的，处5000元以上2万元以下罚款。

2.未提交年度自查报告法律责任 第三类医疗器械经营企业未在每年年底前向药品监督管理部门提交年度自查报告的，由县级以上药品监督管理部门责令限期改正，给予警告；拒不改正的，处5000元以上2万元以下罚款。

3.购销资质相关法律责任 从事医疗器械批发业务的经营企业销售给不具有资质的经营企业或者使用单位的，或者医疗器械经营企业从不具有资质的生产、经营企业购进医疗器械的，由县级以上药品监督管理部门责令改正，处1万元以上3万元以下罚款。

4.违法经营医疗器械的法律责任 有下列情形之一的，由县级以上药品监督管理部门责令限期改正，没收违法经营的医疗器械；违法经营的医疗器械货值金额不足1万元的，并处2万元以上5万元以下罚款；货值金额1万元以上的，并处货值金额5倍以上10倍以下罚款；情节严重的，责令停业，直至由原发证部门吊销医疗器械经营许可证。

（1）经营不符合强制性标准或者不符合经注册或者备案的产品技术要求的医疗器械的。

（2）经营无合格证明文件、过期、失效、淘汰的医疗器械。

（3）药品监督管理部门责令其停止经营后，仍拒不停止经营医疗器械的。

医疗器械经营企业履行了相关规定的进货查验等义务，有充分证据证明其不知道所经营的医疗器械为（1）（2）中规定情形的医疗器械，并能如实说明其进货来源的，可以免予处罚，但应当依法没收其经营的不符合法定要求的医疗器械。

5.医疗器械说明书、标签相关的法律责任 有下列情形之一的，由县级以上药品监督管理部门责令改正，处1万元以上3万元以下罚款；情节严重的，责令停业，直至由原发证部门吊销医疗器械经营许可证。

（1）经营的医疗器械的说明书、标签不符合有关规定的。

（2）未按照医疗器械说明书和标签标示要求运输、贮存医疗器械的。

6.记录制度相关的法律责任 有下列情形之一的，由县级以上药品监督管理部门和卫生健康主管部门依据各自职责责令改正，给予警告；拒不改正的，处5000元以上2万元以下罚款；情节严重的，责令停业，直至由原发证部门吊销医疗器械经营许可证。

（1）经营企业未依照规定建立并执行医疗器械进货查验记录制度的。

（2）从事第二、三类医疗器械批发业务以及第三类医疗器械零售业务的经营企业未依照规定建立并执行销售记录制度的。

（二）执法机构及执法人员的法律责任

县级以上药品监督管理部门或者其他有关部门不履行医疗器械监督管理职责或者滥用职权、玩忽职守、徇私舞弊的，由监察机关或者任免机关对直接负责的主管人员和其他直接责任人员依法给予警告、记过或者记大过的处分；造成严重后果的，给予降级、撤职或者开除的处分。构成犯罪的，依法追究刑事责任；造成人身、财产或者其他损害的，依法承担赔偿责任。

第三节 医疗器械经营质量管理规范

💬 **案例讨论**

案例 原国家食品药品监督管理总局在组织对某医疗器械经营企业进行飞行检查时，发现该企业质量管理体系存在诸多缺陷，主要有以下几方面问题：①质量负责人不在岗，不能承担相应的质量管理责任；②企业无法提供质量管理有效运行的证明记录；③企业经营场所与其经营规模、范围不相适应；④企业不能提供供货者档案，无采购记录；⑤企业未建立购货者档案，无销售记录。原国家食品药品监督管理总局责成其所在省药品监督管理部门依法责令该企业立即停止经营并进行整改，涉及违反现行《条例》及相关法律法规的，依法严肃处理。

讨论 1.检查过程中发现的问题违反了《医疗器械经营质量管理规范》中的哪些规定？

2.如果该企业未按要求完成全部项目的整改工作，该如何处理？

PPT

2014年12月12日，国家食品药品监督管理总局发布《医疗器械经营质量管理规范》（2014年第58号），并于发布之日起开始实施。《医疗器械经营质量管理规范》（以下简称《医疗器械GSP规范》）是根据2014年版《条例》和《经营监督管理办法》而制定的，是医疗器械经营质量管理的基本要求，适用于所有从事医疗器械经营活动的经营者。为强化医疗器械经营质量的监督管理，规范和指导医疗器械经营质量管理规范的现场检查工作，原国家食品药品监督管理总局根据《医疗器械经营质量管理规范》组织制定了《医疗器械经营质量管理规范现场检查指导原则》（食药监械监〔2015〕239号，以下简称《指导原则》）。2016年9月，为加强医疗器械质量监督管理，保证医疗器械生产经营企业和使用单位在运输与贮存过程中使产品符合其说明书和标签标示的特定温度要求，原国家食品药品监督管理总局又组织制定了《医疗器械冷链（运输、贮存）管理指南》（2016年第154号）。

一、经营质量管理规范的主要内容

（一）职责与制度

企业法定代表人或者负责人是医疗器械经营质量的主要责任人，全面负责企业日常管理，应当提供必要的条件，保证质量管理机构或者质量管理人员有效履行职责，确保企业按照《医疗器械经营质量管理规范》要求经营医疗器械。企业质量负责人负责医疗器械质量的管理工作，应当独立履行职责，在企业内部对医疗器械质量管理具有裁决权，并承担相应的质量管理责任。

1.管理机构或者管理人员职责　企业质量管理机构或者质量管理人员应当履行以下职责。

（1）组织制订本企业质量管理制度，指导、监督制度的执行，并对质量管理制度的执行情况进行检查、纠正和持续改进。

（2）负责收集与医疗器械经营相关的法律、法规等有关规定，实施动态管理。

（3）督促相关部门和岗位人员执行医疗器械的法规及《医疗器械经营质量管理规范》。

（4）负责对医疗器械供货者、产品、购货者资质的审核。

（5）负责不合格医疗器械的确认，对不合格医疗器械的处理过程实施监督。

（6）负责医疗器械质量投诉和质量事故的调查、处理及报告。

（7）组织验证、校准相关设施设备。

（8）组织医疗器械不良事件的收集与报告。

（9）负责医疗器械召回的管理。

（10）组织对受托运输的承运方运输条件和质量保障能力的审核。

（11）组织或者协助开展质量管理培训。

（12）其他应当由质量管理机构或者质量管理人员履行的职责。

2.质量管理制度　企业应依据《医疗器械经营质量管理规范》建立覆盖医疗器械经营全过程的质量管理制度，并保存相关记录或者档案，包括以下内容。

（1）质量管理机构或者质量管理人员的职责。

（2）质量管理的规定。

（3）采购、收货、验收的规定（包括采购记录、验收记录、随货同行单等）。

（4）供货者资格审核的规定（包括供货者及产品合法性审核的相关证明文件等）。

（5）库房贮存、出入库管理的规定（包括温度记录、入库记录、定期检查记录、出库记录等）。

（6）销售和售后服务的规定（包括销售人员授权书、购货者档案、销售记录等）。

（7）不合格医疗器械管理的规定（包括销毁记录等）。

（8）医疗器械退、换货的规定。

（9）医疗器械不良事件监测和报告规定（包括停止经营和通知记录等）。

（10）医疗器械召回规定（包括医疗器械召回记录等）。

（11）设施设备维护及验证和校准的规定（包括设施设备相关记录和档案等）。

（12）卫生和人员健康状况的规定（包括员工健康档案等）。

（13）质量管理培训及考核的规定（包括培训记录等）。

（14）医疗器械质量投诉、事故调查和处理报告的规定（包括质量投诉、事故调查和处理报告相应的记录及档案等）。

除上述规定外，从事第二、三类医疗器械批发业务和第三类医疗器械零售业务的经营企业还应制定购货者资格审核、医疗器械追踪溯源、质量管理制度执行情况考核的规定。第三类医疗器械经营企业应建立质量管理自查制度，于每年年底前向所在地设区的市级药品监督管理部门提交年度自查报告。

3.质量管理记录制度　医疗器械经营企业应根据其经营范围和经营规模建立相应的质量管理记录制度。

企业应建立并执行进货查验记录制度。从事第二、三类医疗器械批发业务以及第三类医疗器械零售业务的经营企业还应建立销售记录制度，同时鼓励其他医疗器械经营企业建立销售记录制度。进货查验记录（包括采购记录、验收记录）和销售记录信息应真实、准确、完整。从事医疗器械批发业务的经营企业，其购进、贮存、销售等记录应符合可追溯要求。鼓励企业采用信息化等先进技术手段进行记录。进货查验记录和销售记录应当保存至医疗器械有效期后2年；无有效期的，不得少于5年。植入类医疗器械进货查验记录和销售记录应当永久保存。

（二）人员与培训

医疗器械经营企业法定代表人、负责人、质量管理人员均应熟悉医疗器械监督管理的法律法规、规章规范和所经营医疗器械的相关知识，并符合有关法律法规及《医疗器械GSP规范》规定的资格要求，不得有相关法律法规禁止从业的情形。

医疗器械经营企业应具有与其经营范围和经营规模相适应的质量管理机构或者质量管理人员，质量管理人员应当具有国家认可的相关专业学历或者职称。第三类医疗器械经营企业质量负责人应具备医疗器械相关专业（医疗器械、生物医学工程、机械、电子、医学、生物工程、化学、药学、护理学、康复、检验学、管理等专业）大专以上学历或者中级以上专业技术职称，同时应具有3年以上医疗器械经营质量管理工作经历。

医疗器械经营企业应设置或配备与其经营范围和经营规模相适应的，符合相关资格要求的质量管理、经营等关键岗位人员。第三类医疗器械经营企业从事质量管理工作的人员应当在职在岗，具体要求如下。

1.与体外诊断试剂有关的人员要求　从事体外诊断试剂的质量管理人员中，应有1人为主管检验师，或具有检验学相关专业大学以上学历并从事检验相关工作3年以上工作经历。从事体外诊断试剂验收和售后服务工作的人员，应具有检验学相关专业中专以上学历或者具有检验师初级以上专业技术职称。

2.与植入、介入医疗器械有关的人员要求　从事植入和介入类医疗器械经营人员中，应配备医学相关专业大专以上学历，并经过生产企业或者供应商培训的人员。

3.与具有特殊要求医疗器械有关的人员要求　从事角膜接触镜、助听器等有特殊要求的医疗器械经营人员中，应当配备具有相关专业或者职业资格的人员。

医疗器械经营企业应配备与其经营范围和经营规模相适应的售后服务人员和售后服务条件，也可以约定由生产企业或者第三方提供售后服务支持。售后服务人员应经过生产企业或者第三方的技术培训并取得企业售后服务上岗证。

医疗器械经营企业应当对质量负责人及各岗位人员进行与其职责和工作内容相关的岗前培训和继续培训，建立培训记录，并经考核合格后方可上岗。培训内容应当包括相关法律法规、医疗器械专业知识及技能、质量管理制度、职责及岗位操作规程等。

医疗器械经营企业应建立员工健康档案，质量管理、验收、库房管理等直接接触医疗器械岗位的人员，应当至少每年进行一次健康检查。身体条件不符合相应岗位特定要求的，不得从事相关工作。

（三）设施与设备

医疗器械经营企业应具有与其经营范围和经营规模相适应的经营场所和库房，经营场所和库房的面积应满足经营要求。经营场所和库房不得设在居民住宅内、军事管理区（不含可租赁区）以及其他不适合经营的场所。经营场所应当整洁、卫生。库房的选址、设计、布局、建造、改造和维护应当符合医疗器械贮存的要求，防止医疗器械的混淆、差错或者被污损，并具有符合医疗器械产品特性要求的贮存设施、设备。企业应当对基础设施及相关设备进行定期检查、清洁和维护，并建立记录和档案。

1.可不单独设立医疗器械库房的条件　医疗器械经营企业满足下列经营行为之一的，可以不单独设立器械库房。

（1）单一门店零售企业的经营场所陈列条件能符合其所经营医疗器械产品性能要求、经营场所能满足其经营规模及品种陈列需要的。

（2）连锁零售经营医疗器械的。

（3）全部委托为其他医疗器械生产经营企业提供贮存、配送服务的医疗器械经营企业进行存储的。

（4）专营医疗器械软件或者医用磁共振、医用X射线、医用高能射线、医用核素设备等大型医用设备的。

（5）省级药品监督管理部门规定的其他可以不单独设立医疗器械库房的情形。

2.库房的条件要求　贮存医疗器械的库房条件应当符合以下要求。

（1）库房内外环境整洁，无污染源。

（2）库房内墙光洁，地面平整，房屋结构严密。

（3）有防止室外装卸、搬运、接收、发运等作业受异常天气影响的措施。

（4）库房有可靠的安全防护措施，能够对无关人员进入实行可控管理。

3.库房分区　在库房贮存医疗器械，应当按质量状态采取控制措施，实行分区管理，包括待验区、合格品区、不合格品区、发货区等，并有明显区分（可采用色标管理，设置待验区为黄色、合格品区和发货区为绿色、不合格品区为红色），退货产品应当单独存放。医疗器械贮存作业区、辅助作业区应与办公区和生活区分开一定距离或者有隔离措施。

4.库房设施设备　库房应当配备与企业的经营范围和经营规模相适应的设施设备，包括：①医疗器械与地面之间有效隔离的设备，包括货架、托盘等；②避光、通风、防潮、防虫、防鼠等设施；③符合安全用电要求的照明设备；④包装物料的存放场所；⑤有特殊要求的医疗器械应配备的相应设施设备。

5.库房温度、湿度　贮存医疗器械的库房应当符合所经营医疗器械说明书或者标签标示的要求，对有特殊温湿度贮存要求的医疗器械，应当配备有效调控及监测温湿度的设备或者仪器。

6.冷藏、冷冻设施　医疗器械经营企业批发需要冷藏、冷冻贮存运输的医疗器械（即冷链管理医疗器械）需要相应的配套设施。冷链管理医疗器械是指在运输与贮存过程中需要按照说明书和标签标示要求进行冷藏、冷冻管理的医疗器械。企业中从事冷链管理医疗器械的收货、验收、贮存、检查、出库、运输等工作的人员，应接受冷藏、冷冻相关法律法规、专业知识、工作制度和标准操作规程的培训，经考核合格后，方可上岗。医疗器械经营企业批发需要冷藏、冷冻贮存运输的医疗器械应当配备的设施设备如下。

（1）与其经营规模和经营品种相适应的冷库（冷藏库或冷冻库）。冷库内应划分待验区、贮存区、退货区、包装材料预冷区（货位）等，并设有明显标示。

（2）用于冷库温度监测、显示、记录、调控、报警的设备。温测系统的测量范围、精度、分辨率等技术参数能够满足管理需要，具有不间断监测、连续记录、数据存储、显示及报警功能。冷库设备运行过程至少每隔1分钟更新一次测点温度数据，贮存过程至少每隔30分钟自动记录一次实时温度数据。当监测温度达到设定的临界值或者超出规定范围时，温测系统能够实现声光报警，同时实现短信等通讯方式向至少2名指定人员即时发出报警信息。每个独立的冷库应根据验证结论设定、安装至少2个温度测点终端。温度测点终端和温测设备每年应至少进行一次校准或者检定。

（3）能确保制冷设备正常运转的设施（如备用发电机组或者双回路供电系统）。

（4）企业应当根据相应的运输规模和运输环境要求配备冷藏车（车内应具备自动调控温度功能，车厢应防水、密闭，车厢内留有保证气流充分循环的空间）、保温车，或者冷藏箱（应能自动调节箱体内温度）、保温箱（应配备蓄冷/热剂及隔温装置，并符合产品说明书和标签标示的储运要求）等设备。

（5）对有特殊温度要求的医疗器械，应当配备符合其贮存要求的设施设备。

7.医疗器械零售经营场所的条件要求　从事医疗器械零售的经营企业应配备与其经营范围和经营规模相适应的经营场所，具体要求如下：①配备陈列货架和柜台；②相关证照悬挂在醒目位置；③经营需要冷藏、冷冻的医疗器械，应当配备具有温度监测、显示的冷柜；④经营可拆零医疗器械，应当配备医疗器械拆零销售所需的工具、包装用品，拆零的医疗器械标签和说明书应当符合有关规定。

8.零售医疗器械陈列要求　医疗器械经营企业零售的医疗器械陈列应当符合如下要求。

（1）按分类以及贮存要求分区陈列，并设置醒目标志，类别标签字迹清晰、放置准确。

（2）医疗器械的摆放应当整齐有序，避免阳光直射。

（3）需要冷藏、冷冻的医疗器械放置在冷藏、冷冻设备中，应当对温度进行监测和记录。

（4）医疗器械与非医疗器械应当分开陈列，有明显隔离，并有醒目标示。

零售企业应当定期对零售陈列、存放的医疗器械进行检查，重点检查拆零医疗器械和近效期医疗器械。发现有质量疑问的医疗器械应当及时撤柜、停止销售，由质量管理人员确认和处理，并保留相关记录。

9.医疗器械经营的计算机信息管理系统　经营第三类医疗器械的企业，应当具有符合医疗器械经营质量管理要求的计算机信息管理系统，保证经营的产品可追溯。计算机信息管理系统应当具有以下功能。

（1）具有实现部门之间、岗位之间信息传输和数据共享的功能。

（2）具有医疗器械经营业务票据生成、打印和管理功能。

（3）具有记录医疗器械产品信息（名称、注册证号或者备案凭证编号、规格型号、生产批号或者序列号、生产日期或者失效日期）和生产企业信息以及实现质量追溯跟踪的功能。

（4）具有包括采购、收货、验收、贮存、检查、销售、出库、复核等各经营环节的质量控制功能，能对各经营环节进行判断、控制，确保各项质量控制功能的实时和有效。

（5）具有供货者、购货者以及购销医疗器械的合法性、有效性审核控制功能。

（6）具有对库存医疗器械的有效期进行自动跟踪和控制功能，有近效期预警及超过有效期自动锁定等功能，防止过期医疗器械销售。

鼓励经营第一、二类医疗器械的企业建立同样的计算机信息管理系统。

（四）采购、收货与验收

1.采购 医疗器械经营企业在进行医疗器械采购过程中的相关要求及注意事项见本章第二节。

2.收货 医疗器械经营企业收货人员在接收医疗器械时，应核实运输方式及产品是否符合要求，并对照相关采购记录和随货同行单与到货的医疗器械进行核对。交货和收货双方应当对交运情况当场签字确认。对不符合要求的货品应立即报告质量负责人并拒收。随货同行单中应包括供货者、生产企业及生产企业许可证号（或者备案凭证编号）、医疗器械的名称、规格（型号）、注册证号或者备案凭证编号、生产批号或者序列号、数量、储运条件、收货单位、收货地址、发货日期等内容，并加盖供货者出库印章。收货人员应对符合收货要求的医疗器械按品种特性要求放于相应待验区域，或者设置状态标示，并通知验收人员进行验收。

在进行冷链管理医疗器械收货时，应核实运输方式、到货及在途温度、启运时间和到货时间并做好记录；对销后退回的产品还应核实售出期间的温度记录。符合要求的，应及时移入冷库内待验区；不符合温度要求的应当拒收，并做相应记录。

3.验收 验收人员应对医疗器械的外观、包装、标签以及合格证明文件等进行检查、核对，并做好验收记录，包括医疗器械的名称、规格（型号）、注册证号或者备案凭证编号、生产批号或者序列号、生产日期和有效期（或者失效期）、生产企业、供货者、到货数量、到货日期、验收合格数量、验收结果等内容。验收记录上应标记验收人员姓名和验收日期。验收不合格的医疗器械还应注明不合格事项及处置措施。

使用冷库贮存的冷链管理医疗器械，应当在冷库内进行验收。验收人员应当检查产品状态，对其运输方式及运输过程的温度记录、运输时间、到货温度等质量控制状况进行重点检查并记录，不符合温度要求的应当拒收。

为其他医疗器械生产经营企业提供贮存、配送服务的医疗器械经营企业进行收货和验收时，委托方应当承担质量管理责任，并与受托方签订具有法律效力的书面协议，明确双方的法律责任和义务，并按照协议承担和履行相应的质量责任和义务。受托企业应具备从事现代物流储运业务的条件；具有与委托方实施实时电子数据交换和实现产品经营全过程可追溯、可追踪管理的计算机信息平台和技术手段；具有接受药品监督管理部门电子监管的数据接口；药品监督管理部门的其他有关要求。

（五）入库、贮存与检查

1.入库 医疗器械经营企业应建立入库记录，验收合格的医疗器械应及时入库登记；验收不合格的，应注明不合格事项，并放置在不合格品区，按照有关规定采取退货、销毁等处置措施。

2.贮存 医疗器械经营企业应根据医疗器械的质量特性进行合理贮存，并符合以下要求。

（1）按说明书或者包装标示的贮存要求贮存医疗器械。

（2）贮存医疗器械应当按照要求采取避光、通风、防潮、防虫、防鼠、防火等措施。

（3）搬运和堆垛医疗器械应当按照包装标示要求规范操作，堆垛高度符合包装图示要求，避免损坏医疗器械包装。

（4）按照医疗器械的贮存要求分库（区）、分类存放，医疗器械与非医疗器械应当分开存放。

（5）医疗器械应当按规格、批号分开存放，医疗器械与库房地面、内墙、顶、灯、温度调控设备及管道等设施间保留有足够空隙。

（6）贮存医疗器械的货架、托盘等设施设备应当保持清洁，无破损。

（7）非作业区工作人员未经批准不得进入贮存作业区，贮存作业区内的工作人员不得有影响医疗器械质量的行为。

（8）医疗器械贮存作业区内不得存放与贮存管理无关的物品。

冷链管理医疗器械在库期间应按照产品说明书或标签标示的要求进行贮存和检查，应重点对贮存的冷链管理医疗器械的包装、标签、外观及温度状况等进行检查并记录；冷库内制冷机组出风口须避免遮挡，应根据冷库验证报告确定合理的贮存区域。

从事为其他医疗器械生产经营企业提供贮存、配送服务的医疗器械经营企业，其自营医疗器械应当与受托的医疗器械分开存放。

3.检查　医疗器械经营企业应根据库房条件、外部环境、医疗器械有效期要求等对医疗器械进行定期检查，建立检查记录，记录内容如下。

（1）检查并改善贮存与作业流程。

（2）检查并改善贮存条件、防护措施、卫生环境。

（3）每天上、下午不少于2次对库房温湿度进行监测记录。

（4）对库存医疗器械的外观、包装、有效期等质量状况进行检查。

（5）对冷库温度自动报警装置进行检查、保养。

企业应对库存医疗器械有效期进行跟踪和控制，采取近效期预警，超过有效期的医疗器械应禁止销售，放置在不合格品区，然后按规定进行销毁，并保存相关记录；对库存医疗器械定期进行盘点，做到账、货相符。

（六）销售、出库与运输

1.销售　医疗器械经营企业对其办事机构或者销售人员以本企业名义从事的医疗器械购销行为承担法律责任。销售人员销售医疗器械时应提供加盖本企业公章的授权书。授权书中应载明授权销售的品种、地域、期限，注明销售人员的身份证号码。

从事医疗器械批发业务的企业，应将医疗器械批发销售给合法的购货者，销售前应对购货者的证明文件、经营范围进行核实，建立购货者档案，保证医疗器械销售流向真实、合法。

从事第二、三类医疗器械批发以及第三类医疗器械零售业务的企业应建立销售记录，销售记录应当至少包括以下内容。

（1）医疗器械的名称、规格（型号）、注册证号或者备案凭证编号、数量、单价、金额。

（2）医疗器械的生产批号或者序列号、有效期、销售日期。

（3）生产企业和生产企业许可证号（或者备案凭证编号）。

对于从事医疗器械批发业务的企业，销售记录还应当包括购货者的名称、经营许可证号（或备案凭证编号）、经营地址、联系方式。

从事医疗器械零售业务的企业应给消费者开具销售凭据，记录医疗器械的名称、规格（型号）、生产企业名称、数量、单价、金额、零售单位、经营地址、电话、销售日期等，以方便进行质量追溯。

2.出库 医疗器械出库应当复核并建立记录，复核内容包括购货者、医疗器械的名称、规格（型号）、注册证号或者备案凭证编号、生产批号或者序列号、生产日期和有效期（或者失效期）、生产企业、数量、出库日期等内容。拼箱发货的代用包装箱应有醒目的发货内容标示。

（1）不得出库的情况 医疗器械出库时，库房保管人员应对照出库的医疗器械进行核对，如发现以下情况则不得出库，并报告质量管理机构或者质量管理人员处理：①医疗器械包装出现破损、污染、封口不牢、封条损坏等问题；②标签脱落、字迹模糊不清或者标示内容与实物不符；③医疗器械超过有效期；④存在其他异常情况的医疗器械。

（2）冷链管理医疗器械出库 冷链管理医疗器械出库时，应当由专人负责出库复核、装箱封箱、装车码放工作。使用冷藏箱、保温箱运输冷链管理医疗器械的，应当根据验证确定的参数及条件，制定包装标准操作规程，装箱、封箱操作应符合以下要求：①装箱前应进行冷藏箱、保温箱预冷或预热；②在保温箱内合理配备与温度控制及运输时限相适应的蓄冷剂；③冷藏箱启动制冷功能和温测设备（保温箱启动温测设备），检查设备运行正常，并达到规定的温度后，将产品装箱；④根据对蓄冷剂和产品的温度控制验证结论，必要时装箱应使用隔温装置将产品与蓄冷剂等冷媒进行隔离；⑤冷链管理医疗器械的包装、装箱、封箱工作应在符合产品说明书和标签标示温度范围内的环境下完成。

3.运输 运输冷链管理医疗器械的，应根据运输的产品数量、距离、时间以及温度要求、外部环境温度等情况，选择合理的运输工具和温控方式，确保运输过程中温度控制符合要求。使用冷藏车运输冷链管理医疗器械的，应符合以下要求。

（1）提前启动制冷功能和温测设备，将车厢内预冷至规定的温度。

（2）根据验证报告确定冷藏车厢内产品的码放方式及区域，码放高度不得超过制冷机组出风口下沿，确保气流正常循环和温度均匀分布。

（3）冷链管理医疗器械装车完毕，及时关闭车厢门，检查厢门密闭情况。

（4）检查温控设备和温测设备运行状况，运行正常方可启运。

（5）冷链管理医疗器械在装卸过程中，应采取措施确保温度符合产品说明书和标签标示的要求。

企业委托其他机构运输医疗器械时应对承运方运输医疗器械的质量保障能力进行考核评估，明确运输过程中的质量责任，确保运输过程中的质量安全。

（七）售后服务

医疗器械经营企业应具备与经营的医疗器械相适应的专业指导、技术培训和售后服务的能力，或者约定由相关机构提供技术支持；应按照采购合同与供货者约定质量责任和售后服务责任，保证医疗器械售后的安全使用。

1.售后服务的机构与人员要求 企业与供货者约定，由供货者负责产品安装、维修、技术培训服务或者由约定的相关机构提供技术支持的，可以不设从事专业指导、技术培训和售后服务的部门或者人员，但应当有相应的管理人员；企业自行为客户提供安装、维修、技术培训的，应当配备具有专业资格或者经过厂家培训的人员。

2.售后服务管理操作规程 企业应按照质量管理制度的要求，制定售后服务管理操作规程，内容包括投诉渠道及方式、档案记录、调查与评估、处理措施、反馈和事后跟踪等，并配备专职或者兼职人员负责售后管理，对客户投诉的质量安全问题应当查明原因，采取有效措施及时处理和反馈，并做好记录，及时将售后服务处理结果等信息记入档案，以便查询和跟踪。

3.售后风险处置

（1）从事医疗器械零售业务的企业应在营业场所公布药品监督管理部门的监督电话，设置顾客意见簿，及时处理顾客对医疗器械质量安全的投诉。

（2）企业应当配备专职或者兼职人员，按照国家有关规定承担医疗器械不良事件监测和报告工作，应当对医疗器械不良事件监测机构、药品监督管理部门开展的不良事件调查予以配合。

（3）企业发现其经营的医疗器械有严重质量安全问题，或者不符合强制性标准、经注册或者备案的医疗器械产品技术要求，应当立即停止经营，通知相关生产经营企业、使用单位、购货者，并记录停止经营和通知情况。同时，立即向企业所在地药品监督管理部门报告。

（4）企业应当协助医疗器械生产企业履行召回义务，按照召回计划的要求及时传达、反馈医疗器械召回信息，控制和收回存在质量安全隐患的医疗器械，并建立医疗器械召回记录。

二、经营质量管理规范的检查

为强化医疗器械经营质量监督管理，规范和指导医疗器械经营质量管理规范现场检查工作，根据《医疗器械经营质量管理规范》，原国家食品药品监督管理总局组织制定了《医疗器械经营质量管理规范现场检查指导原则》（以下简称《指导原则》）。《指导原则》适用于药品监管部门对第三类医疗器械批发/零售经营企业经营许可（含变更和延续）的现场核查，第二类医疗器械批发/零售经营企业经营备案后的现场核查，以及医疗器械经营企业的各类监督检查。

现场检查时，应当按照《指导原则》中所包含的检查项目和所对应的重点检查内容，对医疗器械经营企业实施经营质量管理规范情况进行检查。医疗器械经营企业可根据其经营方式、经营范围、经营品种等特点，确定合理缺项项目，并书面说明理由，由检查组予以确认。

在对第三类医疗器械批发/零售经营企业经营许可（含变更和延续）的现场核查中，经营企业适用项目全部符合要求的为"通过检查"。有关键项目不符合要求或者一般项目中不符合要求的项目数＞10%的为"未通过检查"。药品监督管理部门将根据审查情况作出是否准予许可的书面决定。关键项目全部符合要求，一般项目中不符合要求的项目数≤10%的为"限期整改"，企业应在现场检查结束后30天内完成整改并向原审查部门一次性提交整改报告。经复查后，整改项目全部符合要求的，药品监督管理部门将作出准予许可的书面决定；在30天内未能提交整改报告或复查仍存在不符合要求项目的，药品监督管理部门将作出不予许可的书面决定。

在对医疗器械经营企业的各类监督检查和第二类医疗器械批发/零售经营企业经营备案后的现场核查中，经营企业适用项目全部符合要求的为"通过检查"；有项目不符合要求的为"限期整改"。

检查结束后，检查组应根据检查结果填写《医疗器械经营质量管理规范现场检查表》（表5-3）和《医疗器械经营质量管理规范现场检查报告》（表5-4）。

表5-3 医疗器械经营质量管理规范现场检查表

企业名称	
组织机构代码	
法定代表人	
经营场所	
库房地址	
经营方式	□批发　　□零售　　□批零兼营
检查日期	年　　月　　日
检查类型	□首次许可　□变更许可　□延续许可　□其他
	□首次备案　□变更备案　□其他
	□监督检查
	□限期整改后复查
检查依据	□医疗器械经营质量管理规范 □其他

不符合项目	序号	不符合项条款号 （关键项目前加※）	不符合项描述

不符合项：关键项　　项，一般项　　项
一般项目中确认的合理缺项　　项
一般项目中不符合要求的项目数比例　　%

检查组成员签字	组员			
	组长		观察员	

经营企业确认检查结果	经营企业负责人签字（公章） 年　　月　　日
备注	

注：其中"不符合项目"表格数量可根据实际情况增、减。

表5-4 医疗器械经营质量管理规范现场检查报告

一、检查组对企业实施《医疗器械经营质量管理规范》的评价意见

二、检查组建议

□通过检查　　□未通过检查
□限期整改：应在　　年　　月　　日前完成整改
□其他：

三、检查组成员签字

组长：
组员：
检查日期：

PPT

第四节　医疗器械广告管理

💬 案例讨论

案例　原北京市食品药品监督管理局通过对该市主要电视频道、电台频道和报纸类平面媒体1月份发布的药品、保健食品、医疗器械广告进行监测，发布了2015年2月份药品医疗器械保健食品违法广告监测结果公告。据公告显示，有8个品种、20条次发布了严重违法医疗器械广告。其中，典型的违法医疗器械广告："不管病史多长，病情有多重，连用数月，即可得到有效治疗，即使瘫痪坐轮椅的重症患者也有可能康复"。

讨论　1.医疗器械广告的审查要求？

2.该广告发布的内容违反了医疗器械广告管理中的哪些规定？

医疗器械也属于商品，同其他商品一样，需要通过各种途径进行宣传和销售。但必须经过审查合格后才可以进行广告宣传，而且在广告宣传过程中，除了需要遵守《中华人民共和国广告法》《中华人民共和国反不正当竞争法》《中华人民共和国行政许可法》之外，还需要遵守现行《条例》及卫生健康主管部门、国家药品监督管理部门的各项有关规定。国家市场监督管理总局2019年12月24日公布了《药品、医疗器械、保健食品、特殊医学用途配方食品广告审查管理暂行办法》(国家市场监督管理总局令第21号)，自2020年3月1日起施行。2009年4月7日卫生部、国家工商行政管理总局、国家食品药品监督管理局令第65号发布的《医疗器械广告审查办法》，2009年4月28日国家工商行政管理总局、卫生部、国家食品药品监督管理局令第40号公布的《医疗器械广告审查发布标准》同时废止。

一、广告的审批

国家市场监督管理总局负责组织指导医疗器械广告审查工作。各省、自治区、直辖市市场监督管理部门、药品监督管理部门(以下称广告审查机关)负责医疗器械广告的审查，依法可以委托其他行政机关具体实施广告审查工作。未经审查不得发布医疗器械广告。医疗器械广告中只宣传产品名称的，不再对其内容进行审查。

1.医疗器械广告的审查标准　医疗器械广告的内容应当真实、合法，不得含有虚假或者引入误解的内容。广告主应当对医疗器械广告内容的真实性和合法性负责。

医疗器械广告的内容应当以药品监督管理部门批准的注册证书或者备案凭证、注册或者备案的产品说明书内容为准。广告涉及医疗器械名称、适用范围、作用机理或者结构及组成等内容的，不得超出注册证书或者备案凭证、注册或者备案的产品说明书范围。推荐给个人自用的医疗器械的广告，应当显著标明"请仔细阅读产品说明书或者在医务人员的指导下购买和使用"。医疗器械产品注册证书中有禁忌内容、注意事项的，广告应当显著标明"禁忌内容或者注意事项详见说明书"。医疗器械广告应当显著标明广告批准文号。广告中应当显著标明的内容，其字体和颜色必须清晰可见、易于辨认，在视频广告中应当持续显示。

医疗器械广告不得违反《广告法》第九条、第十六条、第十七条、第十八条、第十九条规定，不得包含下列情形。

(1)使用或者变相使用国家机关、国家机关工作人员、军队单位或者军队人员的名义或者形象，或者利用军队装备、设施等从事广告宣传。

（2）使用科研单位、学术机构、行业协会或者专家、学者、医师、药师、临床营养师、患者等的名义或者形象作推荐、证明。

（3）违反科学规律，明示或者暗示可以治疗所有疾病、适应所有症状、适应所有人群，或者正常生活和治疗病症所必需等内容。

（4）引起公众对所处健康状况和所患疾病产生不必要的担忧和恐惧，或者使公众误解不使用该产品会患某种疾病或者加重病情的内容。

（5）含有"安全""安全无毒副作用""毒副作用小"；明示或者暗示成分为"天然"，因而安全性有保证等内容。

（6）含有"热销、抢购、试用""家庭必备、免费治疗、免费赠送"等诱导性内容，"评比、排序、推荐、指定、选用、获奖"等综合性评价内容，"无效退款、保险公司保险"等保证性内容，怂恿消费者任意、过量使用药品、保健食品和特殊医学用途配方食品的内容。

（7）含有医疗机构的名称、地址、联系方式、诊疗项目、诊疗方法以及有关义诊、医疗咨询电话、开设特约门诊等医疗服务的内容。

（8）法律、行政法规规定不得含有的其他内容。

2.医疗器械广告的审批程序

（1）申请　医疗器械注册证明文件或者备案凭证持有人及其授权同意的生产、经营企业为广告申请人（以下简称申请人）。申请人可以委托代理人办理医疗器械广告审查申请。医疗器械广告审查申请应当依法向生产企业或者进口代理人所在地广告审查机关提出。应当依法提交《广告审查表》、与发布内容一致的广告样件，以及下列合法有效的材料：①申请人的主体资格相关材料，或者合法有效的登记文件。②产品注册证明文件或者备案凭证、注册或者备案的产品标签和说明书，以及生产许可文件。③广告中涉及的知识产权相关有效证明材料。

经授权同意作为申请人的生产、经营企业，还应当提交合法的授权文件；委托代理人进行申请的，还应当提交委托书和代理人的主体资格相关材料。

申请人可以到广告审查机关受理窗口提出申请，也可以通过信函、传真、电子邮件或者电子政务平台提交医疗器械广告申请。

（2）受理　广告审查机关收到申请人提交的申请后，应当在五个工作日内作出受理或者不予受理决定。申请材料齐全、符合法定形式的，应当予以受理，并出具《广告审查受理通知书》。申请材料不齐全、不符合法定形式的，应当一次性告知申请人需要补正的全部内容。

（3）决定　广告审查机关应当对申请人提交的材料进行审查，自受理之日起十个工作日内完成审查工作。经审查，对符合法律、行政法规和《药品、医疗器械、保健食品、特殊医学用途配方食品广告审查管理暂行办法》规定的广告，应当作出审查批准的决定，编发广告批准文号。经审查批准的广告，广告审查机关应当通过本部门网站以及其他方便公众查询的方式，在十个工作日内向社会公开。公开的信息应包括广告批准文号、申请人名称、广告发布内容、广告批准文号有效期、广告类别、产品名称、产品注册证明文件或者备案凭证编号等内容。对不符合法律、行政法规和《药品、医疗器械、保健食品、特殊医学用途配方食品广告审查管理暂行办法》规定的广告，应当作出不予批准的决定，送达申请人并说明理由，同时告知其享有依法申请行政复议或者提起行政诉讼的权利。

医疗器械广告批准文号的有效期与产品注册证明文件、备案凭证或者生产许可文件中最短的有效期一致。产品注册证明文件、备案凭证或者生产许可文件未规定有效期的，广告批准文号有效期为两年。

3.广告批准文号注销　申请人有下列情形的，不得继续发布审查批准的广告，并应当主动申请注销医疗器械广告批准文号。

（1）主体资格证照被吊销、撤销、注销的。

（2）产品注册证明文件、备案凭证或者生产许可文件被撤销、注销的。

（3）法律、行政法规规定应当注销的其他情形。

广告审查机关发现申请人有上述情形的，应当依法注销其广告批准文号。

二、广告的发布要求

1.严格按审查内容发布　医疗器械的广告主、广告经营者、广告发布者应严格按照审查通过的内容发布医疗器械广告，不得进行剪辑、拼接、修改。已经审查通过的广告内容需要改动的，应重新申请广告审查。

2.禁止发布广告的产品　下列医疗器械不得发布广告：①戒毒治疗的医疗器械；②依法停止或者禁止生产、销售或者使用的医疗器械；③法律、行政法规禁止发布广告的情形。

三、法律责任

（一）医疗器械广告主体的法律责任

1.违反显著标明要求的法律责任　未显著、清晰表示广告中应当显著标明内容的，由市场监督管理部门责令停止发布广告，对广告主处十万元以下的罚款。广告经营者、广告发布者明知或者应知有上述规定违法行为仍设计、制作、代理、发布的，由市场监督管理部门处十万元以下的罚款。

2.未经审查发布广告等行为法律责任　有下列情形之一的，由市场监督管理部门责令停止发布广告，责令广告主在相应范围内消除影响，处广告费用一倍以上三倍以下的罚款，广告费用无法计算或者明显偏低的，处十万元以上二十万元以下的罚款；情节严重的，处广告费用三倍以上五倍以下的罚款，广告费用无法计算或者明显偏低的，处二十万元以上一百万元以下的罚款，可以吊销营业执照，并由广告审查机关撤销广告审查批准文件、一年内不受理其广告审查申请。

（1）未经审查发布医疗器械广告。

（2）广告批准文号已超过有效期，仍继续发布医疗器械广告。

（3）未按照审查通过的内容发布医疗器械广告。

3.违反广告审查标准的法律责任　违反审查标准中禁止包含情形第（2）~（5）项规定发布医疗器械广告的，由市场监督管理部门责令停止发布广告，责令广告主在相应范围内消除影响，处广告费用一倍以上三倍以下的罚款，广告费用无法计算或者明显偏低的，处十万元以上二十万元以下的罚款；情节严重的，处广告费用三倍以上五倍以下的罚款，广告费用无法计算或者明显偏低的，处二十万元以上一百万元以下的罚款，可以吊销营业执照，并由广告审查机关撤销广告审查批准文件、一年内不受理其广告审查申请。

违反审查标准中禁止包含情形第（6）~（8）项规定发布医疗器械广告的，《广告法》及其他法律法规有规定的，应依照相关规定处罚；没有规定的，由县级以上市场监督管理部门责令改正；对负有责任的广告主、广告经营者、广告发布者处以违法所得三倍以下罚款，但最高不超过三万元；没有违法所得的，可处一万元以下罚款。

4.发布虚假广告的法律责任　违反审查标准中禁止包含情形第（2）~（5）项观点，构成虚假广告的，由市场监督管理部门责令停止发布广告，责令广告主在相应范围内消除影响，处广告费用三倍以上五倍以下的罚款，广告费用无法计算或者明显偏低的，处二十万元以上一百万元以下的罚款；两年内有三次以上违法行为或者有其他严重情节的，处广告费用五倍以上十倍以下的罚款，广告费用无法计算或者明显偏低的，处一百万元以上二百万元以下的罚款，可以吊销营业执照，并由广告审查机关撤销广告审查批准文件、一年内不受理其广告审查申请。

5.违法发布广告的法律责任　违法使用或者变相使用国家机关、国家机关工作人员、军队单位或者军队人员的名义或者形象，或者利用军队装备、设施等从事广告宣传，以及发布禁止发布广告的，由市场监督管理部门责令停止发布广告，对广告主处二十万元以上一百万元以下的罚款，情节严重的，并可以吊销营业执照，由广告审查机关撤销广告审查批准文件、一年内不受理其广告审查申请；对广告经营者、广告发布者，由市场监督管理部门没收广告费用，处二十万元以上一百万元以下的罚款，情节严重的，并可以吊销营业执照、吊销广告发布登记证件。

6.申请行为违法的法律责任　对于隐瞒真实情况或者提供虚假材料申请医疗器械广告审查的，广告审查机关不予受理或者不予批准，予以警告，一年内不受理该申请人的广告审查申请。以欺骗、贿赂等不正当手段取得医疗器械广告批准文号的，广告审查机关予以撤销，处十万元以上二十万元以下的罚款，三年内不受理该申请人的广告审查申请。

市场监督管理部门对违反《药品、医疗器械、保健食品、特殊医学用途配方食品广告审查管理暂行办法》规定的行为作出行政处罚决定后，应依法通过国家企业信用信息公示系统向社会公示。

（二）执法人员的法律责任

广告审查机关的工作人员玩忽职守、滥用职权、徇私舞弊的，应依法给予处分。构成犯罪的，应依法追究其刑事责任。

第五节　医疗器械进出口管理

PPT

💬 **案例讨论**

案例　2020年2月21日，国家药监局发布关于批准注册120个医疗器械产品公告（2020年1月）（2020年第16号），公示了2020年1月批准的注册医疗器械产品目录，国家药品监督管理局共批准注册医疗器械产品120个。其中，进口第三类医疗器械产品27个，进口第二类医疗器械产品20个。产品目录中包含进口第三类医疗器械的信息，如：74.取栓支架，国械注进（20203030002）。

讨论　1.向我国境内出口医疗器械的境外生产企业应如何进行申请？需要提供哪些材料？
　　　　2.进口的医疗器械有什么要求？

随着我国对外经济贸易的快速发展，医疗器械的进出口贸易额均呈现逐年上升的趋势。全球医疗器械市场发展空间巨大，而我国医疗器械产品具有质优、均一、稳定的明显优势，在国际市场中占有重要地位。目前，我国医疗器械已出口到亚洲、欧洲、北美洲等200多个国家或地区。然而，医疗器械进出口规模不断扩大的同时，对相关监管工作的要求也越发严格。

一、进出口管理

（一）医疗器械进口管理

向我国境内出口第一类医疗器械的境外生产企业，由其在我国境内设立的代表机构或者指定

医药大学堂
WWW.YIYAODXT.COM

我国境内的企业法人作为代理人，向国务院药品监督管理部门提交备案资料和备案人所在国（地区）主管部门准许该医疗器械上市销售的证明文件。备案资料载明的事项发生变化的，应当向原备案部门变更备案。向我国境内出口第二类、第三类医疗器械的境外生产企业，应由该企业在我国境内设立的代表机构或者指定我国境内的企业法人作为代理人，向国务院药品监督管理部门提交注册申请资料和注册申请人所在国（地区）主管部门准许该医疗器械上市销售的证明文件。

进口的医疗器械应当是依照现行《条例》规定已注册或者已备案的医疗器械。进口的医疗器械应当有中文说明书、中文标签。说明书、标签应当符合现行《条例》规定以及相关强制性标准的要求，并在说明书中载明医疗器械的原产地以及代理人的名称、地址、联系方式。没有中文说明书、中文标签或者说明书、标签不符合规定的，不得进口。

出入境检验检疫机构依法对进口的医疗器械实施检验，检验不合格的，不得进口。国务院药品监督管理部门应当及时向国家出入境检验检疫部门通报进口医疗器械的注册和备案情况。进口口岸所在地出入境检验检疫机构应当及时向所在地设区的市级人民政府药品监督管理部门通报进口医疗器械的通关情况。

进口申请审批通过后，相关医疗器械经营企业方可进行进口医疗器械的经营活动。所有经营销售活动及相应的监督管理均应遵守《经营监督管理办法》。

（二）医疗器械产品出口销售证明

1.申请　出口医疗器械的企业应当保证其出口的医疗器械符合进口国（地区）的要求。在我国已取得医疗器械产品注册证书及生产许可证书，或已办理医疗器械产品备案及生产备案的，药品监督管理部门可为相关生产企业出具《医疗器械产品出口销售证明》。企业应当向所在地省级药品监督管理部门或其指定的部门（以下简称出具证明部门）提交《医疗器械产品出口销售证明登记表》，并报送加盖企业公章的相关资料，资料内容应与出口产品的实际信息一致。

2.审批　出具证明部门应对企业提交的相关资料进行审查核对。符合要求的，应当出具《医疗器械产品出口销售证明》。《医疗器械产品出口销售证明》编号的编排方式为：××食药监械出××××××××号。其中：

第一位×代表生产企业所在地省、自治区、直辖市的简称；

第二位×代表生产企业所在地设区的市级行政区域的简称；

第三到第六位×代表4位数的证明出具年份；

第七到第十位×代表4位数的证明出具流水号。

不符合要求的，应当及时说明理由。需要出具《医疗器械产品出口销售证明》的企业，其生产不符合相关法规要求，企业信用等级较低，或在生产整改、涉案处理期间的，不予出具《医疗器械产品出口销售证明》。

《医疗器械出口销售证明》有效日期不应超过申报资料中企业提交的各证件最先到达的截止日期，且最长不超过2年。企业提交的相关资料发生变化的，应当及时报告出具证明部门。相关资料发生变化或有效期届满仍需继续使用的，企业应当重新办理《医疗器械产品出口销售证明》。医疗器械生产企业应当建立并保存出口产品档案。内容包括已办理的《医疗器械出口销售证明》、《医疗器械出口备案表》、购货合同、质量要求、检验报告、合格证明、包装、标签式样、报关单等，以保证产品出口过程的可追溯。

3.出口医疗器械的相关管理规定　省级药品监督管理部门应当组织本行政区域内的出具证明部门及时公开《医疗器械产品出口销售证明》相关信息。药品监督管理部门发现相关企业的生产不符合相关法规要求，企业信用等级降为较低等级，或认为其不再符合出具证明有关情况的，以及企业报告提交的相关资料发生变化的，省级药品监督管理部门应当及时通告相关信息。

企业提供虚假证明或者采取其他欺骗手段骗取《医疗器械产品出口销售证明》的，5年内不再为其出具《医疗器械产品出口销售证明》，并将企业名称、医疗器械生产许可证或备案凭证编号、医疗器械产品注册证或备案凭证编号、法定代表人和组织机构代码等信息予以通告。

二、进口医疗器械检验

为保障人体健康和生命安全，根据《中华人民共和国进出口商品检验法》及其实施条例和其他有关法律法规规定，原国家质量监督检验检疫总局制定《进口医疗器械检验监督管理办法》，自2007年12月1日起施行。

（一）医疗器械进口单位分类监管

检验检疫机构根据医疗器械进口单位的管理水平、诚信度、进口医疗器械产品的风险等级、质量状况和进口规模，对医疗器械进口单位实施分类监管，具体分为三类。医疗器械进口单位可以根据条件自愿提出分类管理申请。

1.一类进口单位应当符合的条件

（1）严格遵守商检法及其实施条例、国家其他有关法律法规以及海关总署的相关规定，诚信度高，连续5年无不良记录。

（2）具有健全的质量管理体系，获得ISO9000质量体系认证，具备健全的质量管理制度，包括进口报检、进货验收、仓储保管、质量跟踪和缺陷报告等制度。

（3）具有2名以上经检验检疫机构培训合格的质量管理人员，熟悉相关产品的基本技术、性能和结构，了解我国对进口医疗器械检验监督管理。

（4）代理或者经营实施强制性产品认证制的进口医疗器械产品的，应当获得相应的证明文件。

（5）代理或者经营的进口医疗器械产品质量信誉良好，2年内未发生由于产品质量责任方面的退货、索赔或者其他事故等。

（6）连续从事医疗器械进口业务不少于6年，并能提供相应的证明文件。

（7）近2年每年进口批次不少于30批。

（8）收集并保存有关医疗器械的国家标准、行业标准及医疗器械的法规规章及专项规定，建立和保存比较完善的进口医疗器械资料档案，保存期不少于10年。

（9）具备与其进口的医疗器械产品相适应的技术培训和售后服务能力，或者约定由第三方提供技术支持。

（10）具备与进口医疗器械产品范围与规模相适应的、相对独立的经营场所和仓储条件。

2.二类进口单位应当具备的条件

（1）严格遵守商检法及其实施条例、国家其他有关法律法规以及国家质检总局的相关规定，诚信度较高，连续3年无不良记录。

（2）具有健全的质量管理体系，具备健全的质量管理制度，包括进口报检、进货验收、仓储保管、质量跟踪和缺陷报告等制度。

（3）具有1名以上经检验检疫机构培训合格的质量管理人员，熟悉相关产品的基本技术、性能和结构，了解我国对进口医疗器械检验监督管理的人员。

（4）代理或者经营实施强制性产品认证制度的进口医疗器械产品的，应当获得相应的证明文件。

（5）代理或者经营的进口医疗器械产品质量信誉良好，1年内未发生由于产品质量责任方面的退货、索赔或者其他事故等。

（6）连续从事医疗器械进口业务不少于3年，并能提供相应的证明文件。

（7）近2年每年进口批次不少于10批。

（8）收集并保存有关医疗器械的国家标准、行业标准及医疗器械的法规规章及专项规定，建立和保存比较完善的进口医疗器械资料档案，保存期不少于10年。

（9）具备与其进口的医疗器械产品相适应的技术培训和售后服务能力，或者约定由第三方提供技术支持。

（10）具备与进口医疗器械产品范围与规模相适应的、相对独立的经营场所。

3.三类进口单位　包括①从事进口医疗器械业务不满3年的进口单位；②从事进口医疗器械业务已满3年，但未提出分类管理申请的进口单位；③提出分类申请，经考核不符合一、二类进口单位条件，未列入一、二类分类管理的进口单位。

（二）进口医疗器械风险等级及检验监管

检验检疫机构按照进口医疗器械的风险等级、进口单位的分类情况，根据海关总署的相关规定，对进口医疗器械实施现场检验，以及与后续监督管理（以下简称监督检验）相结合的检验监管模式。

海关总署根据进口医疗器械的结构特征、使用形式、使用状况、国家医疗器械分类的相关规则以及进口检验管理的需要等，将进口医疗器械产品分为高风险、较高风险和一般风险三个风险等级。

1.高风险等级　符合下列条件的进口医疗器械产品为高风险等级：①植入人体的医疗器械；②介入人体的有源医疗器械；③用于支持、维持生命的医疗器械；④对人体有潜在危险的医学影像设备及能量治疗设备；⑤产品质量不稳定，多次发生重大质量事故，对其安全性有效性必须严格控制的医疗器械。

进口高风险医疗器械的，按照以下方式进行检验管理：一类进口单位进口的，实施现场检验与监督检验相结合的方式，其中年批次现场检验率不低于50%；二、三类进口单位进口的，实施批批现场检验。

2.较高风险等级　符合下列条件的进口医疗器械产品为较高风险等级：①介入人体的无源医疗器械；②不属于高风险的其他与人体接触的有源医疗器械；③产品质量较不稳定，多次发生质量问题，对其安全性有效性必须严格控制的医疗器械。

进口较高风险医疗器械的，按照以下方式进行检验管理：一类进口单位进口的，年批次现场检验率不低于30%；二类进口单位进口的，年批次现场检验率不低于50%；三类进口单位进口的，实施批批现场检验。

3.一般风险等级　未列入高风险、较高风险等级的进口医疗器械属于一般风险等级。进口一般风险医疗器械的，实施现场检验与监督检验相结合的方式进行检验管理，其中年批次现场检验率分别为：一类进口单位进口的，年批次现场检验率不低于10%；二类进口单位进口的，年批次现场检验率不低于30%；三类进口单位进口的，年批次现场检验率不低于50%。

4.进口医疗器械检验程序　进口医疗器械进口时，进口医疗器械的收货人或者其代理人（以下简称报检人）应当向报关地检验检疫机构报检，并提供相关材料。

口岸检验检疫机构应当对报检材料进行审查，不符合要求的，应当通知报检人；经审查符合要求的，签发《入境货物通关单》，货物办理海关报关手续后，应当及时向检验检疫机构申请检验。进口医疗器械应当在报检人报检时申报的目的地检验。对需要结合安装调试实施检验的进口医疗器械，应当在报检时明确使用地，由使用地检验检疫机构实施检验。需要结合安装调试实施检验的进口医疗器械目录由海关总署对外公布实施。对于植入式医疗器械等特殊产品，应当在海关总署指定的检验检疫机构实施检验。

检验检疫机构按照国家技术规范的强制性要求对进口医疗器械进行检验；尚未制定国家技术规范的强制性要求的，可以参照海关总署指定的国外有关标准进行检验。进口医疗器械经检验未发现不合格的，检验检疫机构应当出具《入境货物检验检疫证明》。经检验发现不合格的，检验检疫机构应当出具《检验检疫处理通知书》，需要索赔的应当出具检验证书。涉及人身安全、健康、环境保护项目不合格的，或者可以技术处理的项目经技术处理后经检验仍不合格的，由检验检疫机构责令当事人销毁，或者退货并书面告知海关，并上报海关总署。

三、法律责任

擅自销售、使用未报检或者未经检验的属于法定检验的进口医疗器械，或者擅自销售、使用应当申请进口验证而未申请的进口医疗器械的，由检验检疫机构没收违法所得，并处商品货值金额5%以上20%以下罚款；构成犯罪的，依法追究刑事责任。

销售、使用经法定检验、抽查检验或者验证不合格的进口医疗器械的，由检验检疫机构责令停止销售、使用，没收违法所得和违法销售、使用的商品，并处违法销售、使用的商品货值金额等值以上3倍以下罚款；构成犯罪的，依法追究刑事责任。

医疗器械的进口单位进口国家禁止进口的旧医疗器械的，按照国家有关规定予以退货或者销毁。进口旧医疗器械属机电产品的，情节严重的，由检验检疫机构并处100万元以下罚款。

根据《进出口商品检验法》第三十五条规定，进口或者出口属于掺杂掺假、以假充真、以次充好的商品或者以不合格进出口商品冒充合格进出口商品的，由商检机构责令停止进口或者出口，没收违法所得，并处货值金额百分之五十以上三倍以下的罚款；构成犯罪的，依法追究刑事责任。

根据《进出口商品检验法》第三十六条规定，伪造、变造、买卖或者盗窃商检单证、印章、标志、封识、质量认证标志的，依法追究刑事责任；尚不够刑事处罚的，由商检机构、认证认可监督管理部门依据各自职责责令改正，没收违法所得，并处货值金额等值以下的罚款。

岗位对接

本章是医疗器械经营与管理等相关专业学生必须掌握的内容，为成为合格的医疗器械经营、管理、使用等从业人员奠定坚实的基础。

本章对接岗位包括医疗器械经营企业管理者、医疗器械购销员、药品监督管理部门医疗器械监督检查工作人员等。

上述相关岗位从业人员均需要掌握医疗器械经营质量管理规范，熟悉医疗器械经营监督管理的主要内容，能熟练应用规范及条例的要求开展医疗器械经营的相关申报、审批及检查等工作。

本章小结

　　医疗器械经营管理是医疗器械生产与使用的重要桥梁和纽带，而医疗器械经营企业则承担着生产企业与使用单位或个人的连接任务，担负着医疗器械的采购、验收、仓储保存、运输配送、销售以及售后服务等多项职责。因此，医疗器械经营企业对其所经营医疗器械的质量保证及安全应用负有重要责任，也是医疗器械监管工作中的关键环节，同时受多个行政监督管理部门的监管。各级药品监督管理部门应采取多种形式对其管辖范围内的医疗器械经营企业按照《经营质量管理规范》及现行《条例》进行日常监督管理，发现任何企业或个人存在违法违规行为，按照相关规定予以处罚。

习题

习题

一、不定项选择题

　　1.医疗器械按照风险程度，经营实施分类管理，经营第（　）类医疗器械不需许可和备案、经营第（　）类医疗器械实行备案管理、经营第（　）类医疗器械实行许可管理。

　　A.一、二、三　　　　　　　　　　　　B.二、一、三

　　C.三、二、一　　　　　　　　　　　　D.一、二和三、二或三

　　2.医疗器械经营企业应当建立并执行进货查验制度，进货查验记录和销售记录应当保存至医疗器械有效期后（　）年，无有效期的不得少于（　）年，植入类医疗器械应当（　）保存。

　　A.2、5、永久　　　B.1、3、5　　　C.2、5、5　　　D.1、3、永久

　　3.第三类医疗器械经营企业应按照医疗器械经营质量管理规范进行全项目自查，于每年（　）向所在地设区的市级药品监督管理部门提交年度自查报告。

　　A.第3个月　　　　　B.第6个月　　　　　C.第9个月　　　　　D.年底

　　4.伪造、变造、买卖、出租、出借医疗器械经营备案凭证的，由县级以上药品监督管理部门责令改正，并处（　）以下罚款。

　　A.0.5万元　　　　　B.1万元　　　　　C.3万　　　　　D.5万

　　5.《医疗器械经营监督管理办法》是2014年国家食品药品监督管理总局第（　）号令公布。根据（　）年11月7日国家食品药品监督管理总局局务会议《关于修改部分规章的决定》修订。

　　A.8号、2014年　　　B.8号、2017年　　　C.18号、2017年　　　D.68号、2014年

　　6.医疗器械经营企业销售人员销售医疗器械，应提供加盖本企业公章的授权书，授权书应当载明的内容包括（　）。

　　A.授权销售的品种　　　　　　　　　　B.授权销售的地域

　　C.授权销售的期限　　　　　　　　　　D.注明销售人员的身份证号码

　　7.医疗器械经营企业不得经营（　）、淘汰的医疗器械。

　　A.未经注册的医疗器械　　　　　　　　B.未经备案的医疗器械

　　C.过期的医疗器械　　　　　　　　　　D.失效的医疗器械

8.在医疗器械广告申请材料及广告宣传中不得出现（　　）内容或情形。

　　A.表示功效的断言或者保证

　　B.说明治愈率或者有效率

　　C.与其他医疗器械的功效和安全性或者其他医疗机构服务比较

　　D.利用广告代言人做推荐、证明

9.《医疗器械经营许可证》编号的编排方式为：××食药监械经营许×××××××号。其中：（　　）。

　　A.第一位X代表许可部门所在地省、自治区、直辖市的简称

　　B.第二位X代表所在地设区的市级行政区域的简称

　　C.第三到六位X代表4位数许可年份

　　D.第七到十位X代表4位数许可流水号

10.应当建立销售记录制度的医疗器械经营企业包括（　　）。

　　A.从事第二类医疗器械批发业务的　　　　　　B.从事第二类医疗器械零售业务的

　　C.从事第三类医疗器械批发业务的　　　　　　D.从事第三类医疗器械零售业务的

二、简答题

1.简述开办医疗器械经营企业的条件。

2.什么是全项目检查、飞行检查、跟踪检查？

3.医疗器械广告的申请需要哪些材料？

第六章 医疗器械使用管理

📖 知识目标

1. **掌握** 涵盖质量管理全过程的医疗器械使用管理制度、医疗器械使用管理部门组织构成、医疗器械使用管理涉及的法律责任。

2. **熟悉** 医疗器械使用管理中监督管理部门的职责分工、医疗器械使用环节的监督管理要求。

3. **了解** 大型医用设备配置要求及申请流程，在用医疗器械转让和捐赠管理。

👉 能力目标

1. **学会** 正确合理使用医疗器械；能运用使用环节管理规范要求进行医疗器械的采购、验收、贮存以及日常维护保养等专业工作。

2. **具备** 根据国家对医疗器械行业的规划，及时发现新技术、新要求，进行医疗器械配置规划的能力。

第一节 概 述

PPT

💬 案例讨论

案例 从2010年1月到2014年6月，国家药品不良反应监测中心陆续收到了关于特定电磁波治疗仪可疑医疗器械不良事件报告，共498份。其中表现为人员伤害的报告占总报告数的74.5%，表现为皮肤瘙痒、水泡、红肿、灼伤等。其中表现为器械故障的报告占总报告数的25.5%，表现为防护罩脱落、功率不稳定、电线老化磨损和短路等。

讨论 1.医疗器械使用管理的目的和意义是什么？

2.医疗器械使用管理的职能部门及具体责任是什么？

一、概念和内容

医疗器械在临床诊治中起到了举足轻重的作用，极大地提高了医疗质量。但是，由于医疗机构并没有随之建立起完善的医疗器械使用管理制度，无法达到医疗器械使用的最基本安全要求，给临床医疗留下了极大的安全隐患。近些年，由于医疗器械使用不当造成的不良事件进而引发的医疗事故、医疗纠纷日益上升，医疗器械管理不规范衍生出的众多问题，加剧了医患关系的持续紧张，给医疗机构带来了巨大困扰。

医疗器械使用管理，是指在医疗器械整个使用过程中，按照一定的准则对医疗器械进行相关方面的管理。具体内容包括：医疗器械采购之前根据需要进行计划论证，采购后对医疗器械的验收安装入库，在临床使用过程中对医疗器械的规范化使用作出正确指导，当医疗器械出现问题时对产生的问题进行协调解决，在使用过程中及时进行计量、质控管理以确保产品准确安全等，同时所有的行为都能够在使用单位内部管理和外部行政部门的监督管理下有条不紊的运行。

现行《条例》第七十六条明确规定了医疗器械使用单位的定义。医疗器械使用单位，是指使用医疗器械为他人提供医疗等技术服务的机构，包括取得医疗机构执业许可证的医疗机构，取得计划生育技术服务机构执业许可证的计划生育技术服务机构，以及依法不需要取得医疗机构执业许可证的血站、单采血浆站、康复辅助器具适配机构等。2010年1月14日，原卫生部发布《医疗器械临床使用安全管理规范（试行）》，明确了医疗器械临床使用安全管理的概念。医疗器械临床使用安全管理，是指医疗机构医疗服务中涉及的医疗器械产品安全、人员、制度、技术规范、设施、环境等的安全管理。

当前，医疗卫生机构的临床医学工程部门和专业技术人才队伍不断壮大。医疗器械管理部门负责贯彻执行国家有关医疗器械使用管理的规范性要求，其工作范围涵盖医疗器械的采购、验收、贮存、维护保养、修理、计量、质量控制等使用管理的各个环节，成为医疗卫生机构医疗器械使用管理的护航员。

二、立法简介

医疗器械使用单位是医疗器械的具体操作者，使用环节的医疗器械质量和使用行为是确保用械安全有效的关键。医疗卫生机构的管理缺少不了医疗器械的使用管理这一环，医疗机构也需要有一个规范化的医疗器械使用安全与质量管理体系，但我国医疗器械临床使用管理与质量安全方面还缺少经验，相关制度体系尚待完善。

2000年版《条例》关于医疗器械使用环节的监管规定较为简单，不能满足医疗管理和现代临床医学技术的发展要求。针对使用单位采购不规范、维护保养环节被忽视、进货查验不严格等问题，现行《条例》加强了对医疗器械使用质量的管理要求，增强了对医疗器械使用环节的监管力度，充实了监管手段和措施，对医疗器械的使用管理、监督检查和法律责任作出了明确要求。2015年10月21日，原国家食品药品监督管理总局发布《医疗器械使用质量监督管理办法》（以下简称《使用管理办法》），自2016年2月1日起施行。《使用管理办法》共6章35条，包括总则，采购、验收与贮存，使用、维护与转让，监督管理，法律责任，附则。作为现行《条例》的配套规章，《使用管理办法》细化和完善了上位法关于医疗器械的使用质量管理义务，丰富了我国医疗器械监管法律体系，构建了覆盖使用环节质量管理全过程的医疗器械使用管理制度。此外，国家卫生健康主管部门、国家中医药管理局、国家药品监督管理部门等相关部门陆续发布了一系列规范性文件，我国医疗器械使用管理工作的规范化正逐渐走向成熟，具体文件内容见表6-1。

表6-1　医疗器械使用管理规范性文件

文件名称	实施时间	主要涉及内容
《医疗器械临床使用安全管理规范（试行）》	2010年1月14日	医疗器械临床准入与评价管理、临床使用管理、临床保障管理、医疗器械临床使用安全监督管理等
《医疗卫生机构医学装备管理办法》	2011年3月24日	机构与职责、医学装备的计划与采购、医学装备使用管理、医学装备处置管理、对医疗卫生机构的监督检查等
《大型医用设备配置与使用管理办法（试行）》	2018年5月22日	大型医用设备配置管理目录、配置规划、配置管理、使用管理、监督管理等

续表

文件名称	实施时间	主要涉及内容
《高值医用耗材集中采购工作规范（试行）》	2012年12月17日	高值耗材的集中采购机构、医疗机构管理、医用耗材生产经营企业管理、集中采购目录和采购方式、集中采购工作平台、集中采购实施程序、专家库的建设与管理、质疑与投诉、监督管理及处罚等
《医疗机构医用耗材管理办法（试行）》	2019年9月1日	医疗机构医用耗材管理组织的设置管理、医用耗材遴选与采购、医用耗材验收与储存、医用耗材申领发放与临床使用、医用耗材使用的监测与评价、医用耗材信息化管理建设、对医疗机构医用耗材管理的监督管理等

三、使用管理部门组织构成

（一）医疗卫生机构医学装备管理部门

根据《医疗卫生机构医学装备管理办法》第二条规定，医学装备是指医疗卫生机构中用于医疗、教学、科研、预防、保健等工作，具有卫生专业技术特征的仪器设备、器械、耗材和医学信息系统等的总称。医疗卫生机构医学装备管理应当遵循统一领导、归口管理、分级负责、权责一致的原则，应用信息技术等现代化管理方法，提高管理效能。医疗卫生机构的医学装备管理实行机构领导、医学装备管理部门和使用部门三级管理制度。

二级及以上医疗机构和县级及以上其他卫生机构应当设置专门的医学装备管理部门，由主管领导直接负责，并依据机构规模、管理任务配备数量适宜的专业技术人员。规模小、不宜设置专门医学装备管理部门的机构，应当配备专人管理。医学装备管理部门主要职责如下。

1.根据国家有关规定，建立完善本机构医学装备管理工作制度并监督执行。

2.负责医学装备发展规划和年度计划的组织、制订、实施等工作。

3.负责医学装备购置、验收、质控、维护、修理、应用分析和处置等全程管理。

4.保障医学装备正常使用。

5.收集相关政策法规和医学装备信息，提供决策参考依据。

6.组织本机构医学装备管理相关人员专业培训。

7.完成卫生行政部门和机构领导交办的其他工作。

医学装备使用部门应当设专职或兼职管理人员，在医学装备管理部门的指导下，具体负责本部门的医学装备日常管理工作。

二级及以上医疗机构、有条件的其他卫生机构应当成立医学装备管理委员会。委员会由机构领导、医学装备管理部门及有关部门人员和专家组成，负责对本机构医学装备发展规划、年度装备计划、采购活动等重大事项进行评估、论证和咨询，确保科学决策和民主决策。

（二）医疗器械临床使用安全管理委员会

医疗机构应当依据《医疗器械临床使用安全管理规范（试行）》的要求，制定医疗器械临床使用安全管理制度，建立健全本机构医疗器械临床使用安全管理体系。二级以上医院应当设立由院领导负责的医疗器械临床使用安全管理委员会，委员会由医疗行政管理、临床医学及护理、医院感染管理、医疗器械保障管理等相关人员组成，指导医疗器械临床安全管理和监测工作。

（三）医用耗材管理部门

医疗机构应当指定具体部门作为医用耗材管理部门，负责医用耗材的遴选、采购、验收、存储、发放等日常管理工作；指定医务管理部门，负责医用耗材的临床使用、监测、评价等专业技术服务日常管理工作。医疗机构直接接触医用耗材的人员，应当每年进行健康检查。传染病患者、病原携带者和疑似传染病患者，在治愈前或者在排除传染病嫌疑前，不得从事直接接触医用耗材的工作。医疗机构从事医用耗材管理相关工作的人员，应当具备与管理工作相适应的专业学历、技术职称或者经过相关技术培训。

二级以上医院应当设立医用耗材管理委员会；其他医疗机构应当成立医用耗材管理组织。村卫生室（所、站）、门诊部、诊所、医务室等其他医疗机构可不设医用耗材管理组织，由机构负责人指定人员负责医用耗材管理工作。医用耗材管理委员会由具有高级技术职务任职资格的相关临床科室、药学、医学工程、护理、医技科室人员以及医院感染管理、医用耗材管理、医务管理、财务管理、医保管理、信息管理、纪检监察、审计等部门负责人组成。医用耗材管理委员会的日常工作由指定的医用耗材管理部门和医务管理部门分工负责。医用耗材管理委员会的主要职责如下。

（1）贯彻执行医疗卫生及医用耗材管理等有关法律、法规、规章，审核制定本机构医用耗材管理工作规章制度，并监督实施。

（2）建立医用耗材遴选制度，审核本机构科室或部门提出的新购入医用耗材、调整医用耗材品种或者供应企业等申请，制订本机构的医用耗材供应目录（以下简称供应目录）。

（3）推动医用耗材临床应用指导原则的制订与实施，监测、评估本机构医用耗材使用情况，提出干预和改进措施，指导临床合理使用医用耗材。

（4）分析、评估医用耗材使用的不良反应、医用耗材质量安全事件，并提供咨询与指导。

（5）监督、指导医用耗材的临床使用与规范化管理。

（6）负责对医用耗材的临床使用进行监测，对重点医用耗材进行监控。

（7）对医务人员进行有关医用耗材管理法律法规、规章制度和合理使用医用耗材知识教育培训，向患者宣传合理使用医用耗材知识。

（8）与医用耗材管理相关的其他重要事项。

医疗机构根据自身规模和实际情况，建立医学装备管理部门、医疗器械临床使用安全管理委员会、医用耗材管理部门等相关管理组织，以满足医疗器械使用管理的需要，保障医疗器械临床使用安全。重大相关决策经过医学装备管理委员会、医疗器械临床使用安全管理委员会、医用耗材管理委员会等管理组织研究落实。医疗设备管理科室（如医疗设备科/器械科/医学工程处）推进有关医疗器械使用管理的各项具体工作。医疗设备管理科室工作人员以及使用部门的医疗器械管理人员，共同做好医疗器械使用管理工作。

第二节　采购、验收与贮存

PPT

💬 **案例讨论**

案例　2019年6月，某地市场监督管理局根据2019年度全市医疗器械生产经营企业和使用单位飞行检查计划，对X医院开展了医疗器械使用环节的飞行检查。检查情况通报显示：该医院存放医疗器械区域无温湿度调控设备，天花板漏水导致部分医用耗材被打湿；贮存医疗器械不符合说明书和标签标示的要求；无法提供抽查设备的购进合同、注册证书等，没有建立进货查验记录制度。

　　讨论　　1.医疗器械使用单位贮存医疗器械应符合哪些要求？
　　　　　　　2.本案中的X医院都有哪些违法行为？

　　医疗器械使用单位应当配备与其规模相适应的医疗器械质量管理机构或者质量管理人员，建立覆盖质量管理全过程的使用质量管理制度，承担本单位使用医疗器械的质量管理责任。鼓励医疗器械使用单位采用信息化技术手段进行医疗器械质量管理。

一、使用单位的采购

　　医疗器械购销环节关系到医疗服务水平、医疗费用负担和产品的使用安全。通过规范医疗器械采购行为，可以防治医疗器械领域商业贿赂，促进廉政建设，降低采购价格，并且能够保障医疗器械质量。为了规范采购流程，杜绝暗箱操作，保护采购当事人的合法权益，国家出台了一系列相关法律法规，主要有：《合同法》《招标投标法》《政府采购法》《政府采购法实施条例》《政府采购货物和服务招标投标管理办法》《卫生部关于进一步加强医疗器械集中采购管理的通知》《甲类大型医用设备集中采购工作规范（试行）》《高值医用耗材集中采购工作规范（试行）》《医疗机构医用耗材管理办法（试行）》等。

（一）基本要求

　　1.计划管理　医学装备管理部门应当根据本机构医学装备发展规划和年度预算，结合各使用部门装备配置和保障需求，编制年度装备计划和采购实施计划。单价在1万元及以上或一次批量价格在5万元及以上的医学装备均应当纳入年度装备计划管理。单价在1万元以下或一次批量价格在5万元以下的，由医疗卫生机构根据本机构实际情况确定管理方式。单价在50万元及以上的医学装备计划，应当进行可行性论证。论证内容应当包括配置必要性、社会和经济效益、预期使用情况、人员资质等。单价为50万元以下的，由医疗机构根据本机构实际情况确定论证方式。医疗卫生机构应当加强预算管理，严格执行年度装备计划和采购实施计划。未列入计划的项目，原则上不得安排采购。因特殊情况确需计划外采购的，应当严格论证审批。省级卫生行政部门依据国家有关规定制订本地区应急采购预案。因突发公共事件等应急情况需要紧急采购的，医疗卫生机构应当按照应急采购预案执行。

　　2.组织管理　医疗机构应当有专门部门负责医疗器械采购，医疗器械采购应当遵循国家相关管理规定执行，确保医疗器械采购规范、入口统一、渠道合法、手续齐全。医疗机构应当按照院务公开等有关规定，将医疗器械采购情况及时做好对内公开。医疗器械使用单位应当对医疗器械采购实行统一管理，由其指定的部门或者人员统一采购医疗器械，其他部门或者人员不得自行采购。

　　3.临床准入与评价管理　医疗机构应当建立医疗器械采购论证、技术评估和采购管理制度，确保采购的医疗器械符合临床需求。医疗机构应当建立医疗器械供方资质审核及评价制度，按照相关法律、法规的规定审验生产企业和经营企业的《医疗器械生产企业许可证》《医疗器械注册证》《医疗器械经营企业许可证》及产品合格证明等资质。医疗器械使用单位应当从具有资质的医疗器械生产经营企业购进医疗器械，索取、查验供货者资质、医疗器械注册证或者备案凭证等证明文件。医疗器械使用单位不得购进未依法注册、无合格证明文件以及过期、失效、淘汰的医疗器械。

（二）采购方式

政府采购，是指各级国家机关、事业单位和团体组织，使用财政性资金采购依法制定的集中采购目录以内的或者采购限额标准以上的货物、工程和服务的行为。政府采购实行集中采购和分散采购相结合。集中采购的范围由省级以上人民政府公布的集中采购目录确定。纳入集中采购目录的政府采购项目，应当实行集中采购。采购人采购纳入集中采购目录的政府采购项目，必须委托集中采购机构代理采购；采购未纳入集中采购目录的政府采购项目，可以自行采购，也可以委托集中采购机构在委托的范围内代理采购。

医疗器械集中采购按属地化管理原则，以政府为主导，分中央、省和地市三级，以省级为主组织实施。各级政府、行业和国有企业举办的所有非营利性医疗机构，均应参加医疗器械集中采购。任何医疗机构不得规避集中采购。医疗器械集中采购必须遵循公开、公平、公正和诚实信用的基本准则，采购方式以公开招标为主。纳入集中采购目录或采购限额标准以上的医学装备，应当实行集中采购，并首选公开招标方式进行采购。采取公开招标以外其他方式进行采购的，应当严格按照国家有关规定报批。未纳入集中采购目录或集中采购限额标准以下的医学装备，应当首选公开招标方式采购。不具备公开招标条件的，可按照国家有关规定选择其他方式进行采购。

政府采购采用以下方式：①公开招标；②邀请招标；③竞争性谈判；④单一来源采购；⑤询价；⑥国务院政府采购监督管理部门认定的其他采购方式。以上各种招标方式的具体情形见第五章医疗器械经营管理。

（三）甲类大型医用设备集中采购

甲类大型医用设备集中采购由国家卫生健康主管部门统一组织实施。各级政府、国有企业（含国有控股企业）举办的非营利性医疗机构配置甲类大型医用设备，均应当参加集中采购。配置包括新增购置、更新和以核心硬件更换为主的性能升级。大型医用设备必须先取得配置许可证，方可列入集中采购计划。

1.集中采购基本工作程序 根据采购项目具体情况和工作方案确定采购方式；制订采购文件；组织实施采购；确定成交结果；签订采购合同；履约验收。

2.公开招标的实施程序 ①按照规定遴选招标代理机构；②集中采购工作机构和招标代理机构编制招标文件；③专家组审核招标文件，集中采购工作机构确认；④招标代理机构向招标监督管理部门备案招标文件；⑤招标代理机构发布招标公告和发售招标文件；⑥集中采购工作机构和招标代理机构接受咨询和质疑，并对标书作出修正；⑦供应商按照招标文件要求投标；⑧招标代理机构组织开标、评标；⑨招标代理机构将评标报告报集中采购工作机构，集中采购工作机构确认中标供应商；⑩招标代理机构发布中标公告。

3.邀请招标的实施程序 采购人应当从符合相应资格条件的供应商中，选择3家以上的供应商，向其发出投标邀请书。具体程序按照公开招标程序实施。

4.竞争性谈判的实施程序 ①集中采购工作机构编制谈判文件；②确定邀请参加谈判的供应商名单；③成立由办公室成员单位和专家组成的谈判小组，制订谈判方案；④谈判小组与供应商进行价格谈判；⑤确定中标供应商。

5.单一来源方式采购 采购人与供应商应当在保证采购项目质量和双方商定合理价格的基础上进行采购。一般采用价格谈判方式，按照竞争性谈判程序实施。

6.询价方式的实施程序 ①集中采购工作机构编制询价文件；②成立由办公室成员单位和专家组成的询价小组；询价小组应当对采购项目的价格构成和评定标准等事项作出规定；③确定被

询价的供应商名单：询价小组根据采购需求向其发出询价通知书；④询价：被询价的供应商一次报出不得更改的价格；⑤确定中标供应商。

（四）医用耗材遴选与采购

医用耗材，是指经药品监督管理部门批准的使用次数有限的消耗性医疗器械，包括一次性及可重复使用医用耗材。医用耗材的采购相关事务由医用耗材管理部门实行统一管理。其他科室或者部门不得从事医用耗材的采购活动，不得使用非医用耗材管理部门采购供应的医用耗材。

1.供应目录　医疗机构应当遴选建立本机构的医用耗材供应目录，并进行动态管理。医用耗材管理部门按照合法、安全、有效、适宜、经济的原则，遴选出本机构需要的医用耗材及其生产、经营企业名单，报医用耗材管理委员会批准，形成供应目录。纳入供应目录的医用耗材应当根据国家药监局印发的《医疗器械分类目录》明确管理级别，为Ⅰ级、Ⅱ级和Ⅲ级。医疗机构应当从已纳入国家或省市医用耗材集中采购目录中遴选本机构供应目录。确需从集中采购目录之外进行遴选的，应当按照有关规定执行。医疗机构应当加强供应目录涉及供应企业数量管理，统一限定纳入供应目录的相同或相似功能医用耗材供应企业数量。

2.实施程序　医用耗材使用科室或部门应当根据实际需求向医用耗材管理部门提出采购申请。医用耗材管理部门应当根据医用耗材使用科室或部门提出的采购申请，按照相关法律、行政法规和国务院有关规定，采用适当的采购方式，确定需要采购的产品、供应商及采购数量、采购价格等，并签订书面采购协议。医用耗材采购工作应当在有关部门有效监督下进行，由至少2名工作人员实施。

3.临时性医用耗材采购管理　医用耗材使用科室或部门临时性采购供应目录之外的医用耗材，需经主任委员、副主任委员同意后方可实施。对一年内重复多次临时采购的医用耗材，应当按照程序及时纳入供应目录管理。对于实施集中招标采购的地方，需要按有关程序报上级主管部门同意后实施临时性采购。遇有重大急救任务、突发公共卫生事件等紧急情况，以及需要紧急救治但缺乏必要医用耗材时，医疗机构可以不受供应目录及临时采购的限制。

4.医疗设备配套使用医用耗材的管理　医疗机构采购医疗设备时，应当充分考虑配套使用医用耗材的成本，并将其作为采购医疗设备的重要参考因素。鼓励医联体内医疗机构或者非医联体内医疗机构联合进行医用耗材遴选和采购。

5.高值医用耗材集中采购　高值医用耗材是指直接作用于人体、对安全性有严格要求、临床使用量大、价格相对较高、社会反映强烈的医用耗材。集中采购周期原则上为两年一次。开展产品增补工作期限不得超过一年。医疗机构必须具备开展相关高值医用耗材临床治疗的有关资质，原则上不得购买集中采购入围品种外的高值医用耗材，有特殊需要的，须经集中采购管理机构审批同意。集中采购实行医用耗材生产企业直接投标。医用耗材生产企业设立的仅销售本公司产品的商业公司、境外产品国内总代理可以视同生产企业。

二、大型医用设备配置管理

大型医用设备，是指使用技术复杂、资金投入量大、运行成本高、对医疗费用影响大且纳入目录管理的大型医疗器械。2017年5月，《国务院关于修改<医疗器械监督管理条例>的决定》（国务院令第680号）公布实施，设定大型医用设备配置许可，并对大型医用设备配置、使用和监管等作出规定。为贯彻国务院令第680号规定，国家卫生健康委员会发布了《大型医用设备配置与使用管理办法（试行）》和《甲类大型医用设备配置许可管理实施细则》。

（一）目录管理

大型医用设备目录由国家卫生健康委员会商国务院有关部门提出，报国务院批准后公布执行。国家按照目录对大型医用设备实行分级分类配置规划和配置许可证管理。大型医用设备配置管理目录分为甲、乙两类。2018年3月，国家卫生健康委员会发布了《大型医用设备配置许可管理目录（2018年）》。

1.甲类大型医用设备 指资金投入巨大，使用费用很高，技术要求特别严格的大型医疗器械，配置数量较少，一般按省级或跨区域配置。

（1）重离子放射治疗系统。

（2）质子放射治疗系统。

（3）正电子发射型磁共振成像系统（英文简称PET/MR）。

（4）高端放射治疗设备。指集合了多模态影像、人工智能、复杂动态调强、高精度大剂量率等精确放疗技术的放射治疗设备，目前包括X射线立体定向放射治疗系统（英文简称Cyberknife）、螺旋断层放射治疗系统（英文简称Tomo）HD和HDA两个型号、Edge和Versa HD等型号直线加速器。

（5）首次配置的单台（套）价格在3000万元人民币（或400万美元）及以上的大型医疗器械。

2.乙类大型医用设备 指资金投入大、运行成本和使用费用高，技术要求严格的大型医疗器械，一般以省级及以下区域为规划配置单位。

（1）X射线正电子发射断层扫描仪（英文简称PET/CT，含PET）。

（2）内窥镜手术器械控制系统（手术机器人）。

（3）64排及以上X射线计算机断层扫描仪（64排及以上CT）。

（4）1.5T及以上磁共振成像系统（1.5T及以上MR）。

（5）直线加速器（含X刀，不包括列入甲类管理目录的放射治疗设备）。

（6）伽玛射线立体定向放射治疗系统（包括头部、体部和全身）。

（7）首次配置的单台（套）价格在1000~3000万元人民币的大型医疗器械。

国家卫生健康委员会在大型医用设备管理中认为需要调整管理目录的，应当及时启动调整工作。国家卫生健康委员会对大型医用设备管理目录的调整建议组织论证评估，根据论证评估意见，商国务院有关部门报国务院批准。

（二）配置规划

大型医用设备配置规划应当与国民经济和社会发展水平、医学科学技术进步以及人民群众健康需求相适应，符合医疗卫生服务体系规划，促进区域医疗资源共享。大型医用设备配置规划原则上每5年编制一次，分年度实施。配置规划包括规划数量、年度实施计划、区域布局和配置标准等内容。首次配置的大型医用设备配置规划原则上不超过5台，其中，单一企业生产的，不超过3台。大型医用设备配置规划应当充分考虑社会办医的发展需要，合理预留规划空间。

省级卫生健康行政部门结合本地区医疗卫生服务体系规划，提出本地区大型医用设备配置规划和实施方案建议并报送国家卫生健康委员会。国家卫生健康委员会负责制定大型医用设备配置规划，并向社会公开。省级以上卫生健康行政部门应当对大型医用设备配置规划实施开展评估和考核，建立和完善第三方监督评价机制。大型医用设备配置规划明显不适应国民经济和社会发展、医学科学技术进步和人民群众健康需求，或者医疗卫生服务体系规划发生重大调整的，国家卫生健康委员会应当对大型医用设备配置规划进行调整。省级卫生健康行政部门可以提出本地区大型医用设备配置规划调整建议。国家卫生健康委员会组织制定并发布大型医用设备档次机型的阶梯分型。医疗器械使用单位应当根据功能定位、临床服务需求、医疗技术水平和专科发展等合理选择大型医用设备的适宜档次和机型。

（三）配置管理

1.申请配置 医疗器械使用单位配置大型医用设备，应当符合国务院卫生健康主管部门制定的大型医用设备配置规划，与其功能定位、临床服务需求相适应，具有相应的技术条件、配套设施和具备相应资质、能力的专业技术人员，并经省级以上人民政府卫生健康主管部门批准，取得大型医用设备配置许可证。申请配置甲类大型医用设备的，向国家卫生健康委员会提出申请；申请配置乙类大型医用设备的，向所在地省级卫生健康行政部门提出申请。

受理配置申请的卫生健康行政部门应当对医疗器械使用单位申报事项实施第三方专家评审，并自申请受理之日起20个工作日内，作出许可决定。依照规定需要组织专家评审的，专家评审时间不计算在许可期限内。医疗器械使用单位取得大型医用设备配置许可证后应当及时配置相应大型医用设备，并向发证机关报送所配置的大型医用设备相关信息。配置时限由发证机关规定。国家卫生健康委员会、省级卫生健康委员会应当分别公开甲类、乙类大型医用设备配置许可情况。省级卫生健康委员会应当在每年1月向国家卫生健康委员会报送上一年度乙类大型医用设备配置许可情况。

2.配置许可失效 有下列情形之一的，大型医用设备配置许可证自行失效，医疗器械使用单位应当自失效之日起5个工作日内向原发证机关交回大型医用设备配置许可证，原发证机关将予以注销。①医疗器械使用单位执业许可（或从事医疗服务的其他法人资质）终止的；②相关诊疗科目被注销的；③无正当理由未在规定时限内配置的；④未按照核发的大型医用设备配置许可证配置相应设备的；⑤法律、法规规定的其他情形。发生第三项导致配置许可证失效的情形，申请机构及负责人纳入不良信用记录。大型医用设备配置许可证失效但医疗器械使用单位仍需使用该设备的，应当按照规定重新申请办理。

三、使用单位的验收

根据《医疗卫生机构医学装备管理办法》的规定，医疗卫生机构应当建立医学装备验收制度。医学装备到货、安装、调试使用后，医学装备管理部门应当组织使用部门、供货方依据合同约定及时进行验收。验收完成后应当填写验收报告，并由各方签字确认。医学装备验收工作应当在合同约定的索赔期限内完成。经验收不合格的，应当及时办理索赔。

（一）基本要求

医疗器械使用单位对购进的医疗器械应当验明产品合格证明文件，并按规定进行验收。对有特殊储运要求的医疗器械还应当核实储运条件是否符合产品说明书和标签标示的要求。根据《政府采购法》的要求，采购人或者其委托的采购代理机构应当组织对供应商履约的验收。大型或者复杂的政府采购项目，应当邀请国家认可的质量检测机构参加验收工作。验收方成员应当在验收书上签字，并承担相应的法律责任。

医疗器械使用单位购进医疗器械，应当查验供货者的资质和医疗器械的合格证明文件，建立进货查验记录制度。记录事项包括：①医疗器械的名称、型号、规格、数量；②医疗器械的生产批号、有效期、销售日期；③生产企业的名称；④供货者或者购货者的名称、地址及联系方式；⑤相关许可证明文件编号等。进货查验记录和销售记录应当真实，并按照药品监督管理部门规定的期限予以保存。国家鼓励采用先进技术手段进行记录。

医疗器械使用单位应当真实、完整、准确地记录进货查验情况。进货查验记录应当保存至医疗器械规定使用期限届满后2年或者使用终止后2年。大型医疗器械进货查验记录应当保存至医疗器械规定使用期限届满后5年或者使用终止后5年；植入性医疗器械进货查验记录应当永久保存。医疗器械使用单位应当妥善保存购入第三类医疗器械的原始资料，并确保信息具有可追溯性。

根据《医疗器械临床使用安全管理规范（试行）》的规定，医疗机构应当制定医疗器械安装、验收（包括商务、技术、临床）使用中的管理制度与技术规范。医疗机构应当建立医疗器械验收制度，验收合格后方可应用于临床。医疗器械验收应当由医疗机构医疗器械保障部门或者其委托的具备相应资质的第三方机构组织实施并与相关的临床科室共同评估临床验收试用的结果。医疗机构应当按照国家分类编码的要求，对医疗器械进行唯一性标识，并妥善保存高风险医疗器械购入时的包装标识、标签、说明书、合格证明等原始资料，以确保这些信息具有可追溯性。医疗机构应当对医疗器械采购、评价、验收等过程中形成的报告、合同、评价记录等文件进行建档和妥善保存，保存期限为医疗器械使用寿命周期结束后5年以上。

（二）冷链管理医疗器械的收货、验收

在进行冷链管理医疗器械收货时，应核实运输方式、到货及在途温度、启运时间和到货时间并做好记录；对销后退回的产品还应核实售出期间的温度记录。符合要求的，应及时移入冷库内待验区；不符合温度要求的应当拒收，并做相应记录。使用冷库贮存的冷链管理医疗器械，应当在冷库内进行验收。验收人员应当检查产品状态，并按《使用管理办法》的要求做好记录。

从事冷链管理医疗器械的收货、验收、贮存、检查、出库、运输等工作的人员，应接受冷藏、冷冻相关法律法规、专业知识、工作制度和标准操作规程的培训，经考核合格后，方可上岗。

（三）医用耗材验收

根据《医疗机构医用耗材管理办法（试行）》的规定，医用耗材管理部门负责医用耗材的验收、储存及发放工作。医疗机构应当建立医用耗材验收制度，由验收人员验收合格后方可入库。验收人员应当熟练掌握医用耗材验收有关要求，严格进行验收操作，并真实、完整、准确地进行验收记录。验收人员应当重点对医用耗材是否符合遴选规定、质量情况、效期情况等进行查验，不符合遴选规定以及无质量合格证明、过期、失效或者淘汰的医用耗材不得验收入库。

医疗机构应当设置相对独立的医用耗材储存库房，配备相应的设备设施，制订相应管理制度，定期对库存医用耗材进行养护与质量检查，确保医用耗材安全有效储存。对库存医用耗材的定期养护与质量检查情况应当作好记录。

医疗机构应当建立医用耗材定期盘点制度。由医用耗材管理部门指定专人，定期对库存医用耗材进行盘点，做到账物相符、账账相符。

四、使用单位的贮存

（一）贮存管理

根据现行《条例》第三十三条、第三十四条第一款的规定，运输、贮存医疗器械，应当符合医疗器械说明书和标签标示的要求；对温度、湿度等环境条件有特殊要求的，应当采取相应措

施，保证医疗器械的安全、有效。医疗器械使用单位应当有与在用医疗器械品种、数量相适应的贮存场所和条件。医疗器械使用单位应当加强对工作人员的技术培训，按照产品说明书、技术操作规范等要求使用医疗器械。

医疗器械使用单位贮存医疗器械的场所、设施及条件应当与医疗器械品种、数量相适应，符合产品说明书、标签标示的要求及使用安全、有效的需要；对温度、湿度等环境条件有特殊要求的，还应当监测和记录贮存区域的温度、湿度等数据。医疗器械使用单位应当按照贮存条件、医疗器械有效期限等要求对贮存的医疗器械进行定期检查并记录。

根据《医疗器械临床使用安全管理规范（试行）》第十条的规定，医疗器械的安装，应当由生产厂家或者其授权的具备相关服务资质的单位或者由医疗机构医疗器械保障部门实施。特种设备的安装、存储和转运应当按照相关规定执行，医疗机构应当保存相关记录。

（二）冷链管理医疗器械的贮存要求

根据《医疗器械冷链（运输、贮存）管理指南》的规定，冷链管理医疗器械是指在运输与贮存过程中需要按照说明书和标签标示要求进行冷藏、冷冻管理的医疗器械。该指南适用于医疗器械生产经营企业和使用单位对医疗器械运输与贮存的质量管理。

1. 设施要求 医疗器械使用单位应根据使用的品种和规模，配备相适应的冷库或冷藏设备（冷藏柜或冷藏箱等）。用于贮存医疗器械的冷库应具有自动调控温度的功能，机组的制冷能力应与冷库容积相适应。为保证制冷系统的连续供电，冷库应配备备用发电机组或双回路供电系统等。冷库内应划分待验区、贮存区、退货区、包装材料预冷区（货位）等，并设有明显标示。

用于医疗器械贮存的冷库、冷藏车应配备温度自动监测系统（以下简称温测系统）监测温度。温测系统应具备以下功能：①温测系统的测量范围、精度、分辨率等技术参数能够满足管理需要，具有不间断监测、连续记录、数据存储、显示及报警功能。②冷库、冷藏车设备运行过程至少每隔1分钟更新一次测点温度数据，贮存过程至少每隔30分钟自动记录一次实时温度数据，运输过程至少每隔5分钟自动记录一次实时温度数据。③当监测温度达到设定的临界值或者超出规定范围时，温测系统能够实现声光报警，同时实现短信等通讯方式向至少2名指定人员即时发出报警信息。

每个（台）独立的冷库、冷藏车应根据验证结论设定、安装至少2个温度测点终端。温度测点终端和温测设备每年应至少进行一次校准或者检定。冷藏箱、保温箱或其他冷藏设备应配备温度自动记录和存储的仪器设备。

2. 冷链验证 冷库、冷藏车、冷藏箱、保温箱以及温测系统应进行使用前验证、定期验证及停用时间超过规定时限情况下的验证。未经验证的设施设备，不得应用于冷链管理医疗器械的运输和贮存过程。①建立并形成验证管理文件，文件内容包括验证方案、标准、报告、评价、偏差处理和预防措施等；②根据验证对象确定合理的持续验证时间，以保证验证数据的充分、有效及连续；③验证使用的温测设备应当经过具有资质的计量机构校准或者检定，校准或者检定证书（复印件）应当作为验证报告的必要附件，验证数据应真实、完整、有效及可追溯；④根据验证确定的参数及条件，正确、合理使用相关设施及设备。

3. 验收贮存 使用冷库贮存的冷链管理医疗器械，应当在冷库内进行验收。验收人员应当检查产品状态，并按《使用管理办法》的要求做好记录。冷链管理医疗器械在库期间应按照产品说明书或标签标示的要求进行贮存和检查，应重点对贮存的冷链管理医疗器械的包装、标签、外观及温度状况等进行检查并记录。冷库内制冷机组出风口须避免遮挡，应根据冷库验证报告确定合理的贮存区域。

PPT

第三节　医疗器械使用、维护与转让

💬 案例讨论

案例　从2005年至2011年，国家药品不良反应监测中心共收到2414份有关患者监护仪的可疑不良事件报告。不良事件多表现为信息失真，可能延误患者的病情或者造成误诊。不良事件报告数量最多的是有关测量错误，共790例。国家药品监督管理部门提醒医疗器械使用单位应严格按照产品说明书进行临床使用，认真遵守操作规程，保障产品使用的安全、有效和测量精确。

讨论　1.在用医疗器械使用、维护管理有哪些要求？

　　　　2.医疗器械转让和捐赠过程中应审核查明哪些材料？

一、使用

（一）技术人员培训考核

按照现行《条例》第三十四条第一款的规定，医疗器械使用单位应当加强对工作人员的技术培训，按照产品说明书、技术操作规范等要求使用医疗器械。根据《医疗器械临床使用安全管理规范（试行）》的规定，在医疗机构从事医疗器械相关工作的技术人员，应当具备相应的专业学历、技术职称或者经过相关技术培训，并获得国家认可的执业技术水平资格。医疗机构应当对医疗器械临床使用技术人员和从事医疗器械保障的医学工程技术人员建立培训、考核制度。组织开展新产品、新技术应用前规范化培训，开展医疗器械临床使用过程中的质量控制、操作规程等相关培训，建立培训档案，定期检查评价。

（二）信息管理

医疗器械使用单位对植入和介入类医疗器械应当建立使用记录，植入性医疗器械使用记录永久保存，相关资料应当纳入信息化管理系统，确保信息可追溯。对使用期限长的大型医疗器械，应当逐台建立使用档案，记录其使用、维护等情况。记录保存期限不得少于医疗器械规定使用期限届满后5年或者使用终止后5年。

根据《医疗卫生机构医学装备管理办法》的规定，医疗卫生机构应当依据全国卫生系统医疗器械仪器设备分类与代码，建立本机构医学装备分类、分户电子账目，实行信息化管理。医疗卫生机构应当健全医学装备档案管理制度，档案保管期限至医学装备报废为止。国家有特殊要求的，从其规定。单价在5万元及以上的医学装备应当建立管理档案。内容主要包括申购资料、技术资料及使用维修资料。单价5万元以下的医学装备，医疗卫生机构可根据实际情况确定具体管理方式。

临床使用的大型医用设备、植入与介入类医疗器械名称、关键性技术参数及唯一性标识信息应当记录到病历中。医疗机构应当定期对本机构医疗器械使用安全情况进行考核和评估，形成记录并存档。

医疗器械使用单位应当按照国家法律法规的要求，建立完善大型医用设备使用信息安全防护措施，确保相关信息系统运行安全和医疗数据安全。各级卫生健康委员会应当对大型医用设备的使用状况进行监督和评估。

（三）医院感染管理

医疗器械使用单位对重复使用的医疗器械，应当按照国务院卫生健康主管部门制定的消毒和管理的规定进行处理。一次性使用的医疗器械不得重复使用，对使用过的应当按照国家有关规定销毁并记录。医疗机构应当严格执行《医院感染管理办法》等有关规定，对消毒器械和一次性使用医疗器械相关证明进行审核。一次性使用的医疗器械按相关法律规定不得重复使用，按规定可以重复使用的医疗器械，应当严格按照要求清洗、消毒或者灭菌，并进行效果监测。

（四）临床使用安全管理

医疗器械使用单位应当建立医疗器械使用前质量检查制度。在使用医疗器械前，应当按照产品说明书的有关要求进行检查。使用无菌医疗器械前，应当检查直接接触医疗器械的包装及其有效期限。包装破损、标示不清、超过有效期限或者可能影响使用安全、有效的，不得使用。

医疗卫生机构应当严格依据国家有关规定和操作规程，加强医学装备安全有效使用管理。生命支持类、急救类、植入类、辐射类、灭菌类和大型医用设备等医学装备安全有效使用情况应当予以监控。国家有特殊要求的，从其规定。医学装备须计（剂）量准确、安全防护、性能指标合格方可使用。

医疗器械使用单位不得使用未依法注册、无合格证明文件以及过期、失效、淘汰的医疗器械。医疗机构临床使用医疗器械应当严格遵照产品使用说明书、技术操作规范和规程，对产品禁忌证及注意事项应当严格遵守，需向患者说明的事项应当如实告知，不得进行虚假宣传，误导患者。

发生医疗器械临床使用安全事件或者医疗器械出现故障，医疗机构应当立即停止使用，并通知医疗器械保障部门按规定进行检修；经检修达不到临床使用安全标准的医疗器械，不得再用于临床。医疗器械临床使用安全事件，是指获准上市的质量合格的医疗器械在医疗机构的使用中，由于人为、医疗器械性能不达标或者设计不足等因素造成的可能导致人体伤害的各种有害事件。

医疗机构应当建立医疗器械临床使用安全事件的日常管理制度、监测制度和应急预案，并主动或者定期向县级以上卫生行政部门、药品监督管理部门上报医疗器械临床使用安全事件监测信息。

大型医用设备使用应当遵循安全、有效、合理和必需的原则。医疗机构应当在大型医用设备使用科室的明显位置，公示有关医用设备的主要信息，包括医疗器械名称、注册证号、规格、生产厂商、启用日期和设备管理人员等内容。医疗器械使用单位应当按照大型医用设备产品说明书等要求，进行定期检查、检验、校准、保养、维护，确保大型医用设备处于良好状态。大型医用设备必须达到计（剂）量准确、辐射防护安全、性能指标合格后方可使用。医疗器械使用单位承担使用主体责任，应当建立健全大型医用设备使用评价制度，加强评估分析，促进合理应用，定期向县级以上卫生健康行政部门报送使用情况。

（五）医用耗材使用管理

医务管理部门负责医用耗材临床使用管理工作，应当通过加强医疗管理，落实国家医疗管理制度、诊疗指南、技术操作规范，遵照医用耗材使用说明书、技术操作规程等，促进临床合理使用医用耗材。

1.申领发放 医用耗材使用科室或部门根据需要，向医用耗材管理部门提出领用申请。医用耗材管理部门按照规定进行审核和发放。申领人应当对出库医用耗材有关信息进行复核，并与发放人共同确认。

医疗机构应当建立医用耗材出库管理制度。医用耗材出库时，发放人员应当对出库的医用耗材进行核对，确保发放准确，产品合格、安全和有效。出库时，应当按照剩余效期由短至长顺序发放。出库后的医用耗材管理由使用科室或部门负责。使用科室或部门应当指定人员负责医用耗材管理，保证领取的医用耗材品种品规和数量既满足工作需要，又不形成积压，确保医用耗材在科室或部门的安全和质量。

2.临床使用　医疗机构应当对医用耗材临床使用实施分级分类管理。医疗机构使用安全风险程度较高的医用耗材时，应当与患者进行充分沟通，告知可能存在的风险。使用Ⅲ级或植入类医用耗材时，应当签署知情同意书。

医疗机构应当加强对医用耗材临床应用前试用的管理。医用耗材在遴选和采购前如需试用，应当由使用科室或部门组织对试用的必要性、可行性以及安全保障措施进行论证，并向医务管理部门提出申请或备案。医疗机构应当建立医用耗材临床应用登记制度，使医用耗材信息、患者信息以及诊疗相关信息相互关联，保证使用的医用耗材向前可溯源、向后可追踪。

3.监测与评价　医疗机构应当建立医用耗材临床应用质量安全事件报告、不良反应监测、重点监控、超常预警和评价制度。医疗机构应当加强医用耗材临床使用评价结果的应用。评价结果应当作为医疗机构动态调整供应目录的依据，对存在不合理使用的品种可以采取停用、重新招标等干预措施；同时将评价结果作为科室和医务人员相应临床技术操作资格或权限调整、绩效考核、评优评先等的重要依据，纳入对公立医疗卫生机构的绩效考核。

二、维护维修

医疗器械使用单位应当建立医疗器械维护维修管理制度。对需要定期检查、检验、校准、保养、维护的医疗器械，应当按照产品说明书的要求进行检查、检验、校准、保养、维护并记录，及时进行分析、评估，确保医疗器械处于良好状态，保障使用质量。

（一）医疗器械的维护保养

医疗卫生机构应当加强医学装备预防性维护，确保医学装备按期保养，保障使用寿命，减少故障发生率。医疗机构应当对在用设备类医疗器械的预防性维护、检测与校准、临床应用效果等信息进行分析与风险评估，以保证在用设备类医疗器械处于完好与待用状态、保障所获临床信息的质量。预防性维护方案的内容与程序、技术与方法、时间间隔与频率，应按照相关规范和医疗机构实际情况制订。

医疗机构应当遵照医疗器械技术指南和有关国家标准与规程，定期对医疗器械使用环境进行测试、评估和维护。医疗机构应当设置与医疗器械种类、数量相适应，适宜医疗器械分类保管的贮存场所。有特殊要求的医疗器械，应当配备相应的设施，保证使用环境条件。对于生命支持设备和重要的相关设备，医疗机构应当制订应急备用方案。医疗器械保障技术服务全过程及其结果均应当真实记录并存入医疗器械信息档案。

（二）医疗器械的维修

医疗卫生机构应当建立健全医学装备维修制度，优化报修流程，及时排除医学装备故障。

医疗器械使用单位可以按照合同的约定要求医疗器械生产经营企业提供医疗器械维护维修服务，也可以委托有条件和能力的维修服务机构进行医疗器械维护维修，或者自行对在用医疗器械进行维护维修。

医疗器械使用单位委托维修服务机构或者自行对在用医疗器械进行维护维修的，医疗器械生产经营企业应当按照合同的约定提供维护手册、维修手册、软件备份、故障代码表、备件清单、零部件、维修密码等维护维修必需的材料和信息。

由医疗器械生产经营企业或者维修服务机构对医疗器械进行维护维修的，应当在合同中约定明确的质量要求、维修要求等相关事项，医疗器械使用单位应当在每次维护维修后索取并保存相关记录；医疗器械使用单位自行对医疗器械进行维护维修的，应当加强对从事医疗器械维护维修的技术人员的培训考核，并建立培训档案。

医疗器械使用单位发现使用的医疗器械存在安全隐患的，应当立即停止使用，通知检修；经检修仍不能达到使用安全标准的，不得继续使用，并按照有关规定处置。

三、转让、捐赠

（一）医疗器械的转让

医疗器械使用单位之间转让在用医疗器械，转让方应当确保所转让的医疗器械安全、有效，并提供产品合法证明文件。转让双方应当签订协议，移交产品说明书、使用和维修记录档案复印件等资料，并经有资质的检验机构检验合格后方可转让。受让方应当参照本章关于进货查验的规定进行查验，符合要求后方可使用。不得转让未依法注册或者备案、无合格证明文件或者检验不合格，以及过期、失效、淘汰的医疗器械。

（二）医疗器械的捐赠

医疗器械使用单位接受医疗器械生产经营企业或者其他机构、个人捐赠医疗器械的，捐赠方应当提供医疗器械的相关合法证明文件，受赠方应当参照本章关于进货查验的规定进行查验，符合要求后方可使用。不得捐赠未依法注册或者备案、无合格证明文件或者检验不合格，以及过期、失效、淘汰的医疗器械。医疗器械使用单位之间捐赠在用医疗器械的，参照上述关于转让在用医疗器械的规定办理。

第四节 监督管理与法律责任

PPT

💬 **案例讨论**

案例 某监管部门收到一件投诉信息，患者称某医院涉嫌销售过期的医疗器械。据投诉反映，2017年9月15日，患者在该医院购买了"热敷贴"，购买后发现该产品的有效期截止2017年7月23日。医疗器械作为与人的生命健康密切相关的特殊产品，医疗器械使用单位应当保证医疗器械的使用质量和安全。对于该医院将过期医疗器械销售给患者使用的行为，监管部门已立案调查。

讨论 1.医疗器械使用环节的监管权限如何划分？

2.本案中医院的违法行为应如何处罚？

一、监督检查

药品监督管理部门和卫生健康主管部门依据各自职责，分别对使用环节的医疗器械质量和医疗器械使用行为进行监督管理。

（一）医疗器械使用质量监管

1. 自查报告 医疗器械使用单位应当按照《使用管理办法》和本单位建立的医疗器械使用质量管理制度，每年对医疗器械质量管理工作进行全面自查，并形成自查报告。药品监督管理部门在监督检查中对医疗器械使用单位的自查报告进行抽查。

2. 检查监督

（1）检查计划 药品监督管理部门按照风险管理原则，对使用环节的医疗器械质量实施监督管理。设区的市级药品监督管理部门应当编制并实施本行政区域的医疗器械使用单位年度监督检查计划，确定监督检查的重点、频次和覆盖率。对存在较高风险的医疗器械、有特殊储运要求的医疗器械以及有不良信用记录的医疗器械使用单位等，应当实施重点监管。年度监督检查计划及其执行情况应当报告省、自治区、直辖市药品监督管理部门。

（2）监督管理档案 药品监督管理部门对医疗器械使用单位建立、执行医疗器械使用质量管理制度的情况进行监督检查，应当记录监督检查结果，并纳入监督管理档案。

（3）延伸检查 药品监督管理部门对医疗器械使用单位进行监督检查时，可以对相关的医疗器械生产经营企业、维修服务机构等进行延伸检查。医疗器械使用单位、生产经营企业和维修服务机构等应当配合药品监督管理部门的监督检查，如实提供有关情况和资料，不得拒绝和隐瞒。

（4）抽查检验 药品监督管理部门应当加强对使用环节医疗器械的抽查检验。省级以上药品监督管理部门应当根据抽查检验结论，及时发布医疗器械质量公告。

3. 举报奖励 个人和组织发现医疗器械使用单位有违反《使用管理办法》的行为，有权向医疗器械使用单位所在地药品监督管理部门举报。接到举报的药品监督管理部门应当及时核实、处理。经查证属实的，应当按照有关规定对举报人给予奖励。

（二）医疗器械使用行为监管

国家卫生健康委主管全国医疗器械临床使用安全监管工作，组织制定医疗器械临床使用安全管理规范，根据医疗器械分类与风险分级原则建立医疗器械临床使用的安全控制及监测评价体系，组织开展医疗器械临床使用的监测和评价工作。县级以上地方卫生健康行政部门负责根据国家卫生行政部门有关管理规范和监测评价体系的要求，组织开展本行政区域内医疗器械临床使用安全监管工作。医疗机构应当加强对本机构医疗器械管理工作，定期检查相关制度的落实情况。

1. 临床使用安全监管 县级以上地方卫生健康行政部门应当对医疗机构的医疗器械信息档案，包括器械唯一性标识、使用记录和保障记录等，进行定期检查。医疗机构在医疗器械临床使用安全管理过程中，违反相关法律、法规及《医疗器械临床使用安全管理规范（试行）》要求的，县级以上地方卫生健康行政部门可依据有关法律、法规，采取警告、责令改正、停止使用有关医疗器械等措施予以处理。卫生健康行政部门在调查取证中可采取查阅、复制有关资料等措施，医疗机构应予以积极配合。

2. 大型医用设备配置与使用监管 国家卫生健康委员会依托大型医用设备配置与使用监督管理信息系统，及时公布大型医用设备配置与使用监督管理信息，便于公众查询和社会监督。医疗器械使用单位应当定期如实填报大型医用设备配置使用相关信息。卫生健康行政部门对下列事项实施监督检查：①大型医用设备配置规划执行情况；②《大型医用设备配置许可证》持证和使用情况；③大型医用设备使用情况和使用信息安全情况；④大型医用设备使用人员配备情况；⑤医疗器械使用单位按照规定报送使用情况；⑥省级以上卫生健康行政部门规定的其他情形。

　　对医疗器械使用单位配置与使用大型医用设备的监督检查，实行随机抽取检查对象、随机选派执法检查人员，抽查情况及查处结果及时向社会公开。可以采取下列方式：①定期检查和不定期抽查；②查阅复印管理文件、记录、档案、病历等有关资料，或要求提供相关数据和材料；③现场检查，进行验证性检验和测量；④实时在线监管；⑤法律法规规定的其他监督检查措施。医疗器械使用单位和个人应当配合相关监督检查，不得虚报、瞒报相关情况。

　　县级以上卫生健康行政部门应当建立配置与使用大型医用设备的单位及其使用人员的信用档案。对有不良信用记录的，增加监督检查频次。医疗器械使用单位在大型医用设备配置许可申请和大型医用设备使用中虚报、瞒报相关情况的，卫生健康行政部门应当将医疗器械使用单位负责人和直接责任人违法记录通报有关部门，记入相关人员的信用档案。

　　3.医用耗材监管　对违反行风规定的医疗机构和相关人员，卫生健康行政部门、中医药主管部门应当根据情节轻重，给予相应处罚和处理。医疗机构应当落实院务公开有关规定，将主要医用耗材纳入主动公开范围，公开品牌品规、供应企业以及价格等有关信息。医疗机构应当按照国家有关规定收取医用耗材使用相关费用，不得违规收取国家规定医用耗材收费项目之外的费用。医疗机构和相关人员不得接受与采购医用耗材挂钩的资助，不准违规私自使用未经正规采购程序采购的医用耗材。

　　医疗机构出现下列情形之一的，根据其具体情形及造成后果由县级以上地方卫生健康行政部门、中医药主管部门及相关业务主管部门依法依规予以处理：①违反医疗器械管理有关法律、法规、行政规章制度、诊疗指南和技术操作规范的；②未建立医用耗材管理组织机构，医用耗材管理混乱，造成医疗安全隐患和严重不良后果的；③医用耗材使用不合理、不规范问题严重，造成医疗安全隐患和严重不良后果的；④非医用耗材管理部门擅自从事医用耗材采购、存储管理等工作的；⑤将医用耗材购销、使用情况作为个人或者部门、科室经济分配依据，或在医用耗材购销、使用中牟取不正当利益的；⑥违反本办法的其他规定并造成严重后果的。

二、法律责任

（一）使用非法医疗器械的法律责任

　　1.医疗器械使用单位使用不符合强制性标准或者不符合经注册或者备案的产品技术要求的医疗器械。

　　2.医疗器械使用单位使用无合格证明文件、过期、失效、淘汰的医疗器械，或者使用未依法注册的医疗器械。

　　有上述情形之一的，由县级以上人民政府药品监督管理部门责令改正，没收违法生产、经营或者使用的医疗器械；违法生产、经营或者使用的医疗器械货值金额不足1万元的，并处2万元以上5万元以下罚款；货值金额1万元以上的，并处货值金额5倍以上10倍以下罚款；情节严重的，责令停产停业，直至由原发证部门吊销医疗器械注册证、医疗器械生产许可证、医疗器械经营许可证。

　　医疗器械使用单位履行了现行《条例》规定的进货查验等义务，有充分证据证明其不知道所使用的医疗器械为上述情形的医疗器械，并能如实说明其进货来源的，可以免予处罚，但应当依法没收使用的不符合法定要求的医疗器械。

（二）违法储存、转让医疗器械的法律责任

　　1.医疗器械使用单位未按照医疗器械产品说明书和标签标示要求贮存医疗器械。

2.医疗器械使用单位转让或者捐赠过期、失效、淘汰、检验不合格的在用医疗器械。

有上述情形之一的，由县级以上人民政府药品监督管理部门责令改正，处1万元以上3万元以下罚款；情节严重的，责令停产停业，直至由原发证部门吊销医疗器械生产许可证、医疗器械经营许可证。

（三）违反质量管理义务的相关法律责任

医疗器械使用单位有下列情形之一的，由县级以上人民政府药品监督管理部门责令改正，给予警告；拒不改正的，处5000元以上2万元以下罚款；情节严重的，责令停产停业，直至由原发证部门吊销医疗器械生产许可证、医疗器械经营许可证。①未建立并执行医疗器械进货查验制度，未查验供货者的资质，或者未真实、完整、准确地记录进货查验情况的；②未按照产品说明书的要求进行定期检查、检验、校准、保养、维护并记录的；③发现使用的医疗器械存在安全隐患未立即停止使用、通知检修，或者继续使用经检修仍不能达到使用安全标准的医疗器械的；④未妥善保存购入第三类医疗器械的原始资料的；⑤未按规定建立和保存植入和介入类医疗器械使用记录的。

医疗器械使用单位有下列情形之一的，由县级以上药品监督管理部门责令限期改正，给予警告；拒不改正的，处1万元以下罚款：①未按规定配备与其规模相适应的医疗器械质量管理机构或者质量管理人员，或者未按规定建立覆盖质量管理全过程的使用质量管理制度的；②未按规定由指定的部门或者人员统一采购医疗器械的；③购进、使用未备案的第一类医疗器械，或者从未备案的经营企业购进第二类医疗器械的；④贮存医疗器械的场所、设施及条件与医疗器械品种、数量不相适应的，或者未按照贮存条件、医疗器械有效期限等要求对贮存的医疗器械进行定期检查并记录的；⑤未按规定建立、执行医疗器械使用前质量检查制度的；⑥未按规定索取、保存医疗器械维护维修相关记录的；⑦未按规定对本单位从事医疗器械维护维修的相关技术人员进行培训考核、建立培训档案的；⑧未按规定对其医疗器械质量管理工作进行自查、形成自查报告的。

（四）维护维修违法行为的法律责任

医疗器械生产经营企业违反《使用管理办法》规定，未按要求提供维护维修服务，或者未按要求提供维护维修所必需的材料和信息的，由县级以上药品监督管理部门给予警告，责令限期改正；情节严重或者拒不改正的，处5000元以上2万元以下罚款。

（五）不配合监督检查的法律责任

医疗器械使用单位、生产经营企业和维修服务机构等不配合药品监督管理部门的监督检查，或者拒绝、隐瞒、不如实提供有关情况和资料的，由县级以上药品监督管理部门责令改正，给予警告，可以并处2万元以下罚款。

（六）违法使用行为的法律责任

1.违反医院感染、消毒管理的法律责任　有下列情形之一的，由县级以上人民政府卫生健康主管部门责令改正，给予警告；拒不改正的，处5000元以上2万元以下罚款；情节严重的，责令停产停业，直至由原发证部门吊销医疗器械生产许可证、医疗器械经营许可证：①对重复使用的医疗器械，医疗器械使用单位未按照消毒和管理的规定进行处理的；②医疗器械使用单位重复使用一次性使用的医疗器械，或者未按照规定销毁使用过的一次性使用的医疗器械的。

2.违法配置和使用大型医用设备的法律责任

（1）未经许可擅自配置使用大型医用设备　由县级以上人民政府卫生健康主管部门责令停止使用，给予警告，没收违法所得；违法所得不足1万元的，并处1万元以上5万元以下罚款；违法所得1万元以上的，并处违法所得5倍以上10倍以下罚款；情节严重的，5年内不受理相关责任人及单位提出的大型医用设备配置许可申请。

（2）提供虚假资料或者采取其他欺骗手段取得大型医用设备配置许可证　由原发证部门撤销已经取得的许可证件，并处5万元以上10万元以下罚款，5年内不受理相关责任人及单位提出的医疗器械许可申请。

（3）违规、不合理使用设备　卫生健康主管部门应当对大型医用设备的使用状况进行监督和评估；发现违规使用以及与大型医用设备相关的过度检查、过度治疗等情形的，应当立即纠正，依法予以处理。医疗器械使用单位不按照操作规程、诊疗规范合理使用，聘用不具有相应资质、能力的人员使用大型医用设备，不能保障医疗质量安全的，由县级以上卫生健康行政部门依法予以处理。

岗位对接

本章是医疗器械类各专业学生必须掌握的学习内容，培养学生具备医疗器械使用、维护与管理所必需的实践技能和相关的基础知识，使学生成为设备装配调试、售后维修维护与管理、售后技术支持、产品市场调研与销售等方面的技能人才。

本章对应各级医院设备科、器械科，医疗器械相关企业或营销公司的质量管理、检测维护、临床管理和营销服务等工作岗位的基础能力要求，培养学生从事设备安装、调试、维护、检测及管理等基本能力。

医疗器械类从业人员均须掌握医疗器械临床使用安全管理体系，熟悉医疗器械使用管理的基本义务和法律责任，具备医疗器械采购、验收、贮存、使用、维护维修和转让的管理能力。

本章小结

医疗器械使用环节的质量是确保用械安全有效的关键。医疗机构应当以患者为中心，以医学科学为基础，对医疗器械的采购、验收、贮存、使用、维护维修、转让捐赠、追溯、监测、评价及监督等全过程进行有效管理。医疗器械使用管理是指在医疗器械整个使用过程中，按照一定的准则对医疗器械进行相关方面的管理。医疗器械使用单位应当配备与其规模相适应的医疗器械质量管理机构或者质量管理人员，建立覆盖质量管理全过程的使用质量管理制度，承担本单位使用医疗器械的质量管理责任。医疗卫生机构的医学装备管理实行机构领导、医学装备管理部门和使用部门三级管理制度。医疗卫生机构应当加强医学工程学科建设，注重医学装备管理人才培养，建设专业化、职业化人才队伍，提高医学装备管理能力和应用技术水平。

习题

一、不定项选择题

1.下列不属于医疗器械使用单位的是（ ）。

　　A.医疗机构　　　　　　　　　　　　　　B.计划生育技术服务机构

　　C.食品加工厂　　　　　　　　　　　　　D.康复辅助器具适配机构

2.医疗器械使用管理的主要职能部门是（ ）。

　　A.药剂科　　　　　　B.医学工程处　　　　　　C.门诊部　　　　　　D.医务科

3.使用环节医疗器械质量管理的第一部规章是（ ）。

　　A.《医疗器械使用质量监督管理办法》

　　B.《医疗器械临床使用安全管理规范（试行）》

　　C.《医疗卫生机构医学装备管理办法》

　　D.《医疗器械监督管理条例》

4.转让医疗器械时下列行为正确的是（ ）。

　　A.从不能提供合法来源的使用人手上转入医疗器械

　　B.转入标识不清的器械

　　C.转让和捐赠未经注册、无合格证明、过期、失效或者淘汰的医疗器械

　　D.医疗器械使用单位之间转让在用医疗器械，转让方应当确保所转让的医疗器械安全、有效，并提供产品合法证明文件

5.首次配置的大型医用设备配置规划原则上不超过（ ）台。

　　A.7　　　　　　　　　　B.6　　　　　　　　　　C.5　　　　　　　　　　D.4

6.关于医疗设备的使用，下列说法错误的是（ ）。

　　A.医疗器械使用单位对植入和介入类医疗器械应当建立使用记录，植入性医疗器械使用记录永久保存，相关资料应当纳入信息化管理系统，确保信息可追溯

　　B.对使用期限长的大型医疗器械，应当逐台建立使用档案，记录其使用、维护等情况。记录保存期限不得少于医疗器械规定使用期限届满后2年或者使用终止后2年

　　C.医疗机构应当建立医用耗材出库管理制度

　　D.医疗器械使用单位应当建立医疗器械使用前质量检查制度

7.以下属于政府采购方式的有（ ）。

　　A.公开招标　　　　　　B.邀请招标　　　　　　C.竞争性谈判　　　　　　D.单一来源采购

8.未经许可擅自配置使用大型医用设备的法律责任是（ ）。

　　A.由县级以上人民政府卫生健康主管部门责令停止使用，给予警告，没收违法所得

　　B.违法所得不足1万元的，并处1万元以上5万元以下罚款

　　C.违法所得1万元以上的，并处违法所得5倍以上10倍以下罚款

　　D.情节严重的，5年内不受理相关责任人及单位提出的大型医用设备配置许可申请

9.下列属于大型医用设备配置许可证失效情形的是（ ）。

　　A.医疗器械使用单位执业许可（或从事医疗服务的其他法人资质）终止的

　　B.相关诊疗科目被注销的

C.无正当理由未在规定时限内配置的

D.已按照核发的大型医用设备配置许可证配置相应设备的

10.可以依法采用邀请招标方式采购货物或者服务的情形有（　　）。

A.具有特殊性，只能从有限范围的供应商处采购的

B.用公开招标方式的费用占政府采购项目总价值的比例过大的

C.只能从唯一供应商处采购的

D.发生了不可预见的紧急情况不能从其他供应商处采购的

二、简答题

1.简述从事冷链管理医疗器械的贮存要求。

2.简述医疗器械的维护保养管理规定。

3.简述使用非法医疗器械的法律责任。

第七章　医疗器械不良事件处理与召回管理

第一节　医疗器械不良事件监测、再评价

案例讨论

案例　自2019年1月起至2019年5月底，国家药品不良反应监测中心共收到658份与导尿管有关的可疑不良事件报告。占报告总数48.3%的报告为使用过程中发生了球囊破裂，球囊是导尿管的易损部位，发生球囊破裂的主要原因是使用了石油基质作为乳胶材质导尿管的润滑剂，造成患者二次置管、影响术后恢复、疼痛、尿潴留、尿道出血等伤害后果，甚至可能因球囊残片残留体内造成患者膀胱功能的永久性损伤。

讨论　1.开展医疗器械不良事件监测有何意义？

2.发生医疗器械不良事件，上市许可持有人应如何处理？

随着我国经济的蓬勃发展，人民群众的健康需求不断提高，医疗器械行业已成为大健康产业中增长最为迅猛的领域。任何医疗器械都不是零风险或绝对安全的，对上市后的医疗器械开展不良事件监测和再评价，及时发现不良事件，采取合理和必要的应对措施，防止、避免或减少类似不良事件的重复发生，更有效地保障公众的身体健康和生命安全。

一、不良事件概述

（一）监管立法概况

医疗器械不良事件监测是实施医疗器械上市后监管的重要工作内容，是强化医疗器械全生命周期科学监管，提高监管成效的重要举措。2008年，原国家食品药品监督管理局与卫生部联合发布

了《医疗器械不良事件监测和再评价管理办法（试行）》（国食药监械〔2008〕766号），包括总则、管理职责、不良事件报告、再评价、控制、附则，共六章四十三条。经过十年的发展，我国医疗器械不良事件监测工作逐步制度化、正规化、常态化，工作取得了较为显著的成效。

2011年，国家食品药品监督管理局为全面推进医疗器械不良事件监测工作，规范、指导医疗器械不良事件监测相关各方的工作，依据《医疗器械不良事件监测和再评价管理办法（试行）》及有关规定，制定了《医疗器械不良事件监测工作指南（试行）》，对医疗器械不良事件监测工作中涉及的医疗器械生产企业、经营企业、使用单位以及国家和地方各级医疗器械不良事件监测技术机构等不同主体，明确设定责任和义务，从人员配备、监测制度的建立和主要工作步骤等方面细化不良事件监测的工作要求。为了加强基层医疗器械不良事件监测，健全重点监测与日常监测相结合的监测机制，2013年10月，国家食品药品监管总局发布《关于进一步加强医疗器械不良事件监测体系建设的指导意见》，对医疗器械不良事件监测体系建设提出细致指导和要求。

2014年修订出台的《条例》对医疗器械不良事件监测和再评价工作提出了更为明确的要求，第四十六条规定，国家建立医疗器械不良事件监测制度，对医疗器械不良事件及时进行收集、分析、评价、控制。2017年10月，中办国办印发《关于深化审评审批制度改革鼓励药品医疗器械创新的意见》，提出了进一步建立上市许可持有人直接报告不良事件制度，要求上市许可持有人应当根据科学进步情况和不良事件评估结果，主动对已上市医疗器械开展再评价。

随着工作要求的进一步提高，医疗器械不良事件监测和再评价工作中逐渐显露出企业重视程度不足、主体责任落实不够、监管强制力不足等问题。为了落实现行《条例》《关于进一步加强医疗器械不良事件监测体系建设的指导意见》的有关要求，总结实践经验并借鉴国际先进做法的基础上，2018年8月，国家市场监督管理总局和国家卫生健康委员会联合发布《医疗器械不良事件监测和再评价管理办法》（以下简称《监测和再评价办法》），于2019年1月1日起施行，共九章八十条，较2008年版《监测和再评价办法》在内容上有了极大的丰富。《监测和再评价办法》将不良事件监测制度的法律层级从规范性文件提升至部门规章，进一步明确医疗器械不良事件监测和再评价企业主体责任和监管责任，对推动医疗器械不良事件监测和再评价工作，及早发现产品风险、消除安全隐患、保护公众健康安全发挥着重要作用。2018年10月，为贯彻实施《监测和再评价办法》，切实加强医疗器械不良事件监测评价工作，国家药监局综合司发布关于贯彻实施《医疗器械不良事件监测和再评价管理办法》有关事项的通知。

2020年4月，国家药品监督管理局组织制定了《医疗器械注册人开展不良事件监测工作指南》，原国家食品药品监督管理局《医疗器械不良事件监测工作指南（试行）》（国食药监械〔2011〕425号文）废止。指南所称医疗器械注册人与《监测和再评价办法》中所称医疗器械上市许可持有人内涵相同。指南的目的是为注册人提供关于如何遵守法规和规章制度方面的帮助，同时为医疗器械监管相关人员提供参考，说明如何以公平、一致且有效的方式实现药品监督管理部门的要求和目标。

在中华人民共和国境内开展医疗器械不良事件监测、再评价及其监督管理，适用《监测和再评价办法》。医疗器械不良事件报告的内容、风险分析评价报告和统计资料等是加强医疗器械监督管理、指导合理用械的依据，不作为医疗纠纷、医疗诉讼和处理医疗器械质量事故的依据。对于属于医疗事故或者医疗器械质量问题的，应当按照相关法规的要求另行处理。

（二）我国医疗器械不良事件监测现状

医疗器械不良事件监测，是指对医疗器械不良事件的收集、报告、调查、分析、评价和控制的过程。

1.医疗器械不良事件的定义 医疗器械不良事件是指已上市的医疗器械，在正常使用情况下发生的，导致或者可能导致人体伤害的各种有害事件。《监测和再评价办法》删除了原办法中对医疗器械不良事件的定义中"质量合格"的表述，即因医疗器械产品质量问题导致的伤害事件或者故障事件均属于医疗器械不良事件的范围。常见的医疗器械不良事件包括伤害事件和故障事件等。

2.不良事件产生原因 引发医疗器械不良事件的原因很多，包括医疗器械开发设计、材料选择、临床应用、产品质量问题、使用管理不善等诸多因素。使用操作不当和标签、产品说明书存在错误或缺陷是引起医疗器械不良事件的重要原因。在研发过程中，由于受科技条件、认知水平、材料问题和生产工艺等限制，医疗器械存在设计与临床实际不匹配、应用定位模糊，以及生物相容性、微生物污染、化学物质残留等不可回避的设计缺陷和实际问题，难以发现产品的全部缺陷。在医疗器械生产、运输和贮存过程中，由于管理不规范、不完善，导致产品质量不合格会引起医疗器械不良事件。医疗器械在使用环节中外部条件的变化，都可能给患者带来很大的风险，尤其是高风险医疗器械。产品投入临床后，医疗器械由于性能退化、功能故障或损坏而导致产品不能适用于临床，并产生不良事件。使用单位由于计量、质控管理不规范，缺乏对医疗器械的预防性维护和按期保养，没有及时排除医疗器械故障等，均会引起医疗器械不良事件的发生。

3.我国不良事件监测现状 从2003年起，我国开始医疗器械不良事件监测工作，较欧美发达国家晚20年。2003年，全国医疗器械不良事件报告为366份，2018年全国医疗器械不良事件监测信息系统共收到可疑医疗器械不良事件报告406974份，较2017年增长8.19%，反映出我国医疗器械不良事件报告意识不断增强、报告收集能力有效提升。

2020年4月，国家药品不良反应监测中心发布《国家医疗器械不良事件监测年度报告（2019年）》（以下简称《报告》）。2019年全国医疗器械不良事件监测工作继续加强制度体系建设、不断拓展宣传培训方式、深入探索监测评价方法、全面提升风险预警和处置能力，医疗器械不良事件监测工作取得了新的进展。2019年，我国可疑医疗器械不良事件报告的县级覆盖率为96.70%，比上年增加0.80个百分点。2019年，国家医疗器械不良事件监测信息系统共收到可疑医疗器械不良事件报告396345份，比上年减少2.61%（图7-1）。

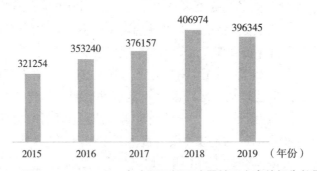

图7-1 2015-2019年全国可疑医疗器械不良事件报告数量

根据《报告》数据显示和统计分析，截至2019年12月31日，在国家医疗器械不良事件监测信息系统中注册的基层用户共318986家，其中注册人19662家，占用户总数的6.16%；经营企业占用户总数的55.89%；使用单位占用户总数的37.94%。不良事件报告仍主要来源于使用单位，2019年，使用单位上报357799份，占报告总数的90.27%；注册人上报占报告总数的2.17%；经营企业上报占报告总数的7.53%；其他来源的报告占报告总数的0.03%。按医疗器械管理类别统计分析，涉及Ⅱ类、Ⅲ类医疗器械的报告占比较大，2019年，涉及Ⅲ类医疗器械的报告占报告总数的36.88%；涉及Ⅱ类医疗器械的报告占报告总数的42.61%；涉及Ⅰ类医疗器械的报告占报告总数的5.89%；未填写医疗器械管理类别的报告占报告总数的14.63%。按医疗器械分类目录统计分析，报告数量排名前三位的医疗器械类别为：14-注输、护理和防护器械，07-医用诊察和监护器械，09-物理治疗器械。按实际使用场所统计分析，使用场所为"医疗机构"的报告最多，占报告总数的90.87%。

（三）职责与义务

1.不良事件监管部门　国家药品监督管理局建立国家医疗器械不良事件监测信息系统，加强医疗器械不良事件监测信息网络和数据库建设。国家药品监督管理局指定的监测机构（以下简称国家监测机构）负责对收集到的医疗器械不良事件信息进行统一管理，并向相关监测机构、医疗器械上市许可持有人、经营企业或者使用单位反馈医疗器械不良事件监测相关信息。与产品使用风险相关的监测信息应当向卫生行政部门通报。省、自治区、直辖市药品监督管理部门应当建立医疗器械不良事件监测体系，完善相关制度，配备相应监测机构和人员，开展医疗器械不良事件监测工作。任何单位和个人发现医疗器械不良事件，有权向负责药品监督管理的部门或者监测机构报告。

我国医疗器械不良事件监管部门主要有：国家药品监督管理局及省、自治区、直辖市药品监督管理部门，国务院卫生行政部门和地方各级卫生行政部门，国家监测机构和省、自治区、直辖市药品监督管理部门指定的监测机构（简称省级监测机构），监管部门的职责见表7-1。

表7-1　医疗器械监管管理部门职责表

序号	管理部门	管理职责
1	国家药品监督管理局	①负责全国医疗器械不良事件监测和再评价的监督管理工作 ②会同国务院卫生行政部门组织开展全国范围内影响较大并造成严重伤害或者死亡以及其他严重后果的群体医疗器械不良事件的调查和处理，依法采取紧急控制措施
2	省、自治区、直辖市药品监督管理部门	①负责本行政区域内医疗器械不良事件监测和再评价的监督管理工作 ②会同同级卫生行政部门和相关部门组织开展本行政区域内发生的群体医疗器械不良事件的调查和处理，依法采取紧急控制措施 ③指导和监督下级药品监督管理部门开展医疗器械不良事件监测和再评价的监督管理工作
3	设区的市级和县级药品监督管理部门	负责本行政区域内医疗器械不良事件监测相关工作
4	国务院卫生行政部门和地方各级卫生行政部门	①负责医疗器械使用单位中与医疗器械不良事件监测相关的监督管理工作 ②督促医疗器械使用单位开展医疗器械不良事件监测相关工作并组织检查 ③加强医疗器械不良事件监测工作的考核 ④在职责范围内依法对医疗器械不良事件采取相关控制措施 ⑤指导和监督下级卫生行政部门开展医疗器械不良事件监测相关的监督管理工作
5	国家监测机构	①负责接收持有人、经营企业及使用单位等报告的医疗器械不良事件信息，承担全国医疗器械不良事件监测和再评价的相关技术工作 ②负责全国医疗器械不良事件监测信息网络及数据库的建设、维护和信息管理，组织制定技术规范和指导原则 ③组织开展国家药品监督管理局批准注册的医疗器械不良事件相关信息的调查、评价和反馈，对市级以上地方药品监督管理部门批准注册或者备案的医疗器械不良事件信息进行汇总、分析和指导 ④开展全国范围内影响较大并造成严重伤害或者死亡以及其他严重后果的群体医疗器械不良事件的调查和评价
6	省、自治区、直辖市药品监督管理部门指定的监测机构（简称省级监测机构）	①组织开展本行政区域内医疗器械不良事件监测和再评价相关技术工作 ②承担本行政区域内注册或者备案的医疗器械不良事件的调查、评价和反馈，对本行政区域内发生的群体医疗器械不良事件进行调查和评价
7	设区的市级和县级监测机构	协助开展本行政区域内医疗器械不良事件监测相关技术工作

2.医疗器械监测参与机构的责任与义务

（1）医疗器械上市许可持有人的主要义务　医疗器械上市许可持有人（以下简称持有人），是指医疗器械注册证书和医疗器械备案凭证的持有人，即医疗器械注册人和备案人。医疗器械上市许可持有人，应当具有保证医疗器械安全有效的质量管理能力和相应责任能力，建立医疗器械不良事件监测体系，向医疗器械不良事件监测技术机构直接报告医疗器械不良事件。由持有人授权销售的经营企业、医疗器械使用单位应当向持有人和监测机构报告医疗器械不良事件。持有人应当对发现的不良事件进行评价，根据评价结果完善产品质量，并向监测机构报告评价结果和完善质量的措施；需要原注册机关审批的，应当按规定提交申请。

持有人应当对其上市的医疗器械进行持续研究，评估风险情况，承担医疗器械不良事件监测的责任，根据分析评价结果采取有效控制措施，并履行下列主要义务：①建立包括医疗器械不良事件监测和再评价工作制度的医疗器械质量管理体系；②配备与其产品相适应的机构和人员从事医疗器械不良事件监测相关工作；③主动收集并按照《监测和再评价办法》规定的时限要求及时向监测机构如实报告医疗器械不良事件；④对发生的医疗器械不良事件及时开展调查、分析、评价，采取措施控制风险，及时发布风险信息；⑤对上市医疗器械安全性进行持续研究，按要求撰写定期风险评价报告；⑥主动开展医疗器械再评价；⑦配合药品监督管理部门和监测机构组织开展的不良事件调查。

境外持有人指定的代理人应当承担境内销售的进口医疗器械的不良事件监测工作，配合境外持有人履行再评价义务。境外持有人除应当履行上述规定的义务外，还应当与其指定的代理人之间建立信息传递机制，及时互通医疗器械不良事件监测和再评价相关信息。

（2）医疗器械经营企业、使用单位应当履行的主要义务　①建立本单位医疗器械不良事件监测工作制度，医疗机构还应当将医疗器械不良事件监测纳入医疗机构质量安全管理重点工作；②配备与其经营或者使用规模相适应的机构或者人员从事医疗器械不良事件监测相关工作；③收集医疗器械不良事件，及时向持有人报告，并按照要求向监测机构报告；④配合持有人对医疗器械不良事件的调查、评价和医疗器械再评价工作；⑤配合药品监督管理部门和监测机构组织开展的不良事件调查。

二、不良事件报告与评价

（一）基本要求

1.报告原则　报告医疗器械不良事件应遵循"可疑即报"的原则，即怀疑某事件为医疗器械不良事件时，均可以作为医疗器械不良事件进行报告。报告内容应当真实、完整、准确。

导致或者可能导致严重伤害或者死亡的可疑医疗器械不良事件应当报告；创新医疗器械在首个注册周期内，应当报告该产品的所有医疗器械不良事件。严重伤害是指有下列情况之一者：①危及生命；②导致机体功能的永久性伤害或者机体结构的永久性损伤；③必须采取医疗措施才能避免上述永久性伤害或者损伤。

2.报告途径　国家建立国家医疗器械不良事件监测信息系统（以下简称"系统"），持有人、经营企业和二级以上医疗机构应当注册为系统用户，主动维护其用户信息，报告医疗器械不良事件。对发现或者获知的可疑医疗器械不良事件，持有人应当直接通过医疗器械不良事件监测信息系统进行不良事件报告与评价。持有人还应当公布电话、通讯地址、邮箱、传真等联系方式，指定联系人，主动收集来自医疗器械经营企业、使用单位、使用者等的不良事件信息。

经营企业、使用单位发现或者获知可疑医疗器械不良事件的，应当及时告知持有人，并通过

微课

系统报告。暂不具备在线报告条件的，应当通过纸质报表向所在地县级以上监测机构报告，由监测机构代为在线报告。系统收到经营企业和使用单位填报的不良事件后，将自动推送至持有人，即通过系统报送不良事件的经营企业和使用单位，只要填报信息完整，即已完成告知持有人的义务。

3.监测记录　持有人、经营企业、使用单位应当建立并保存医疗器械不良事件监测记录。记录应当保存至医疗器械有效期后2年；无有效期的，保存期限不得少于5年。植入性医疗器械的监测记录应当永久保存，医疗机构应当按照病例相关规定保存。

4.监测机构主要职责　省级监测机构应当对本行政区域内注册或者备案的医疗器械的不良事件报告进行综合分析，对发现的风险提出监管措施建议，于每季度结束后30日内报所在地省、自治区、直辖市药品监督管理部门和国家监测机构。国家监测机构应当对国家药品监督管理局批准注册或者备案的医疗器械的不良事件报告和各省、自治区、直辖市药品监督管理部门的季度报告进行综合分析，必要时向国家药品监督管理局提出监管措施建议。

省级监测机构应当按年度对本行政区域内注册或者备案的医疗器械的不良事件监测情况进行汇总分析，形成年度汇总报告，于每年3月15日前报所在地省、自治区、直辖市药品监督管理部门和国家监测机构。国家监测机构应当对全国医疗器械不良事件年度监测情况进行汇总分析，形成年度报告，于每年3月底前报国家药品监督管理局。

省级以上药品监督管理部门应当将年度报告情况通报同级卫生行政部门。

（二）个例医疗器械不良事件报告

持有人、经营企业、使用单位发现或者获知导致死亡的可疑医疗器械不良事件的，应当在7日内报告；导致严重伤害、可能导致严重伤害或者死亡的应当在20日内报告。除持有人、经营企业、使用单位以外的其他单位和个人发现导致或者可能导致严重伤害或者死亡的医疗器械不良事件的，可以向监测机构报告，也可以向持有人、经营企业或者经治的医疗机构报告，必要时提供相关的病历资料。进口医疗器械的境外持有人和在境外销售国产医疗器械的持有人，应当主动收集其产品在境外发生的医疗器械不良事件。其中，导致或者可能导致严重伤害或者死亡的，境外持有人指定的代理人和国产医疗器械持有人应当自发现或者获知之日起30日内报告。

设区的市级监测机构应当自收到医疗器械不良事件报告之日起10日内，对报告的真实性、完整性和准确性进行审核，并实时反馈相关持有人。

持有人在报告医疗器械不良事件后或者通过国家医疗器械不良事件监测信息系统获知相关医疗器械不良事件后，应当按要求开展后续调查、分析和评价，导致死亡的事件应当在30日内，导致严重伤害、可能导致严重伤害或者死亡的事件应当在45日内向持有人所在地省级监测机构报告评价结果。对于事件情况和评价结果有新的发现或者认知的，应当补充报告。

持有人所在地省级监测机构应当在收到持有人评价结果10日内完成对评价结果的审核，必要时可以委托或者会同不良事件发生地省级监测机构对导致或者可能导致严重伤害或者死亡的不良事件开展现场调查。其中，对于国家药品监督管理局批准注册的医疗器械，国家监测机构还应当对省级监测机构作出的评价审核结果进行复核，必要时可以组织对导致死亡的不良事件开展调查。审核和复核结果应当反馈持有人。对持有人的评价结果存在异议的，可以要求持有人重新开展评价。个例医疗器械不良事件报告流程图见图7-2。

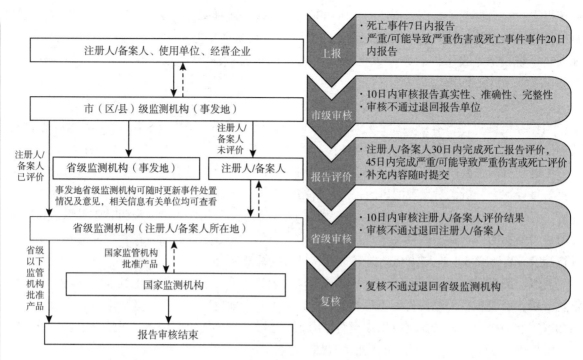

图7-2 个例医疗器械不良事件报告

（三）群体医疗器械不良事件报告

群体医疗器械不良事件，是指同一医疗器械在使用过程中，在相对集中的时间、区域内发生，对一定数量人群的身体健康或者生命安全造成损害或者威胁的事件。突发、群发的医疗器械不良事件，社会危害性巨大，给广大医疗器械使用者带来的安全危险也最大。

1.时限要求 持有人、经营企业或使用单位发现或者获知群体医疗器械不良事件后，应当在12小时内通过电话或者传真等方式报告不良事件发生地省级负责药品监督管理部门和卫生行政部门，必要时可以越级报告，同时通过国家医疗器械不良事件监测信息系统报告群体医疗器械不良事件基本信息，对每一事件还应当在24小时内按个例事件报告。

在发现或者获知群体医疗器械不良事件后，持有人应当立即暂停生产、销售，通知使用单位停止使用相关医疗器械，同时开展调查及生产质量管理体系自查，并于7日内向所在地及不良事件发生地省级负责药品监管的部门和监测机构报告。调查应当包括产品质量状况、伤害与产品的关联性、使用环节操作和流通过程的合规性等。自查应当包括采购、生产管理、质量控制、同型号同批次产品追踪等。持有人分析事件发生的原因，及时发布风险信息，将自查情况和所采取的控制措施报所在地及不良事件发生地省、自治区、直辖市药品监督管理部门，必要时应当召回相关医疗器械。

经营企业、使用单位应当在12小时内告知持有人，同时迅速开展自查，并配合持有人开展调查。自查应当包括产品贮存、流通过程追溯、同型号同批次产品追踪等；使用单位自查还应当包括使用过程是否符合操作规范和产品说明书要求等。必要时，医疗器械经营企业、使用单位应当暂停医疗器械的销售、使用，并协助相关单位采取相关控制措施。群体医疗器械不良事件报告流程见图7-3。

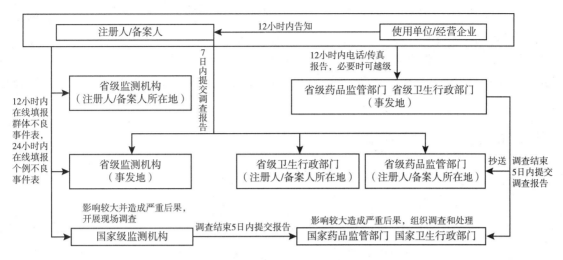

图7-3 群体医疗器械不良事件报告流程

2.监督管理部门职责 不良事件发生地省、自治区、直辖市药品监督管理部门应当及时向持有人所在地省、自治区、直辖市药品监督管理部门通报相关信息。省、自治区、直辖市药品监督管理部门在获知本行政区域内发生的群体医疗器械不良事件后，应当会同同级卫生行政部门及时开展现场调查，相关省、自治区、直辖市药品监督管理部门应当配合。调查、评价和处理结果应当及时报国家药品监督管理局和国务院卫生行政部门，抄送持有人所在地省、自治区、直辖市药品监督管理部门。

对全国范围内影响较大并造成严重伤害或者死亡以及其他严重后果的群体医疗器械不良事件，国家药品监督管理局应当会同国务院卫生行政部门组织调查和处理。国家监测机构负责现场调查，相关省、自治区、直辖市药品监督管理部门、卫生行政部门应当配合。调查内容应当包括医疗器械不良事件发生情况、医疗器械使用情况、患者诊治情况、既往类似不良事件、产品生产过程、产品贮存流通情况以及同型号同批次产品追踪等。国家监测机构和相关省、自治区、直辖市药品监督管理部门、卫生行政部门应当在调查结束后5日内，根据调查情况对产品风险进行技术评价并提出控制措施建议，形成调查报告报国家药品监督管理局和国务院卫生行政部门。

持有人所在地省、自治区、直辖市药品监督管理部门可以对群体不良事件涉及的持有人开展现场检查。必要时，国家药品监督管理局可以对群体不良事件涉及的境外持有人开展现场检查。现场检查应当包括生产质量管理体系运行情况、产品质量状况、生产过程、同型号同批次产品追踪等。

（四）定期风险评价报告

持有人应当对上市医疗器械安全性进行持续研究，对产品的不良事件报告、监测资料和国内外风险信息进行汇总、分析，评价该产品的风险与受益，记录采取的风险控制措施，撰写上市后定期风险评价报告。持有人应当自产品首次批准注册或者备案之日起，每满一年后的60日内完成上年度产品上市后定期风险评价报告。经国家药品监督管理局注册的，应当提交至国家监测机构；经省级药品监督管理部门注册的，应当提交至所在地省级监测机构。第一类医疗器械的报告由持有人留存备查。获得延续注册的医疗器械，应当在下一次延续注册申请时完成本注册周期的定期风险评价报告，并由持有人留存备查。

省级以上监测机构应当组织对收到的医疗器械产品上市后定期风险评价报告进行审核。必要时，应当将审核意见反馈持有人。省级监测机构应当对收到的上市后定期风险评价报告进行综合分析，于每年5月1日前将上一年度上市后定期风险评价报告统计情况和分析评价结果报国家监测机构和所在地省、自治区、直辖市药品监督管理部门。国家监测机构应当对收到的上市后定期风险评价报告和省级监测机构提交的报告统计情况及分析评价结果进行综合分析，于每年7月1日前将上一年度上市后定期风险评价报告统计情况和分析评价结果报国家药品监督管理局。

三、重点监测和风险控制

（一）重点监测

医疗器械重点监测，是指为研究某一品种或者产品上市后风险情况、特征、严重程度、发生率等，主动开展的阶段性监测活动。国家药品监督管理局会同国务院卫生行政部门确定医疗器械重点监测品种，组织制定重点监测工作方案，并监督实施。国家医疗器械重点监测品种应当根据医疗器械注册、不良事件监测、监督检查、检验等情况，结合产品风险程度和使用情况确定。国家监测机构组织实施医疗器械重点监测工作，并完成相关技术报告。药品监督管理部门可根据监测中发现的风险采取必要的管理措施。

省级以上药品监督管理部门可以组织开展医疗器械重点监测，强化医疗器械产品上市后风险研究。省、自治区、直辖市药品监督管理部门可以根据本行政区域内医疗器械监管工作需要，对本行政区内注册的第二类和备案的第一类医疗器械开展省级医疗器械重点监测工作。

医疗器械重点监测品种涉及的持有人应当按照医疗器械重点监测工作方案的要求开展工作，主动收集其产品的不良事件报告等相关风险信息，撰写风险评价报告，并按要求报送至重点监测工作组织部门。

省级以上药品监督管理部门可以指定具备一定条件的单位作为监测哨点，主动收集重点监测数据。监测哨点应当提供医疗器械重点监测品种的使用情况，主动收集、报告不良事件监测信息，组织或者推荐相关专家开展或者配合监测机构开展与风险评价相关的科学研究工作。

创新医疗器械持有人应当加强对创新医疗器械的主动监测，制定产品监测计划，主动收集相关不良事件报告和产品投诉信息，并开展调查、分析、评价。创新医疗器械持有人应当在首个注册周期内，每半年向国家监测机构提交产品不良事件监测分析评价汇总报告。国家监测机构发现医疗器械可能存在严重缺陷的信息，应当及时报国家药品监督管理局。

（二）风险控制

1.持有人风险控制措施　持有人通过医疗器械不良事件监测，发现存在可能危及人体健康和生命安全的不合理风险的医疗器械，应当根据情况采取以下风险控制措施，并报所在地省、自治区、直辖市药品监督管理部门。

（1）停止生产、销售相关产品。

（2）通知医疗器械经营企业、使用单位暂停销售和使用。

（3）实施产品召回。

（4）发布风险信息。

（5）对生产质量管理体系进行自查，并对相关问题进行整改。

（6）修改说明书、标签、操作手册等。

（7）改进生产工艺、设计、产品技术要求等。

（8）开展医疗器械再评价。

（9）按规定进行变更注册或者备案。

（10）其他需要采取的风险控制措施。

与用械安全相关的风险及处置情况，持有人应当及时向社会公布。

2.监督管理部门风险控制措施　药品监督管理部门认为持有人采取的控制措施不足以有效防范风险的，可以采取发布警示信息、暂停生产销售和使用、责令召回、要求其修改说明书和标签、组织开展再评价等措施，并组织对持有人开展监督检查。

对发生群体医疗器械不良事件的医疗器械，省级以上药品监督管理部门可以根据风险情况，采取暂停生产、销售、使用等控制措施，组织对持有人开展监督检查，并及时向社会发布警示和处置信息。在技术评价结论得出后，省级以上药品监督管理部门应当根据相关法规要求，采取进一步监管措施，并加强对同类医疗器械的不良事件监测。同级卫生行政部门应当在本行政区域内暂停医疗机构使用相关医疗器械，采取措施积极组织救治患者。相关持有人应当予以配合。

省级以上监测机构在医疗器械不良事件报告评价和审核、不良事件报告季度和年度汇总分析、群体不良事件评价、重点监测、定期风险评价报告等过程中，发现医疗器械存在不合理风险的，应当提出风险管理意见，及时反馈持有人并报告相应的药品监督管理部门。省级监测机构还应当向国家监测机构报告。持有人应当根据收到的风险管理意见制定并实施相应的风险控制措施。

各级药品监督管理部门和卫生行政部门必要时可以将医疗器械不良事件所涉及的产品委托具有相应资质的医疗器械检验机构进行检验。医疗器械检验机构应当及时开展相关检验，并出具检验报告。

3.跨境医疗器械不良事件控制　进口医疗器械在境外发生医疗器械不良事件，或者国产医疗器械在境外发生医疗器械不良事件，被采取控制措施的，境外持有人指定的代理人或者国产医疗器械持有人应当在获知后24小时内，将境外医疗器械不良事件情况、控制措施情况和在境内拟采取的控制措施报国家药品监督管理局和国家监测机构，抄送所在地省、自治区、直辖市药品监督管理部门，及时报告后续处置情况。

4.可疑医疗器械不良事件处置　可疑医疗器械不良事件由医疗器械产品质量原因造成的，由药品监督管理部门按照医疗器械相关法规予以处置；由医疗器械使用行为造成的，由卫生行政部门予以处置。

四、医疗器械再评价

医疗器械再评价，是指对已注册或者备案、上市销售的医疗器械的安全性、有效性进行重新评价，并采取相应措施的过程。随着医疗技术逐渐发展，人们的安全认知不断更新，原有的风险与收益认知发生改变，为消除其安全隐患，医疗器械持有人应对上市后医疗器械产生的不良事件，及时开展再评价，实施医疗器械全生命周期科学监管，保障人民用械安全。

（一）再评价条件

现行《条例》第五十一条和《监测和再评价办法》第六章规定了医疗器械再评价制度。有下列情形之一的，省级以上药品监督管理部门应当对已注册的医疗器械组织开展再评价。

1.根据科学研究的发展，对医疗器械的安全、有效有认识上的改变的。

2.医疗器械不良事件监测、评估结果表明医疗器械可能存在缺陷的。

3.国家药品监督管理局规定应当开展再评价的其他情形。

（二）再评价义务

1.再评价内容　持有人开展医疗器械再评价，应当根据产品上市后获知和掌握的产品安全有效信息、临床数据和使用经验等，对原医疗器械注册资料中的综述资料、研究资料、临床评价资料、产品风险分析资料、产品技术要求、说明书、标签等技术数据和内容进行重新评价。

2.再评价报告　应当包括产品风险受益评估、社会经济效益评估、技术进展评估、拟采取的措施建议等。

持有人主动开展医疗器械再评价的，应当制定再评价工作方案。通过再评价确定需要采取控制措施的，应当在再评价结论形成后15日内，提交再评价报告。其中，国家药品监督管理局批准注册或者备案的医疗器械，持有人应当向国家监测机构提交；其他医疗器械的持有人应当向所在地省级监测机构提交。持有人未按规定履行医疗器械再评价义务的，省级以上药品监督管理部门应当责令持有人开展再评价。必要时，省级以上药品监督管理部门可以直接组织开展再评价。

省级以上药品监督管理部门责令开展再评价的，持有人应当在再评价实施前和再评价结束后30日内向相应药品监督管理部门及监测机构提交再评价方案和再评价报告。再评价实施期限超过1年的，持有人应当每年报告年度进展情况。

药品监督管理部门组织开展医疗器械再评价的，由指定的监测机构制定再评价方案，经组织开展再评价的药品监督管理部门批准后组织实施，形成再评价报告后向相应药品监督管理部门报告。

（三）再评价后处理

监测机构对收到的持有人再评价报告进行审核，并将审核意见报相应的药品监督管理部门。药品监督管理部门对持有人开展的再评价结论有异议的，持有人应当按照药品监督管理部门的要求重新确认再评价结果或者重新开展再评价。

再评价结果表明已注册或者备案的医疗器械存在危及人身安全的缺陷，且无法通过技术改进、修改说明书和标签等措施消除或者控制风险，或者风险获益比不可接受的，持有人应当主动申请注销医疗器械注册证或者取消产品备案；持有人未申请注销医疗器械注册证或者取消备案的，由原发证部门注销医疗器械注册证或者取消备案。药品监督管理部门应当将注销医疗器械注册证或者取消备案的相关信息及时向社会公布。国家药品监督管理局根据再评价结论，可以对医疗器械品种作出淘汰的决定。被淘汰的产品，其医疗器械注册证或者产品备案由原发证部门予以注销或者取消。被注销医疗器械注册证或者被取消备案的医疗器械不得生产、进口、经营和使用。

五、监督管理和法律责任

（一）监督管理

1.监督检查　药品监督管理部门应当依据职责对持有人和经营企业开展医疗器械不良事件监测和再评价工作情况进行监督检查，会同同级卫生行政部门对医疗器械使用单位开展医疗器械不良事件监测情况进行监督检查。省、自治区、直辖市药品监督管理部门应当加强对本行政区域内从事医疗器械不良事件监测和再评价工作人员的培训和考核。对持有人不良事件监测制度建设和工作开展情况实施监督检查。必要时，可以对受持有人委托开展相关工作的企业开展延伸检查。

2.重点检查　省、自治区、直辖市药品监督管理部门应当制定本行政区域的医疗器械不良事件监测监督检查计划，确定检查重点，并监督实施。有下列情形之一的，药品监督管理部门应当对持有人开展重点检查。

（1）未主动收集并按照时限要求报告医疗器械不良事件的。

（2）持有人上报导致或可能导致严重伤害或者死亡不良事件的报告数量与医疗机构的报告数量差距较大，提示其主体责任未落实到位的。

（3）瞒报、漏报、虚假报告的。

（4）不配合药品监督管理部门开展的医疗器械不良事件相关调查和采取的控制措施的。

（5）未按照要求通过不良事件监测收集产品安全性信息，或者未按照要求开展上市后研究、再评价，无法保证产品安全有效的。

3.药品监督管理部门的控制措施 持有人未按照要求建立不良事件监测制度、开展不良事件监测和再评价相关工作、未按照规定及时采取有效风险控制措施、不配合药品监督管理部门开展的医疗器械不良事件相关调查和采取的控制措施的，药品监督管理部门可以要求其停产整改，必要时采取停止产品销售的控制措施。

需要恢复生产、销售的，持有人应当向作出处理决定的药品监督管理部门提出申请，药品监督管理部门现场检查通过后，作出恢复生产、销售的决定。持有人提出恢复生产、销售申请前，可以聘请具备相应资质的独立第三方专业机构进行检查确认。

4.信息发布 省级以上药品监督管理部门统一发布下列医疗器械不良事件监测信息：①群体医疗器械不良事件相关信息；②医疗器械不良事件监测警示信息；③需要定期发布的医疗器械不良事件监测信息；④认为需要统一发布的其他医疗器械不良事件监测信息。

（二）法律责任

《监测和再评价办法》第八章法律责任，规定了医疗器械不良事件的监管机构、持有人、经营企业和使用单位的法律责任，强化对违法行为的惩处。

1.不良事件监管机构的法律责任

（1）医疗器械不良事件监测技术机构法律责任 医疗器械不良事件监测技术机构未依《条例》规定履行职责，致使监测工作出现重大失误的，由县级以上人民政府药品监督管理部门责令改正，通报批评，给予警告；造成严重后果的，对直接负责的主管人员和其他直接责任人员，依法给予降级、撤职或者开除的处分。

（2）药品监督管理部门法律责任 县级以上人民政府药品监督管理部门或者其他有关部门不履行医疗器械监督管理职责或者滥用职权、玩忽职守、徇私舞弊的，由监察机关或者任免机关对直接负责的主管人员和其他直接责任人员依法给予警告、记过或者记大过的处分；造成严重后果的，给予降级、撤职或者开除的处分。

2.持有人的法律责任 持有人有下列情形之一的，县级以上药品监督管理部门责令改正，给予警告；拒不改正的，处5000元以上2万元以下罚款；情节严重的，责令停产停业，直至由发证部门吊销相关证明文件：①未主动收集并按照时限要求报告医疗器械不良事件的；②瞒报、漏报、虚假报告的；③未按照时限要求报告评价结果或者提交群体医疗器械不良事件调查报告的；④不配合药品监督管理部门和监测机构开展的医疗器械不良事件相关调查和采取的控制措施的。

持有人未按照要求开展再评价、隐匿再评价结果、应当提出注销申请而未提出的，由省级以上药品监督管理部门责令改正，给予警告，可以并处1万元以上3万元以下罚款。

持有人有下列情形之一的，由县级以上药品监督管理部门责令改正，给予警告；拒不改正的，处5000元以上2万元以下罚款：①未按照规定建立医疗器械不良事件监测和再评价工作制度；②未按照要求配备与其产品相适应的机构和人员从事医疗器械不良事件监测相关工作的；③未保存不良事件监测记录或者保存年限不足的；④应当注册而未注册为医疗器械不良事件监测信息系统用户的；⑤未主动维护用户信息，或者未持续跟踪和处理监测信息的；⑥未根据不良事件情况采取相应控制措施并向社会公布的；⑦未按照要求撰写、提交或者留存上市后定期风险评价报告的；⑧未按照要求报告境外医疗器械不良事件和境外控制措施的；⑨未按照要求提交创新医疗器械产品分析评价汇总报告的；⑩未公布联系方式、主动收集不良事件信息的；⑪未按照要求开展医疗器械重点监测的；⑫其他违反本办法规定的。

3. 医疗器械经营企业、使用单位的法律责任 医疗器械经营企业、使用单位有下列情形之一的，由县级以上药品监督管理部门和卫生行政部门依据各自职责责令改正，给予警告；拒不改正的，处5000元以上2万元以下罚款；情节严重的，责令停产停业，直至由发证部门吊销相关证明文件：①未主动收集并按照时限要求报告医疗器械不良事件的；②瞒报、漏报、虚假报告的；③不配合药品监督管理部门和监测机构开展的医疗器械不良事件相关调查和采取的控制措施的。

医疗器械经营企业、使用单位有下列情形之一的，由县级以上药品监督管理部门和卫生行政部门依据各自职责责令改正，给予警告；拒不改正的，处5000元以上2万元以下罚款：①未按照要求建立医疗器械不良事件监测工作制度的；②未按照要求配备与其经营或者使用规模相适应的机构或者人员从事医疗器械不良事件监测相关工作的；③未保存不良事件监测记录或者保存年限不足的；④应当注册而未注册为国家医疗器械不良事件监测信息系统用户的；⑤未及时向持有人报告所收集或者获知的医疗器械不良事件的；⑥未配合持有人对医疗器械不良事件调查和评价的；⑦其他违反本办法规定的。

持有人、经营企业、使用单位按照要求报告、调查、评价、处置医疗器械不良事件，主动消除或者减轻危害后果的，对其相关违法行为，依照《中华人民共和国行政处罚法》的规定从轻或者减轻处罚。违法行为轻微并及时纠正，没有造成危害后果的，不予处罚，但不免除其依法应当承担的其他法律责任。持有人、经营企业、使用单位违反相关规定，给医疗器械使用者造成损害的，依法承担赔偿责任。

第二节 医疗器械召回

💬 案例讨论

案例 2018年11月17日，国家药品监督管理局发布了江苏某生命科技有限公司对一次性使用空心纤维高通量透析器主动召回的信息。江苏某生命科技有限公司报告，由于在使用过程中出现低血压等透析反应的原因，该公司对其生产的一次性使用空心纤维高通量透析器（注册证编码：国械注准20153450479）进行主动召回。召回级别为三级，涉及产品型号为LHST180-A、批号为1809034，在中国的销售数量763支，详细信息通过《医疗器械召回事件报告表》上报。

讨论 1. 该公司为什么召回以上产品？

2. 医疗器械的召回分几级？

医疗器械召回制度不仅是控制医疗器械风险、促进生产技术进步、完善产品设计的有效方法，也是推动生产企业提高产品质量意识，规范市场竞争秩序的重要措施。

PPT

一、召回概述

（一）产品召回制度

召回，是指生产者对存在缺陷的产品，通过补充或者修正警示标识、修理、更换、退货等补救措施，消除缺陷或者降低安全风险的活动。召回制度是针对已经流入市场的缺陷产品而建立的。《产品质量法》第四十六条规定："本法所称缺陷，是指产品存在危及人身、他人财产安全的不合理的危险；产品有保障人体健康和人身、财产安全的国家标准、行业标准的，是指不符合该标准。"召回制度倾向于事前预防，与产品责任的"以产品已经造成损害为要件"的事后救济不同，后者已经发生损害，前者只是存在潜在风险。召回制度是生产企业主动针对同一批次或同一型号的缺陷产品所采取的修理、换货、退货等处理行为，针对的是人数众多的消费者群体，并且有政府的介入和监督，它不同于产品因违反法律规定或当事人约定的质量标准致使消费者财产损害，销售者所应进行的修理、更换、退货等行为，后者针对的是某个特定消费者个人。

缺陷产品往往具有批量性的特点，当这些产品投放到市场后，如不加以干预，其潜在的危害是巨大的，有可能对消费者的生命、财产安全或环境造成损害。因此，国家有必要制订相关法律法规，监督缺陷产品的生产者，使之对其生产的缺陷产品进行收回、改造等，并采取措施消除产品设计、制造、销售等环节上的缺陷，以维护消费者的合法权益。

缺陷产品召回制度最早出现在美国，实行召回制度的国家还有日本、韩国、加拿大、英国和澳大利亚等国。召回制度在其他国家的实践表明，召回制度是产品质量和消费者权益的有力保证，实施召回制度有利于提高生产商和销售商的产品质量意识，有利于企业关注技术改造和环保问题，有利于规范市场竞争秩序。

我国产品召回制度起步较晚。2004年3月，由国家质检总局、国家发改委、商务部和海关总署共同制定的《缺陷汽车产品召回管理规定》（已废止）是我国第一个关于缺陷产品召回管理的法律规范。2007年12月，国家食品药品监督管理局发布了《药品召回管理办法》。2009年全国人大常委会颁布的《食品安全法》首次以法律形式确立了食品召回制度。2009年12月，全国人大常委会发布的《侵权责任法》第四十六条规定，产品投入流通后发现存在缺陷的，生产者、销售者应当及时采取警示、召回等补救措施。未及时采取补救措施或者补救措施不力造成损害的，应当承担侵权责任。2019年11月，国家市场监督管理总局发布了《消费品召回管理暂行规定》，自2020年1月1日起施行。

（二）我国医疗器械召回立法

为加强召回相关工作的监督管理，原卫生部发布了《医疗器械召回管理办法（试行）》（以下简称《办法（试行）》），自2011年7月1日起施行，为及时控制上市后的医疗器械风险，保护公众用械安全提供了法律保障。2014年修订的《医疗器械监督管理条例》将召回制度纳入其中，为强化对医疗器械召回的管理，2017年1月25日，国家食品药品监督管理总局发布了《医疗器械召回管理办法》（以下简称《召回办法》），自2017年5月1日起施行。自施行之日起，《办法（试行）》同时废止。《召回办法》保留了《办法（试行）》的框架和主要内容，包括总则、医疗器械缺陷的调查与评估、主动召回、责令召回、法律责任、附则，共六章三十七条。《召回办法》重点对召回的范围和个别操作程序作了补充和调整，强化了生产企业的主体责任和法律责任，加大了对违法违规行为的惩处力度，明确了医疗器械生产企业、经营企业、使用单位的召回义务。

1.适用范围 中华人民共和国境内已上市医疗器械的召回及其监督管理，适用《召回办法》

规定。凡在我国注册的医疗器械产品，在境内或者境外发生召回的，都应当按照《召回办法》的要求实施或报告。

2.医疗器械召回的定义　医疗器械召回是指医疗器械生产企业按照规定的程序对其已上市销售的某一类别、型号或者批次的存在缺陷的医疗器械产品，采取警示、检查、修理、重新标签、修改并完善说明书、软件更新、替换、收回、销毁等方式进行处理的行为。这里所称医疗器械生产企业，是指境内医疗器械产品注册人或者备案人、进口医疗器械的境外制造厂商在中国境内指定的代理人。

3.缺陷产品的范围　《召回办法》根据现行《条例》，将缺陷产品的范围扩展为：①正常使用情况下存在可能危及人体健康和生命安全的不合理的风险的产品；②不符合强制性标准、经注册或者备案的产品技术要求的产品；③不符合医疗器械生产、流通质量管理有关规定导致可能存在不合理风险的产品；④其他需要召回的产品。

（三）医疗器械召回的责任及义务主体

《召回办法》落实了医疗器械召回的责任主体，明确境内医疗器械产品注册人或者备案人、进口医疗器械的境外制造厂商在中国境内指定的代理人是实施医疗器械召回的主体。医疗器械生产企业是控制与消除产品缺陷的责任主体，应当主动对缺陷产品实施召回。

1.医疗器械生产企业的召回义务　医疗器械生产企业是其生产医疗器械质量安全的负责主体，应当按照《召回办法》的规定建立健全医疗器械召回管理制度，收集医疗器械安全相关信息，对可能的缺陷产品进行调查、评估，及时召回缺陷产品。进口医疗器械的境外制造厂商在中国境内指定的代理人应当将仅在境外实施医疗器械召回的有关信息及时报告国家药品监督管理局；凡涉及在境内实施召回的，中国境内指定的代理人应当按照《召回办法》的规定组织实施。

2.医疗器械经营企业、使用单位的召回义务　医疗器械经营企业、使用单位应当积极协助医疗器械生产企业对缺陷产品进行调查、评估，主动配合生产企业履行召回义务，按照召回计划及时传达、反馈医疗器械召回信息，控制和收回缺陷产品；如发现其经营、使用的医疗器械可能为缺陷产品的，应当立即暂停销售或者使用该医疗器械，及时通知医疗器械生产企业或者供货商，并向所在地省、自治区、直辖市药品监督管理部门报告；使用单位为医疗机构的，还应当同时向所在地省、自治区、直辖市卫生行政部门报告。

3.监管部门　国家药品监督管理局监督全国医疗器械召回的管理工作。召回医疗器械的生产企业所在地省、自治区、直辖市药品监督管理部门负责医疗器械召回的监督管理，其他省、自治区、直辖市药品监督管理部门应当配合做好本行政区域内医疗器械召回的有关工作。医疗器械经营企业、使用单位所在地省、自治区、直辖市药品监督管理部门收到报告后，应当及时通报医疗器械生产企业所在地省、自治区、直辖市药品监督管理部门。

国家药品监督管理局和省、自治区、直辖市药品监督管理部门应当按照医疗器械召回信息通报和信息公开有关制度，采取有效途径向社会公布缺陷产品信息和召回信息，必要时向同级卫生行政部门通报相关信息。

二、缺陷的调查与评估

（一）医疗器械缺陷的调查

医疗器械生产企业应当按照规定建立健全医疗器械质量管理体系和医疗器械不良事件监测系

统，收集、记录医疗器械的质量投诉信息和医疗器械不良事件信息，对收集的信息进行分析，对可能存在的缺陷进行调查和评估。医疗器械经营企业、使用单位应当配合医疗器械生产企业对有关医疗器械缺陷进行调查，并提供有关资料。

医疗器械生产企业应当按照规定及时将收集的医疗器械不良事件信息向药品监督管理部门报告，药品监督管理部门可以对医疗器械不良事件或者可能存在的缺陷进行分析和调查，医疗器械生产企业、经营企业、使用单位应当予以配合。

（二）医疗器械缺陷的评估

对存在缺陷的医疗器械产品进行评估的主要内容如下。

1.产品是否符合强制性标准、经注册或者备案的产品技术要求。

2.在使用医疗器械过程中是否发生过故障或者伤害。

3.在现有使用环境下是否会造成伤害，是否有科学文献、研究、相关试验或者验证能够解释伤害发生的原因。

4.伤害所涉及的地区范围和人群特点。

5.对人体健康造成的伤害程度。

6.伤害发生的概率。

7.发生伤害的短期和长期后果。

8.其他可能对人体造成伤害的因素。

其中"产品是否符合强制性标准、经注册或者备案的产品技术要求"一项，是《召回办法》对应扩大缺陷产品范围的修改而增加的内容。

（三）医疗器械召回等级

根据医疗器械缺陷的严重程度，医疗器械召回分级如下。

1.一级召回　使用该医疗器械可能或者已经引起严重健康危害的。

2.二级召回　使用该医疗器械可能或者已经引起暂时的或者可逆的健康危害的。

3.三级召回　使用该医疗器械引起危害的可能性较小但仍需要召回的。

医疗器械生产企业应当根据具体情况确定召回级别并根据召回级别与医疗器械的销售和使用情况，科学设计召回计划并组织实施。

三、召回分类

根据作出召回决定的主体不同，可分为主动召回和责令召回，其中，以企业主动召回为主，政府责令召回为辅。

（一）主动召回

主动召回是医疗器械生产企业按照有关要求或根据产品不良事件等信息对生产的医疗器械产品进行质量评估，确定医疗器械产品存在缺陷的，由生产企业主动实施的召回。

1.召回决定　医疗器械生产企业按照要求进行调查评估后，确定医疗器械产品存在缺陷的，应当立即决定并实施召回，同时向社会发布产品召回信息。

2.发布召回公告　实施一级召回的，医疗器械召回公告应当在国家药品监督管理局网站和中央主要媒体上发布；实施二级、三级召回的，医疗器械召回公告应当在省、自治区、直辖市药品监督管理部门网站发布，省、自治区、直辖市药品监督管理部门网站发布的召回公告应当与国家

微课

药品监督管理局网站链接。

3.通知义务　医疗器械生产企业作出医疗器械召回决定的，一级召回应当在1日内，二级召回应当在3日内，三级召回应当在7日内，通知到有关医疗器械经营企业、使用单位或者告知使用者。召回通知应当包括以下内容：①召回医疗器械名称、型号规格、批次等基本信息；②召回的原因；③召回的要求，如立即暂停销售和使用该产品、将召回通知转发到相关经营企业或者使用单位等；④召回医疗器械的处理方式。

4.召回报告　医疗器械生产企业发现其生产的医疗器械可能为缺陷产品，作出医疗器械召回决定的，应当立即向所在地省、自治区、直辖市药品监督管理部门和批准该产品注册或者办理备案的药品监督管理部门提交《医疗器械召回事件报告表》（表7-2），并在5个工作日内将调查评估报告和召回计划提交至所在地省、自治区、直辖市药品监督管理部门和批准注册或者办理备案的药品监督管理部门备案。

医疗器械生产企业所在地省、自治区、直辖市药品监督管理部门应当在收到召回事件报告表1个工作日内将召回的有关情况报告国家药品监督管理局。

表7-2　医疗器械召回事件报告表

提交：□企业所在地省级药品监督管理部门　　　　　　　□器械注册/备案部门

产品名称		注册证或备案凭证编码	
生产企业名称			
代理人名称			
单位负责人和联系方式，经办人和联系方式			
产品的适用范围			
涉及地区和国家		召回级别	
涉及产品生产（或进口中国）批次、数量		涉及产品型号、规格	
识别信息（如批号）		涉及产品在中国的销售数量	
召回原因简述			
纠正行动简述（包括召回要求和处理方式等）			

报告单位：（盖章）　　　　　　　　　　　　　　负责人：（签字）

报告人：（签字）　　　　　　　　　　　　　　　报告日期：

5.召回评估、召回计划　调查评估报告应当包括以下内容：召回医疗器械的具体情况，包括名称、型号规格、批次等基本信息；实施召回的原因；调查评估结果及召回分级。召回计划应当包括以下内容：医疗器械生产销售情况及拟召回的数量；召回措施的具体内容，包括实施的组织、范围和时限等；召回信息的公布途径与范围；召回的预期效果；医疗器械召回后的处理措施。

医疗器械生产企业所在地省、自治区、直辖市药品监督管理部门可以对生产企业提交的召回计划进行评估，认为生产企业所采取的措施不能有效消除产品缺陷或者控制产品风险的，应当书面要求其采取提高召回等级、扩大召回范围、缩短召回时间或者改变召回产品的处理方式等更为有效的措施进行处理。医疗器械生产企业应当按照药品监督管理部门的要求修改召回计划并组织实施。

6.召回实施与计划变更　医疗器械生产企业对上报的召回计划进行变更的，应当及时报所在地省、自治区、直辖市药品监督管理部门备案；在实施召回的过程中，应当根据召回计划定期向所在地省、自治区、直辖市药品监督管理部门提交召回计划实施情况报告。

医疗器械生产企业对召回医疗器械的处理应当有详细的记录，并向医疗器械生产企业所在地省、自治区、直辖市药品监督管理部门报告，记录应当保存至医疗器械注册证失效后5年，第一类医疗器械召回的处理记录应当保存5年。对通过警示、检查、修理、重新标签、修改并完善说明书、软件更新、替换、销毁等方式能够消除产品缺陷的，可以在产品所在地完成上述行为。需要销毁的，应当在药品监督管理部门监督下销毁。

7.召回效果评估　医疗器械生产企业应当在召回完成后10个工作日内对召回效果进行评估，并向所在地省、自治区、直辖市药品监督管理部门提交医疗器械召回总结评估报告。医疗器械生产企业所在地省、自治区、直辖市药品监督管理部门应当自收到总结评估报告之日起10个工作日内对报告进行审查，并对召回效果进行评估；认为召回尚未有效消除产品缺陷或者控制产品风险的，应当书面要求生产企业重新召回。医疗器械生产企业应当按照药品监督管理部门的要求进行重新召回。

（二）责令召回

责令召回是指药品监管部门经过调查评估，对于医疗器械生产企业未主动召回存在缺陷的医疗器械产品，而责令医疗器械生产企业实施的召回。

1.责令召回决定　药品监督管理部门经过调查评估，认为医疗器械生产企业应当召回存在缺陷的医疗器械产品而未主动召回的，应当责令医疗器械生产企业召回医疗器械。责令召回的决定可以由医疗器械生产企业所在地省、自治区、直辖市药品监督管理部门作出，也可以由批准该医疗器械注册或者办理备案的药品监督管理部门作出。作出该决定的药品监督管理部门，应当在其网站向社会公布责令召回信息。

药品监督管理部门作出责令召回决定，应当将责令召回通知书送达医疗器械生产企业，通知书包括以下内容：①召回医疗器械的具体情况，包括名称、型号规格、批次等基本信息；②实施召回的原因；③调查评估结果；④召回要求，包括范围和时限等。

2.召回实施、处理　医疗器械生产企业应当按照药品监督管理部门的要求进行召回，并按规定向社会公布产品召回信息。必要时，药品监督管理部门可以要求医疗器械生产企业、经营企业和使用单位立即暂停生产、销售和使用，并告知使用者立即暂停使用该缺陷产品。

医疗器械生产企业收到责令召回通知书后，应当按照规定通知医疗器械经营企业和使用单位或者告知使用者，制定、提交召回计划，并组织实施；并向药品监督管理部门报告医疗器械召回的相关情况，进行召回医疗器械的后续处理。

3.召回效果评价　药品监督管理部门应当按照相关规定对医疗器械生产企业提交的医疗器械召回总结评估报告进行审查，并对召回效果进行评价，必要时通报同级卫生行政部门。经过审查和评价，认为召回不彻底、尚未有效消除产品缺陷或者控制产品风险的，药品监督管理部门应当书面要求医疗器械生产企业重新召回。医疗器械生产企业应当按照药品监督管理部门的要求进行重新召回。医疗器械召回流程见图7-4。

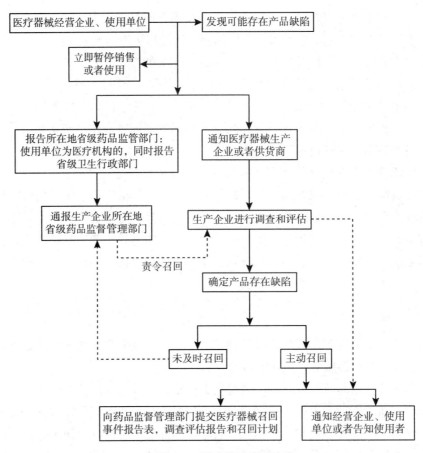

图7-4 医疗器械召回流程

四、法律责任

（一）医疗器械生产企业承担的法律责任

医疗器械生产企业因违反法律、法规、规章规定造成上市医疗器械存在缺陷，依法应当给予行政处罚，但该企业已经采取召回措施主动消除或者减轻危害后果的，药品监督管理部门依照《中华人民共和国行政处罚法》的规定给予从轻或者减轻处罚；违法行为轻微并及时纠正，没有造成危害后果的，不予处罚。医疗器械生产企业召回医疗器械的，不免除其依法应当承担的其他法律责任。

医疗器械生产企业有下列情形之一的，予以警告，责令限期改正，并处3万元以下罚款：①未按照要求及时向社会发布产品召回信息的；②未在规定时间内将召回医疗器械的决定通知到医疗器械经营企业、使用单位或者告知使用者的；③未按照药品监督管理部门要求采取改正措施或者重新召回医疗器械的；④未对召回医疗器械的处理作详细记录或者未向药品监督管理部门报告的。

医疗器械生产企业有下列情形之一的，予以警告，责令限期改正；逾期未改正的，处3万元以下罚款：①未按照规定建立医疗器械召回管理制度的；②拒绝配合药品监督管理部门开展调查；③未按照规定提交医疗器械召回事件报告表、调查评估报告和召回计划、医疗器械召回计划实施情况和总结评估报告的；④变更召回计划，未报药品监督管理部门备案的。

医疗器械生产企业违反《召回办法》第二十四条规定，拒绝召回医疗器械的，由县级以上人民政府药品监督管理部门责令改正，没收违法生产、经营或者使用的医疗器械；违法生产、经营或者使用的医疗器械货值金额不足1万元的，并处2万元以上5万元以下罚款；货值金额1万元以上的，并处货值金额5倍以上10倍以下罚款；情节严重的，责令停产停业，直至由原发证部门吊销医疗器械注册证、医疗器械生产许可证、医疗器械经营许可证。

（二）医疗器械经营企业、使用单位应承担的法律责任

医疗器械经营企业、使用单位发现其经营、使用的医疗器械可能为缺陷产品的，应当立即暂停销售或者使用该医疗器械，及时通知医疗器械生产企业或者供货商，并向所在地省、自治区、直辖市药品监督管理部门报告；使用单位为医疗机构的，还应当同时向所在地省、自治区、直辖市卫生行政部门报告。违反上述规定的应责令停止销售、使用存在缺陷的医疗器械，并处5000元以上3万元以下罚款；造成严重后果的，由原发证部门吊销《医疗器械经营许可证》。

医疗器械经营企业、使用单位拒绝配合有关医疗器械缺陷调查、拒绝协助医疗器械生产企业召回医疗器械的，予以警告，责令限期改正；逾期拒不改正的，处3万元以下罚款。

（三）监管主体的法律责任

药品监督管理部门及其工作人员不履行医疗器械监督管理职责或者滥用职权、玩忽职守，有下列情形之一的，由监察机关或者任免机关根据情节轻重，对直接负责的主管人员和其他直接责任人员给予批评教育，或者依法给予警告、记过或者记大过的处分；造成严重后果的，给予降级、撤职或者开除的处分：①未按规定向社会发布召回信息的；②未按规定向相关部门报告或者通报有关召回信息的；③应当责令召回而未采取责令召回措施的；④违反规定，未能督促医疗器械生产企业有效实施召回的。

岗位对接

本章是医疗器械类各专业学生应掌握的学习内容，可为学习本课程相关章节奠定必要的基础知识，培养学生成为合格的医疗器械从业人员。

本章对应岗位包括医疗器械设备营销、医疗器械设备维修与售后服务、医用电子仪器维修与营销等。

以上医疗器械从业岗位工作人员均须掌握医疗器械不良事件处理的基本要求、不良事件报告流程，熟悉医疗器械召回的分级与分类及对应的工作流程，了解医疗器械不良事件产生原因，具备医疗器械管理相关法规的实践应用能力。

本章小结

引发医疗器械不良事件的原因较多，任何医疗器械都不是绝对安全的，对上市后的医疗器械开展不良事件监测和再评价，及时发现不良事件，采取合理和必要的应对措施，防止、避免或减少类似不良事件的重复发生，能够更有效地保障公众用械安全和有效。当前，全国医疗器械不良事件监测范围不断扩大，报告收集能力明显提升，国家不良事件监测信息系统注册用户和医疗器械不良事件年报告数量大幅增加。医疗器械召回制度的施行，不仅是控制医疗器械风险、促进生产技术进步、完善产品设计的有效方法，也是推动生产企业提高产品质量意识，规范市场竞争秩序的重要措施。医疗器械生产企业、经营企业、使用单位及药品监督管理部门对存在缺陷医疗器械的召回负有相应义务和职责，如未按照国家相关法规执行，都应依法承担对应的法律责任。

习题

习题

习题

一、不定项选择题

1.持有人、经营企业、使用单位应当建立并保存医疗器械不良事件监测记录。记录应当保存至医疗器械有效期后（　　）年；无有效期的，保存期限不得少于（　　）年。植入性医疗器械的监测记录应当永久保存，医疗机构应当按照病例相关规定保存。

A.2；3　　　　　　　B.3；7　　　　　　　C.2；5　　　　　　　D.2；3

2.持有人、经营企业、使用单位发现或者获知群体医疗器械不良事件后，应当在（　　）小时内通过电话或者传真等方式报告不良事件发生地省、自治区、直辖市药品监督管理部门和卫生行政部门，必要时可以越级报告，同时通过国家医疗器械不良事件监测信息系统报告群体医疗器械不良事件基本信息，对每一事件还应当在（　　）小时内按个例事件报告。

A.12；36　　　　　　B.12；24　　　　　　C.24；36　　　　　　D.12；12

3.（　　）可以组织开展医疗器械重点监测，强化医疗器械产品上市后风险研究。

A.省级以上监测机构　　　　　　　　　　B.省级以上药品监督管理部门

C.国家监测机构　　　　　　　　　　　　D.国家药品监督管理局

4.创新医疗器械持有人应当在首个注册周期内，（　　）向国家监测机构提交产品不良事件监测分析评价汇总报告。

A.每季度　　　　　　B.每个月　　　　　　C.每一年　　　　　　D.每半年

5.医疗器械生产企业作出医疗器械召回决定的，应当立即提交医疗器械召回事件报告表，并在（　　）个工作日内将调查评估报告和召回计划提交。

A.3　　　　　　　　　B.5　　　　　　　　　C.7　　　　　　　　　D.10

6.医疗器械生产企业作出医疗器械召回决定的，一级召回应当在（　　）日内，二级召回应当在（　　）日内，三级召回应当在（　　）日内，通知到有关医疗器械经营企业、使用单位或者告知使用者。

A.1；3；5　　　　　B.1；3；7　　　　　C.3；5；7　　　　　D.3；7；9

7.再评价报告应当包括（　　）等。

A.产品风险受益评估　　B.社会经济效益评估　　C.技术进展评估　　D.拟采取的措施建议

E.技术报告

8.医疗器械不良事件监测，是指对医疗器械不良事件的（　　）和控制的过程。

A.收集　　　　　　　B.报告　　　　　　　C.调查　　　　　　　D.分析

E.评价

9.医疗器械召回可分为（　　）。

A.主动召回　　　　　B.被动召回　　　　　C.责令召回　　　　　D.命令召回

10.医疗器械缺陷的调查与研究与下列（　　）有关。

A.医疗器械生产企业　　　　　　　　　　B.医疗器械经营企业

C.医疗器械使用单位　　　　　　　　　　D.药品监督管理部门

二、简答题

1.简述对存在缺陷的医疗器械产品进行评估的主要内容。

2.简述召回通知应当包括的内容。

第八章　特殊医疗器械产品管理

📖 **知识目标**

1. **掌握**　体外诊断试剂产品分类和技术评价；体外诊断试剂生产质量管理规范的特殊要求；定制式医疗器械与一般医疗器械的区别；定制式医疗器械的备案管理。
2. **熟悉**　体外诊断试剂备案和注册的资料文件和审批流程；体外诊断试剂经营管理；定制式医疗器械的设计加工和使用管理。
3. **了解**　定制式医疗器械的监督管理和行业发展。

👉 **能力目标**

1. **具备**　正确适用体外诊断试剂相关法律规范的能力；编制、整理定制式医疗器械备案资料文件，规范地从事定制医疗器械的设计加工和使用管理的能力。
2. **学会**　能按照体外诊断试剂备案注册、生产经营的基本要求从事备案和注册资料文件的撰写，规范地从事体外诊断试剂生产经营活动。

第一节　体外诊断试剂管理

💬 **案例讨论**

案例　某局执法人员在对体外诊断试剂批发企业A检查过程中发现，该经营企业在采购过程中未确定生产企业B的合法资格，经查，该生产企业B所用主要材料供应商与其持有的《体外诊断试剂注册证》注册事项不符。经营企业A从生产企业B购进货值金额为25.6万元，违法所得8万元。

讨论　1.企业A、企业B是否存在违法行为？

2.若企业A或企业B存在违法行为，如何判定？如何处罚？

一、概述

体外诊断试剂，是指按医疗器械管理的体外诊断试剂，包括在疾病的预测、预防、诊断、治疗检测、预后观察和健康状态评价的过程中，用于人体样本体外检测的试剂、试剂盒、校准品、质控品等产品。可以单独使用，也可以与仪器、器具、设备或者系统组合使用。

随着人口老龄化、城镇化趋势加快和现代医疗的不断发展，体外诊断试剂扮演着越来越重要的角色，如新型冠状病毒肺炎（COVID-19）疫情期间，新冠肺炎核酸检测试剂盒以其快速准确的检测速度和检测结果，在打赢新冠肺炎防疫战中发挥了至关重要的作用。目前，体外诊断试剂的品种、功能及适用范围也在不断扩展，堪称"医生的眼睛"，为疾病预防、诊断、用药指导、预后判定等提供重要的信息。但也不能忽视体外诊断试剂行业发展中的不足，如创新能力不足、依赖进口技术等，因此，国家为推动体外诊断试剂行业创新发展，相继出台了一系列规章和规范性文件。2007年4月19日，国家食品药品监督管理局发布并实施《体外诊断试剂注册管理办法（试行）》，该办法对我国体外诊断试剂的管理发挥了重要作用。

2014年7月30日，为规范体外诊断试剂的注册与备案管理，保证体外诊断试剂的安全、有效，原国家食品药品监督管理总局发布了《体外诊断试剂注册管理办法》（国家食品药品监督管理总局令第5号），以下简称《IVD注册办法》，并于2014年10月1日起实施。《IVD注册办法》包括总则、基本要求、产品的分类与命名、产品技术要求和注册检验、临床评价、产品注册、注册变更、延续注册、产品备案、监督管理、法律责任、附则，共12章90条，进一步细化了体外诊断试剂的注册管理类别和注册流程，新增了临床试验、质量管理体系考核、注册变更流程和时限及产品备案流程等内容。在中华人民共和国境内销售、使用的体外诊断试剂，应当按照该办法的规定申请注册或者办理备案。按照药品管理的用于血源筛查的体外诊断试剂和采用放射性核素标记的体外诊断试剂，不属于《IVD注册办法》管理范围。

2017年1月25日，为适应体外诊断试剂科学技术的发展和监管要求，原国家食品药品监督管理总局发布了《体外诊断试剂注册管理办法修正案》，对《IVD注册办法》第二十条第一款内容进行了适当修改，使体外诊断试剂的管理类别划分更加科学、合理，进一步推进医疗器械审评审批改革，适应医疗器械产业发展需要以及临床使用和监管的要求。

（一）体外诊断试剂产品分类

根据产品风险程度由低到高，体外诊断试剂分为第一类、第二类和第三类产品，具体见表8-1。

表8-1　体外诊断试剂分类表

第一类产品	第二类产品	第三类产品
1.微生物培养基（不用于微生物鉴别和药敏试验） 2.样本处理用产品，如溶血剂、稀释液、染色液等	1.用于蛋白质检测的试剂 2.用于糖类检测的试剂 3.用于激素检测的试剂 4.用于酶类检测的试剂 5.用于酯类检测的试剂 6.用于维生素检测的试剂 7.用于无机离子检测的试剂 8.用于药物及药物代谢物检测的试剂 9.用于自身抗体检测的试剂 10.用于微生物鉴别或药敏试验的试剂 11.用于其他生理、生化或免疫功能指标检测的试剂	1.与致病性病原体抗原、抗体以及核酸等检测相关的试剂 2.与血型、组织配型相关的试剂 3.与人类基因检测相关的试剂 4.与遗传性疾病相关的试剂 5.与麻醉药品、精神药品、医疗用毒性药品检测相关的试剂 6.与治疗药物作用靶点检测相关的试剂 7.与肿瘤标志物检测相关的试剂 8.与变态反应（过敏原）相关的试剂

上表中第二类产品，如用于肿瘤的诊断、辅助诊断、治疗过程的检测，或者用于遗传性疾病的诊断、辅助诊断等，按第三类产品注册管理。用于药物及药物代谢物检测的试剂，如该药物属于麻醉药品、精神药品或者医疗用毒性药品范围的，按第三类产品注册管理。校准品、质控品可以与配合使用的体外诊断试剂合并申请注册，也可以单独申请注册。与第一类体外诊断试剂配合使用的校准品、质控品，按第二类产品进行注册；与第二类、第三类体外诊断试剂配合使用的校准品、质控品单独申请注册时，按与试剂相同的类别进行注册；多项校准品、质控品，按其中的高类别进行注册。

上述体外诊断试剂分类规则，用于指导体外诊断试剂分类目录的制定和调整，以及确定新的体外诊断试剂的管理类别。国家药品监督管理局可以根据体外诊断试剂的风险变化，对分类规则进行调整。对新研制的尚未列入体外诊断试剂分类目录的体外诊断试剂，申请人可以直接申请第三类体外诊断试剂产品注册，也可以依据分类规则判断产品分类向国家药品监督管理局申请类别确认后，申请产品注册或者办理产品备案。

直接申请第三类体外诊断试剂注册的，国家药品监督管理局依照风险程度确定类别。境内体外诊断试剂确定为第二类的，国家药品监督管理局将申报资料转申请人所在地省、自治区、直辖市药品监督管理部门审评审批；境内体外诊断试剂确定为第一类的，国家药品监督管理局将申报资料转申请人所在地设区的市级药品监督管理部门备案。

（二）体外诊断试剂产品命名

体外诊断试剂的命名应当遵循以下原则，即体外诊断试剂的产品名称一般可以由三部分组成。①第一部分：被测物质的名称；②第二部分：用途，如诊断血清、测定试剂盒、质控品等；③第三部分：方法或者原理，如胶体金法、酶联免疫吸附法等，本部分应当在括号中列出。如：癌抗原CA15-3测定试剂盒（化学发光免疫分析法）；胰岛素样生长因子结合蛋白1（IGFBP-1）检测试剂盒（免疫层析法）。

如果被测物组分较多或者有其他特殊情况，可以采用与产品相关的适应证名称或者其他替代品名称。第一类产品和校准品、质控品，依据其预期用途进行命名。

二、体外诊断试剂技术评价

（一）产品技术要求

体外诊断试剂注册申请人或者备案人应当在原材料质量和生产工艺稳定的前提下，根据产品研制、临床评价等结果，依据国家标准、行业标准及有关文献资料，拟定产品技术要求。产品技术要求主要包括体外诊断试剂成品的性能指标和检验方法，其中性能指标是指可进行客观判定的成品的功能性、安全性指标以及与质量控制相关的其他指标。

第三类体外诊断试剂的产品技术要求中应当以附录形式明确主要原材料、生产工艺及半成品要求。第一类体外诊断试剂的产品技术要求由备案人办理备案时提交药品监督管理部门。第二类、第三类体外诊断试剂的产品技术要求由药品监督管理部门在批准注册时予以核准。在中国上市的体外诊断试剂应当符合经注册核准或者备案的产品技术要求。

（二）注册检验

申请第二类、第三类体外诊断试剂注册，应当进行注册检验；第三类产品应当进行连续3个生产批次样品的注册检验。医疗器械检验机构应当依据产品技术要求对相关产品进行检验。注册检验样品的生产应当符合医疗器械质量管理体系的相关要求，注册检验合格的方可进行临床试验或者申请注册。办理第一类体外诊断试剂备案的，备案人可以提交产品自检报告。

申请注册检验，申请人应当向检验机构提供注册检验所需的有关技术资料、注册检验用样品、产品技术要求及标准品或者参考品。境内申请人的注册检验用样品由药品监督管理部门抽取。有国家标准品、参考品的产品应当使用国家标准品、参考品进行注册检验。中国食品药品检定研究院负责组织国家标准品、参考品的制备和标定工作。

医疗器械检验机构应当具有医疗器械检验资质，在其承检范围内进行检验，并对申请人提交的产品技术要求进行预评价。与评价意见随注册检验报告一同出具给申请人。尚未列入医疗器械检验机构承检范围的产品，由相应的注册审批部门指定有能力的检验机构进行检验。同一注册申请包括不同包装规格时，可以只进行一种包装规格产品的注册检验。

（三）临床评价

体外诊断试剂临床评价是指申请人或者备案人通过临床文献资料、临床经验数据、临床试验等信息对产品是否满足使用要求或者预期用途进行确认的过程。临床评价资料是指申请人或者备案人进行临床评价所形成的文件。同一注册申请包括不同包装规格时，可以只采用一种包装规格的样品进行临床评价。

申请进口体外诊断试剂注册，需要提供境外的临床评价资料。申请人应当按照临床评价的要求，同时考虑不同国家或者地区的流行病学背景、不同病种的特性、不同种属人群所适用的阳性判断值或者参考区间等因素，在中国境内进行具有针对性的临床评价。由消费者个人自行使用的体外诊断试剂，在临床试验时，应当包含无医学背景的消费者对产品说明书认知能力的评价。

体外诊断试剂临床试验（包括与已上市产品进行的比较研究试验）是指在相应的临床环境中，对体外诊断试剂的临床性能进行的系统性研究。它是体外诊断试剂临床评价的主要方式。无需进行临床试验的体外诊断试剂，申请人或者备案人应当通过对涵盖预期用途及干扰因素的临床样本的评估、综合文献资料等非临床试验的方式对体外诊断试剂的临床性能进行评价。申请人或者备案人应当保证评价所用的临床样本具有可追溯性。

1.临床试验备案　开展体外诊断试剂临床试验，应当向申请人所在地省、自治区、直辖市药品监督管理部门备案。接受备案的药品监督管理部门应当将备案情况通报临床试验机构所在地的同级药品监督管理部门和卫生健康主管部门。

国家药品监督管理局和省、自治区、直辖市药品监督管理部门根据需要对临床试验的实施情况进行监督、检查。

2.临床试验豁免　办理第一类体外诊断试剂备案，无须进行临床试验。申请第二类、第三类体外诊断试剂注册，应当进行临床试验。有下列情形之一的，可以免于进行临床试验：反应原理明确、设计定型、生产工艺成熟，已上市的同品种体外诊断试剂临床应用多年且无严重不良事件记录，不改变常规用途，申请人能够提供与已上市产品等效性评价数据的；通过对涵盖预期用途及干扰因素的临床样本的评价能够证明该体外诊断试剂安全、有效的。免于进行临床试验的体外诊断试剂目录由国家药品监督管理局制定、调整并公布。

3.临床试验合同　第三类产品申请人应当选定不少于3家（含3家）、第二类产品申请人应当选定不少于2家（含2家）取得资质的临床试验机构，按照有关规定开展临床试验。临床试验样品的生产应当符合医疗器械质量管理体系的相关要求。申请人应当与临床试验机构签订临床试验合同，参考相关技术指导原则制定并完善临床试验方案，免费提供临床试验用样品，并承担临床试验费用。

4.临床试验技术指导原则　2014年9月11日，国家食品药品监督管理总局发布了《关于发布体外诊断试剂临床试验技术指导原则的通告》（2014年第16号），对体外诊断试剂的临床试验工作作出了指导，自2014年10月1日起实施，原国家食品药品监督管理局发布的《体外诊断试剂临床研究技术指导原则》（国食药监械〔2007〕240号）同时废止。

体外诊断试剂临床试验的基本要求：①必须符合赫尔辛基宣言的伦理学准则，必须获得临床试验机构伦理委员会的同意。研究者应考虑临床试验用样本，如血液、羊水、胸水、腹水、组织液、胸积液、组织切片、骨髓等的获得或试验结果对受试者的风险性，应提交伦理委员会的审查意见及受试者的知情同意书。对于例外情况，如客观上不可能获得受试者的知情同意或该临床试验对受试者几乎没有风险，可经伦理委员会审查和批准后免于受试者的知情同意。②受试者的权益、安全和健康必须高于科学和社会利益。③为受试者保密，尊重个人隐私。防止受试者因检测结果而受到歧视或伤害。④临床前研究结果支持进行临床试验。

开展体外诊断试剂临床试验，申请人应当按照试验用体外诊断试剂的类别、风险、预期用途等特性，组织制定科学、合理的临床试验方案。

申请人或临床研究者应根据产品临床预期用途以及与该产品相关疾病的临床发生率确定临床试验的样本量和样本分布，在符合指导原则有关最低样本量要求的前提下，还应符合统计学要求。各临床试验机构样本量和样本分布应相对均衡。

用于罕见疾病以及应对突发公共卫生事件急需的体外诊断试剂，要求减少临床试验病例数或者免做临床试验的，申请人应当在提交注册申请资料的同时，提出减免临床试验的申请，并详细说明理由。药品监督管理部门技术审评机构对注册申报资料进行全面的技术审评后予以确定，需要补充临床试验的，以补正资料的方式通知申请人。

5.临床试验监督　申请人发现临床试验机构违反有关规定或者未执行临床试验方案的，应当督促其改正；情节严重的，可以要求暂停或者终止临床试验，并向临床试验机构所在地省、自治区、直辖市药品监督管理部门和国家药品监督管理局报告。

参加临床试验的机构及人员，对申请人违反有关规定或者要求改变试验数据、结论的，应当向申请人所在地省、自治区、直辖市药品监督管理部门和国家药品监督管理局报告。

6.临床试验报告　申请提交的临床试验报告和临床试验机构保存的临床试验报告，版本、内容应当一致。临床试验报告应该对试验的整体设计及其关键点给予清晰、完整的阐述，应该对试验实施过程进行条理分明的描述，应该包括必要的基础数据和统计分析方法。申请人或临床试验牵头单位应对各临床试验机构的报告进行汇总，并完成临床试验总结报告。

临床试验报告的格式分为首篇、正文。首篇是每份临床试验报告的第一部分，所含内容分为：封面标题、目录、研究摘要、试验研究人员、缩略语。正文内容分为：引言、研究目的、试验管理、试验设计、临床试验结果及分析、讨论和结论、有关临床试验中特别情况的说明及附件等。

三、体外诊断试剂产品备案与注册

体外诊断试剂备案是备案人向药品监督管理部门提交备案资料，药品监督管理部门对提交的备案资料存档备查。体外诊断试剂注册是药品监督管理部门根据注册申请人的申请，依照法定程序，对其拟上市体外诊断试剂的安全性、有效性研究及其结果进行系统评价，以决定是否同意其申请的过程。体外诊断试剂注册人、备案人以自己名义把产品推向市场，对产品负法律责任。体外诊断试剂的注册或者备案单元应为单一试剂或者单一试剂盒，一个注册或者备案单元可以包括不同的包装规格。

微课

国家鼓励体外诊断试剂的研究与创新，对创新体外诊断试剂实行特别审批，促进体外诊断试剂新技术的推广与应用，推动医疗器械产业的发展。体外诊断试剂注册与备案应当遵循公开、公平、公正的原则。药品监督管理部门依法及时公布体外诊断试剂注册、备案相关信息。申请人可以查询审批进度和结果，公众可以查阅审批结果。体外诊断试剂的应急审批和创新特别审批按照国家药品监督管理局制定的医疗器械应急审批程序和创新医疗器械特别审批程序执行。

（一）体外诊断试剂备案注册基本要求

1.质量管理体系　体外诊断试剂注册申请人和备案人应当建立与产品研制、生产有关的质量管理体系，并保持有效运行。按照创新医疗器械特别审批程序审批的境内体外诊断试剂申请注册时，样品委托其他企业生产的，应当委托具有相关生产范围的医疗器械生产企业；不属于按照创新医疗器械特别审批程序审批的境内体外诊断试剂申请注册时，样品不得委托其他企业生产。

2.人员要求 办理体外诊断试剂注册或者备案事务的人员应当具有相应的专业知识，熟悉医疗器械注册或者备案管理的法律、法规、规章和技术要求。

3.产品研制 体外诊断试剂产品研制包括：主要原材料的选择、制备，产品生产工艺的确定，产品技术要求的拟订，产品稳定性研究，阳性判断值或者参考区间确定，产品分析性能评估，临床评价等相关工作。

申请人或者备案人可以参考相关技术指导原则进行产品研制，也可以采用不同的试验方法或者技术手段，但应当说明其合理性。

4.资料要求 申请人或者备案人申请注册或者办理备案，应当遵循体外诊断试剂安全有效的各项要求，保证研制过程规范，所有数据真实、完整和可溯源。申请注册或者办理备案的资料应当使用中文。根据外文资料翻译出来，应当同时提供原文。引用未公开发表的文献资料时，应当提供资料所有者许可使用的证明文件。申请人、备案人对资料的真实性负责。

5.进口体外诊断试剂相关要求 进口体外诊断试剂申请注册或者办理备案，应当在申请人或者备案人注册地或者生产地址所在国家（地区）已获准上市销售。申请人或者备案人注册地或者生产地址所在国家（地区）未将该产品作为医疗器械管理的，申请人或者备案人需提供相关证明文件，包括注册地或者生产地址所在国家（地区）准许该产品上市销售的证明文件。境外申请人或者备案人应当通过其在中国境内设立的代表机构或者指定中国境内的企业法人作为代理人，配合境外申请人或者备案人开展相关工作。代理人除办理体外诊断试剂注册或者备案事宜外，还应当承担以下责任。

（1）与相关药品监督管理部门、境外申请人或者备案人的联络。

（2）向申请人或者备案人如实、准确传达相关的法规和技术要求。

（3）收集上市后体外诊断试剂不良事件信息并反馈境外注册人或者备案人，同时向相应的药品监督管理部门报告。

（4）协调体外诊断试剂上市后的产品召回工作，并向相应的药品监督管理部门报告。

（5）其他涉及产品质量和售后服务的连带责任。

（二）体外诊断试剂产品备案

1.备案机关 根据《IVD注册办法》第六条规定，第一类体外诊断试剂实行备案管理。境内第一类体外诊断试剂备案，备案人向设区的市级药品监督管理部门提交备案资料。进口第一类体外诊断试剂备案，备案人向国家药品监督管理局提交备案资料。香港、澳门、台湾地区体外诊断试剂的备案，参照进口体外诊断试剂办理。

2.备案流程 第一类体外诊断试剂生产前，应当办理产品备案。办理体外诊断试剂备案，备案人应当按照现行《条例》第九条的规定提交备案资料。备案资料符合要求的，药品监督管理部门应当当场备案；备案资料不齐全或者不符合规定形式的，应当一次告知需要补正的全部内容，由备案人补正后备案。对备案的体外诊断试剂，药品监督管理部门应当按照相关要求的格式制作备案凭证，并将备案信息表中登载的信息在其网站上予以公布。

第一类体外诊断试剂备案凭证编号的编排方式：

×1械备×××2××××3号。

其中：

×1为备案部门所在地的简称；进口第一类体外诊断试剂为"国"字；境内第一类体外诊断试剂为备案部门所在地省、自治区、直辖市简称加所在地设区的市级行政区域的简称（无相应设区的市级行政区域时，仅为省、自治区、直辖市的简称）；

×××2为备案年份；

×××3为备案流水号。

3.备案变更　已备案的体外诊断试剂，备案信息表中登载内容及备案的产品技术要求发生变化的，备案人应当提交变化情况的说明及相关证明文件，向原备案部门提出变更备案信息。备案资料符合形式要求的，药品监督管理部门应当将变更情况登载于变更信息中，将备案资料存档。

已备案的体外诊断试剂管理类别调整的，备案人应当主动向药品监督管理部门提出取消原备案；管理类别调整为第二类或者第三类体外诊断试剂的，按照《IVD注册办法》规定申请注册。

（三）体外诊断试剂产品注册

1.注册申请与受理

（1）注册申请　第二类、第三类体外诊断试剂实行注册管理。申请体外诊断试剂注册，申请人应当按照相关要求向药品监督管理部门报送申报材料。2014年9月5日，国家食品药品监督管理总局公布了《关于公布体外诊断试剂注册申报资料要求和批准证明文件格式的公告》（2014年第44号），对申请体外诊断试剂注册提交资料的要求及说明、批准证明文件格式做出了明确规定。2018年8月，国家药品监督管理局发布《关于修改医疗器械延续注册等部分申报资料要求的公告》（2018年第53号）。

境内第二类体外诊断试剂由省、自治区、直辖市药品监督管理部门审查，批准后发给医疗器械注册证。境内第三类体外诊断试剂由国家药品监督管理局审查，批准后发给医疗器械注册证。进口第二类、第三类体外诊断试剂由国家药品监督管理局审查，批准后发给医疗器械注册证。香港、澳门、台湾地区体外诊断试剂的注册，参照进口体外诊断试剂办理。根据工作需要，国家药品监督管理局可以委托省、自治区、直辖市药品监督管理部门或者技术机构、相关社会组织承担体外诊断试剂注册有关的具体工作。体外诊断注册实行收费制度，注册收费项目、收费标准按照国务院财政、价格主管部门的有关规定执行。体外诊断试剂注册（备案）机关见表8-2。

表8-2　体外诊断试剂注册（备案）机关

序号	体外诊断试剂类别	注册（备案）机关
1	境内第一类体外诊断试剂	设区的市级药品监督管理机构备案
2	①进口第一类体外诊断试剂 ②台湾、香港、澳门地区第一类体外诊断试剂	国家药品监督管理局备案
3	境内第二类体外诊断试剂	省、自治区、直辖市药品监督管理部门注册审批
4	①境内第三类体外诊断试剂 ②进口第二、三类体外诊断试剂 ③台湾、香港、澳门地区第二、三类体外诊断试剂	国家药品监督管理局注册审批

（2）注册受理　药品监督管理部门收到申请后对申报资料进行形式审查，并根据下列情况分别作出处理。

1）申请事项属于本部门职权范围，申报资料齐全，符合形式审查要求的，予以受理。

2）申报资料存在可以当场更正的错误的，应当允许申请人当场改正。

3）申报资料不齐全或者不符合形式审查要求的，应当在5个工作日内一次告知申请人需要补正的全部内容，逾期不告知的，自收到申报资料之日起即为受理。

4）申请事项不属于本部门职权范围的，应当即时告知申请人不予受理。

药品监督管理部门受理或者不予受理体外诊断试剂注册申请，应当出具加盖本部门专用印章并注明日期的受理或者不予受理的通知书。对于已受理的注册申请，申请人可以在行政许可决定作出前，向受理该申请的药品监督管理部门申请撤回注册申请及相关材料，并说明理由。

（四）注册审评与决定

1.技术审评 受理注册申请的药品监督管理部门应当自受理之日起3个工作日内将申报资料转交技术审评机构。技术审评机构应当在60个工作日内完成第二类体外诊断试剂注册的技术审评工作，在90个工作日内完成第三类体外诊断试剂注册的技术审评工作。需要外聘专家审评的，所需时间不计算在内，技术审评机构应当将所需时间书面告知申请人。

2.体系核查 药品监督管理部门在组织产品技术审评时可以调阅原始研究资料，并组织对申请人进行与产品研制、生产有关的质量管理体系核查。

境内第二类、第三类医疗器械注册质量管理体系核查，由省、自治区、直辖市药品监督管理部门开展，其中境内第三类医疗器械注册质量管理体系核查，由国家药品监督管理局技术审评机构通知相应省、自治区、直辖市药品监督管理部门开展核查，必要时参与核查。省、自治区、直辖市药品监督管理部门应当在30个工作日内根据相关要求完成体系核查。

国家药品监督管理局技术审评机构在对进口第二类、第三类体外诊断试剂开展技术审评时，认为有必要进行质量管理体系核查的，通知国家药品监督管理局质量管理体系检查技术机构根据相关要求开展核查，必要时技术审评机构参与核查。质量管理体系核查的时间不计算在审评时限内。

技术审评过程中需要申请人补正资料的，技术审评机构应当一次告知需要补正的全部内容，申请人应当在1年内按照补正通知的要求一次提供补充资料。技术审评机构应当自收到补充资料之日起60个工作日内完成技术审评。申请人补充资料的时间不计算在审评时限内。申请人对补正资料通知内容有异议的，可以向相应的技术审评机构提出书面意见，说明理由并提供相应的技术支持材料。申请人逾期未提交补充材料的，由技术审评机构终止技术审评，提出不予注册的建议，由药品监督管理部门核准后作出不予注册的决定。

体外诊断试剂注册申请直接涉及申请人与他人之间重大利益关系的，药品监督管理部门应当告知申请人、利害关系人依照法律、法规以及国家药品监督管理局的有关规定享有申请听证的权利；对体外诊断试剂申请进行审查时，药品监督管理部门认为属于涉及公共利益的重大许可事项，应当向社会公告，并举行听证。

3.注册决定 受理注册申请的药品监督管理部门应当在技术审评结束后20个工作日内作出决定。对符合安全、有效要求的，予以注册，自作出审批决定之日起10个工作日内发放医疗器械注册证，经过核准的产品技术要求和产品说明书以附件形式发给申请人。对不予注册的，应当书面说明理由，并同时告知申请人享有申请复审和依法申请行政复议或者提起行政诉讼的权利。医疗器械注册证有效期为5年。医疗器械注册证格式由国家药品监督管理局统一制定。注册申请审查过程中及批准后发生专利权纠纷的，应当按照有关法律、法规的规定处理。

体外诊断试剂上市后，其产品技术要求和说明书应当与药品监督管理部门核准的内容一致。注册人或者备案人应当对上市后产品的安全性和有效性进行跟踪，必要时及时提出产品技术要求、说明书的变更申请。

对用于罕见疾病以及应对突发公共卫生事件急需的体外诊断试剂，药品监督管理部门可以在批准该体外诊断试剂时要求申请人在产品上市后进一步完成相关工作，并将要求载明于医疗器械注册证中。

体外诊断试剂注册证编号的编排方式为：

×1械注 ×2×××× 3×4×× 5×××× 6。

其中：

×1为注册审批部门所在地的简称；境内第三类体外诊断试剂、进口第二类、第三类体外诊断试剂为"国"字；境内第二类体外诊断试剂为注册审批部门所在地省、自治区、直辖市简称；

×2为注册形式，"准"字适用于境内体外诊断试剂；"进"字适用于进口体外诊断试剂；"许"字适用于香港、澳门、台湾地区的体外诊断试剂；

×××× 3为首次注册年份；

×4为产品管理类别；

×× 5为产品分类编码；

×××× 6为首次注册流水号。

延续注册的，×××× 3和×××× 6数字不变。产品管理类别调整的，应当重新编号。

医疗器械注册证遗失的，注册人应当立即在原发证机关指定的媒体上登载遗失声明。自登载遗失声明之日起满1个月后，向原发证机关申请补发，原发证机关在20个工作日内予以补发。

4.不予注册　对于已受理的注册申请，有下列情形之一的，药品监督管理部门作出不予注册的决定，并告知申请人：①申请人对拟上市销售体外诊断试剂的安全性、有效性进行的研究及其结果无法证明产品安全、有效的；②注册申报资料虚假的；③注册申报资料内容混乱、矛盾的；④注册申报资料的内容与申报项目明显不符的；⑤不予注册的其他情形。对于已受理的注册申请，有证据表明注册申报资料可能虚假的，药品监督管理部门可以中止审批。经核实后，根据核实结论继续审查或者作出不予注册的决定。

5.注册复审　申请人对药品监督管理部门作出的不予注册决定有异议的，可以自收到不予注册决定通知之日起20个工作日内，向作出审批决定的药品监督管理部门提出复审申请。复审申请的内容仅限于原申请事项和原申报资料。药品监督管理部门应当自受理复审申请之日起30个工作日内作出复审决定，并书面通知申请人。维持原决定的，药品监督管理部门不再受理申请人再次提出的复审申请。申请人对药品监督管理部门作出的不予注册的决定有异议，且已申请行政复议或者提起行政诉讼的，药品监督管理部门不受理其复审申请。

（五）注册变更

体外诊断试剂注册事项包括许可事项和登记事项。许可事项包括产品名称、包装规格、主要组成成分、预期用途、产品技术要求、产品说明书、产品有效期、进口体外诊断试剂的生产地址等；登记事项包括注册人名称和住所、代理人名称和住所、境内体外诊断试剂的生产地址等。已注册的第二类、第三类体外诊断试剂，医疗器械注册证及其附件载明的内容发生变化，注册人应当向原注册部门申请注册变更，并按照相关要求提交申报资料。医疗器械注册变更文件与原医疗器械注册证合并使用，其有效期与该注册证相同。取得注册变更文件后，注册人应当根据变更内容自行修改产品技术要求、说明书和标签。

1.许可事项变更　注册证及附件载明内容发生以下变化的，申请人应当向原注册部门申请许可事项变更：①抗原、抗体等主要材料供应商变更的；②检测条件、阳性判断值或者参考区间变更的；③注册产品技术要求中所设定的项目、指标、试验方法变更的；④包装规格、适用机型变更的；⑤产品储存条件或者产品有效期变更的；⑥增加预期用途，如增加临床适应证、增加临床测定用样本类型的；⑦进口体外诊断试剂生产地址变更的；⑧可能影响产品安全性、有效性的其他变更。

对于许可事项变更，技术审评机构应当重点针对变化部分及其对产品性能的影响进行审评，对变化后产品是否安全、有效作出评价。受理许可事项变更申请的药品监督管理部门应当按照《IVD注册办法》关于产品注册规定的时限组织技术审评。

2.登记事项变更 注册人名称和住所、代理人名称和住所发生变化的，注册人应当向原注册部门申请登记事项变更；境内体外诊断试剂生产地址变更的，注册人应当在相应的生产许可变更后办理注册登记事项变更。

登记事项变更资料符合要求的，药品监督管理部门应当在10个工作日内发给医疗器械注册变更文件。登记事项变更资料不齐全或者不符合形式审查要求的，药品监督管理部门应当一次告知需要补正的全部内容。

以下情形不属于变更申请事项，应当按照注册申请办理重新注册：①产品基本反应原理改变；②产品阳性判断值或者参考区间改变，并具有新的临床诊断意义；③其他影响产品性能的重大改变。

（六）延续注册

1.申请延续 医疗器械注册证有效期届满需要延续注册的，注册人应当在医疗器械注册证有效期届满6个月前，向药品监督管理部门申请延续注册，并按照相关要求提交申报资料。除规定的例外情形外，接到延续注册申请的药品监督管理部门应当在医疗器械注册证有效期届满前作出准予延续的决定。逾期未作决定的，视为准予延续。

2.不予延续 根据规定，不予延续注册情形有：①注册人未在规定期限内提出延续注册申请的；②体外诊断试剂强制性标准已经修订或者有新的国家标准品、参考品，该体外诊断试剂不能达到新要求的；③对用于罕见疾病以及应对突发公共卫生事件急需的体外诊断试剂，批准注册部门在批准上市时提出要求，注册人未在规定期限内完成医疗器械注册证载明事项的。

（七）注册调整与监督

1.注册调整 已注册的体外诊断试剂，其管理类别由高类别调整为低类别的，在有效期内的医疗器械注册证继续有效。如需延续的，注册人应当在医疗器械注册证有效期届满6个月前，按照改变后的类别向药品监督管理部门申请延续注册或者办理备案。体外诊断试剂管理类别由低类别调整为高类别的，注册人应当依照规定，按照改变后的类别向药品监督管理部门申请注册。国家药品监督管理局在管理类别调整通知中应当对完成调整的时限作出规定。

2.注册监督 国家药品监督管理局负责全国体外诊断试剂注册与备案的监督管理工作，对地方药品监督管理部门体外诊断试剂注册与备案工作进行监督和指导。省、自治区、直辖市药品监督管理部门负责本行政区域的体外诊断试剂注册与备案的监督管理工作，组织开展监督检查，并将有关情况及时报送国家药品监督管理局。省、自治区、直辖市药品监督管理部门按照属地管理原则，对进口体外诊断试剂代理人注册与备案相关工作实施日常监督管理。设区的市级药品监督管理部门应当定期对备案工作开展检查，并及时向省、自治区、直辖市药品监督管理部门报送相关信息。

已注册的体外诊断试剂有法律、法规规定应当注销的情形，或者注册证有效期未满但注册人主动提出注销的，药品监督管理部门应当依法注销，并向社会公布。省、自治区、直辖市药品监督管理部门违反规定实施体外诊断试剂注册的，由国家药品监督管理局责令限期改正；逾期不改正的，国家药品监督管理局可以直接公告撤销该医疗器械注册证。

药品监督管理部门、相关技术机构及其工作人员，对申请人或者备案人提交的试验数据和技术秘密负有保密义务。

四、体外诊断试剂生产经营管理

（一）体外诊断试剂的生产管理

体外诊断试剂的生产管理应遵守现行《条例》《生产管理办法》和《医疗器械生产质量管理规范》等法规文件。2015年7月10日，国家食品药品监督管理总局为完善体外诊断试剂的生产管理颁布了《医疗器械生产质量管理规范附录体外诊断试剂》，同时为加强监管部门对体外诊断试剂生产企业实施《医疗器械生产质量管理规范》及相关附录的现场检查和对检查结果的评估，原国家食品药品监督管理总局组织制定了《医疗器械生产质量管理规范体外诊断试剂现场检查指导原则》。该指导原则适用于医疗器械注册现场核查、医疗器械生产许可（含延续或变更）现场检查，以及根据工作需要对体外诊断试剂生产企业开展的各类监督检查。体外诊断试剂生产应同样遵守医疗器械的生产管理，本节仅就体外诊断试剂生产质量管理规范的特殊要求进行说明。

1.对体外诊断试剂生产质量管理规范的特殊要求

（1）人员要求　体外诊断试剂生产、技术和质量管理人员应当具有医学、检验学、生物学、免疫学或药学等与所生产产品相关的专业知识，并具有相应的实践经验，以确保具备在生产、质量管理中履行职责的能力。

凡在洁净室（区）工作的人员应当定期进行卫生和微生物学基础知识、洁净作业等方面培训。临时进入洁净室（区）的人员，应当对其进行指导和监督。

从事体外诊断试剂生产的全体人员，包括清洁、维修等人员均应当根据其产品和所从事的生产操作进行专业和安全防护培训。

应当建立对人员的清洁要求，制定洁净室（区）工作人员卫生守则。人员进入洁净室（区）应当按照程序进行净化，并穿戴工作帽、口罩、洁净工作服、工作鞋。裸手接触产品的操作人员每隔一定时间应当对手再次进行消毒。裸手消毒剂的种类应当定期更换。

应当制定人员健康要求，建立人员健康档案。直接接触物料和产品的操作人员每年至少体检一次。患有传染性和感染性疾病的人员不得从事直接接触产品的工作。

应当明确人员服装要求，制定洁净和无菌工作服的管理规定。工作服及其质量应当与生产操作的要求及操作区的洁净度级别相适应，其式样和穿着方式应当能够满足保护产品和人员的要求。洁净工作服和无菌工作服不得脱落纤维和颗粒性物质，无菌工作服应当能够包盖全部头发、胡须及脚部，并能阻留人体脱落物。

（2）厂房与设施要求　应当有整洁的生产环境。厂区的地面、路面周围环境及运输等不应对产品的生产造成污染。行政区、生活区和辅助区的总体布局合理，不得对生产区有不良影响。厂区应当远离有污染的空气和水等污染源的区域。

生产厂房应当设置防尘、防止昆虫和其他动物进入的设施。洁净室（区）的门、窗及安全门应当密闭，洁净室（区）的门应当向洁净度高的方向开启。

应当根据体外诊断试剂的生产过程控制，确定在相应级别的洁净室（区）内进行生产的过程，避免生产中的污染。空气洁净级别不同的洁净室（区）之间的静压差应当大于5帕，洁净室（区）与室外大气的静压差应大于10帕，并应当有指示压差的装置。相同级别洁净室间的压差梯度应当合理。

酶联免疫吸附试验试剂、免疫荧光试剂、免疫发光试剂、聚合酶链反应（PCR）试剂、金标试剂、干化学法试剂、细胞培养基、校准品与质控品、酶类、抗原、抗体和其他活性类组分的配制及分装等产品的配液、包被、分装、点膜、干燥、切割、贴膜以及内包装等，生产区域应当不低于100000级洁净度级别。

阴性或阳性血清、质粒或血液制品等的处理操作，生产区域应当不低于10000级洁净度级别，并应当与相邻区域保持相对负压。

无菌物料等分装处理操作，操作区域应当符合局部100级洁净度级别。普通类化学试剂的生产应当在清洁环境中进行。

洁净室（区）应当按照体外诊断试剂的生产工艺流程及所要求的空气洁净度级别进行合理布局，人流、物流走向应当合理。同一洁净室（区）内或相邻洁净室（区）间的生产操作不得互相交叉污染。

进入洁净室（区）的管道、进回风口布局应当合理，水、电、气输送线路与墙体接口处应当可靠密封，照明灯具不得悬吊。

洁净室（区）的温度和相对湿度应当与产品生产工艺要求相适应。无特殊要求时，温度应当控制在18~28℃，相对湿度控制在45%~65%。

洁净室（区）和非洁净室（区）之间应有缓冲设施。

洁净室（区）的内表面（墙面、地面、天棚、操作台等）应当平整光滑、无裂缝、接口严密、无颗粒物脱落，避免积尘，并便于清洁处理和消毒。洁净室（区）的空气如循环使用应当采取有效措施避免污染和交叉污染。产尘操作间应当保持相对负压或采取有效措施，防止粉尘扩散，避免交叉污染。洁净室（区）内的水池、地漏应安装防止倒灌的装置，避免对环境和物料造成污染。100级的洁净室（区）内不得设置地漏。

对具有污染性、传染性和高生物活性的物料应当在受控条件下进行处理，避免造成传染、污染或泄漏等。生产激素类、操作有致病性病原体或芽孢菌制品的，应当使用单独的空气净化系统，与相邻区域保持负压，排出的空气不能循环使用。

进行危险度二级及以上的病原体操作应当配备生物安全柜，空气应当进行过滤处理后方可排出。应当对过滤器的性能进行定期检查以保证其有效性。使用病原体类检测试剂的阳性血清应当有相应的防护措施。

对于特殊的高致病性病原体的采集、制备，应当按照有关部门颁布的行业标准，如人间传染病微生物名录、微生物和生物医学实验室生物安全通用准则、实验室生物安全通用要求等相关规定，配备相应的生物安全设施。

生产聚合酶链反应（PCR）试剂的，其生产和检验应当在独立的建筑物或空间内进行，保证空气不直接联通，防止扩增时形成的气溶胶造成交叉污染。其生产和质检的器具不得混用，用后应严格清洗和消毒。

洁净室（区）内的人数应当与洁净室（区）面积相适应。

对生产环境没有空气净化要求的体外诊断试剂，应当在清洁环境内进行生产。清洁条件的基本要求：要有防尘、通风、防止昆虫或其他动物以及异物混入等措施；人流、物流分开，人员进入生产车间前应当有换鞋、更衣、佩戴口罩和帽子、洗手、手消毒等清洁措施；生产场地的地面应当便于清洁，墙、顶部应平整、光滑，无颗粒物脱落；操作台应当光滑、平整、无缝隙、耐腐蚀，便于清洗、消毒；应当对生产区域进行定期清洁、清洗和消毒；应当根据生产要求对生产车间的温湿度进行控制。

易燃、易爆、有毒、有害、具有污染性或传染性、具有生物活性或来源于生物体的物料的管理应当符合国家相关规定。所涉及的物料应当列出清单，专区存放、专人保管和发放，并制定相应的防护规程。

动物室应当在隔离良好的建筑体内，与生产、质检区分开，不得对生产造成污染。

（3）设备要求　洁净室（区）空气净化系统应当经过确认并保持连续运行，维持相应的洁净度级别，并在一定周期后进行再确认。若停机后再次开启空气净化系统，应当进行必要的测试或验证，以确认仍能达到规定的洁净度级别要求。

应当确定所需要的工艺用水。当生产过程中使用工艺用水时，应当配备相应的制水设备，并有防止污染的措施，用量较大时应当通过管道输送至洁净室（区）的用水点。工艺用水应当满足产品质量的要求。

应当制定工艺用水的管理文件，工艺用水的储罐和输送管道应当满足所生产的产品对于水质的要求，并定期清洗、消毒。

配料罐容器与设备连接的主要固定管道应当标明内存的物料名称、流向，定期清洗和维护，并标明设备运行状态。

与物料或产品直接接触的设备、容器具及管道表面应当光洁、平整、无颗粒物质脱落、无毒、耐腐蚀，不与物料或产品发生化学反应和粘连，易于清洁处理和消毒或灭菌。

需要冷藏、冷冻的原料、半成品、成品，应当配备相应的冷藏、冷冻储存设备，并按规定监测设备运行状况、记录储存温度。冷藏、冷冻体外诊断试剂应当配备符合其温度要求的运输设施设备。

（4）设计开发　研制条件，包括配合使用的设备、仪器和试剂应当满足研究所需，研制所用的设备、仪器和试剂应当保存使用记录。

研制过程中主要原料、中间体、重要辅料应当明确来源，其数量、使用量及其剩余量应当保存记录。

工艺研究、技术要求/分析性能研究、稳定性研究、检验、临床试验/评价（包括预实验）研究、参考值研究等各个阶段的样品数量、贮存条件、留样、使用或销毁情况应当保存记录，样品试制量应当满足从事研究所需要的数量。

（5）采购要求　外购的标准品、校准品、质控品、生产用或质控用血液的采购应满足可追溯要求。应当由企业或提供机构测定病原微生物及明确定值范围；应当对其来源地、定值范围、灭活状态、数量、保存、使用状态等信息有明确记录，并由专人负责。

（6）生产管理　洁净室（区）内使用的压缩空气等工艺用气均应当经过净化处理。与产品使用表面直接接触的气体，其对产品的影响程度应当进行验证和控制，以适应所生产产品的要求。生产设备、容器具等应当符合洁净环境控制和工艺文件的要求。

应当按照物料的性状和储存要求进行分类存放管理，应当明确规定中间品的储存条件和期限。物料应当在规定的使用期限内，按照先进先出的原则使用。无规定使用期限的，应当根据物料的稳定性数据确定储存期限。储存期内发现储存条件变化且可能影响产品质量时，应及时进行复验。

进入洁净室（区）的物品应当按程序进行净化处理。

在生产过程中，应当建立产品标识和生产状态标识控制程序，对现场各类物料和生产区域、设备、管路的状态进行识别和管理。

应当对每批产品中关键物料进行物料平衡核查。如有显著差异，必须查明原因，在得出合理解释，确认无潜在质量事故后，方可按正常产品处理。

应当制定批号管理制度，对主要物料、中间品和成品按规定进行批号管理，并保存和提供可追溯的记录。同一试剂盒内各组分批号不同时应当尽量将生产日期接近的组分进行组合，在每个组分的容器上均标明各自的批号和有效期。整个试剂盒的有效期应当以最先到有效期的组分的效期为准。

不同品种产品的生产应当做到有效隔离，以避免相互混淆和污染。有数条包装线同时进行包装时，应当采取隔离或其他有效防止混淆的措施。

应当制定洁净室（区）的卫生管理文件，按照规定对洁净室（区）进行清洁处理和消毒，并做好记录。所用的消毒剂或消毒方法不得对设备、容器具、物料和产品造成污染。消毒剂品种应当定期更换，防止产生耐药菌株。

生产设备所用的润滑剂、清洗剂均不得对产品造成污染。

应当建立清场的管理规定。前一道工艺结束后或前一种产品生产结束后必须进行清场，确认合格后才可以入场进行其他生产，并保存清场记录。相关的配制和分装器具必须专用，使用后进行清洗、干燥等洁净处理。

应当建立可追溯性程序并形成文件，应当规定可追溯的范围、程度、标识和记录。记录应当包括生产过程所用的原材料、生产过程、生产设备、操作人员和生产环境等内容。

生产一定周期后，应当对关键项目进行再验证。当影响产品质量的主要因素，如工艺、质量控制方法、主要原辅料、主要生产设备等需要开展重新验证的条件发生改变时，应当进行相关内容的重新验证。应当根据不同产品特性提出验证的时间。

生产车间连续停产一年以上的，重新组织生产前应当对生产环境及设施设备、主要原辅材料、关键工序、检验设备及质量控制方法等重新进行验证。连续停产不足一年的，如有必要，也应当重新对生产环境和设施设备进行验证。

应当对生产用需要灭活的血清或血浆建立灭活处理的操作规程，并按照操作规程的要求，对生产用灭活前后的血清或血浆状态进行明显的区分和标识。

生产中的废液、废物等应当进行无害化处理，并符合相关的环保要求。

（7）质量控制　应当建立校准品、参考品量值溯源程序。对每批生产的校准品、参考品进行赋值。

生产和检验用的菌毒种应当标明来源，验收、储存、保管、使用、销毁应执行国家有关医学微生物菌种保管的规定和病原微生物实验室生物安全管理条例。应当建立生产用菌毒种的原始种子批、主代种子批和工作种子批系统。

生产用细胞应当建立原始细胞库、主代细胞库、工作细胞库。应当建立细胞库档案资料和细胞操作日志。自行制备抗原或抗体，应当对所用原料的来源和性质有详细的记录并可追溯。

应当对检验过程中使用的标准品、校准品、质控品建立台账及使用记录。应当记录其来源、批号、效期、溯源途径、主要技术指标、保存状态等信息，按照规定进行复验并保存记录。

留样应当在规定条件下储存。应当建立留样台账，及时记录留样检验信息，留样检验报告应当注明留样批号、效期、检验日期、检验人、检验结果等。留样期满后应当对留样检验报告进行汇总、分析并归档。

2.相关术语

（1）批号　用于识别一个特定批的具有唯一性的数字和（或）字母的组合。

（2）物料　原料、辅料、包装材料、中间品等。

（3）主要物料　试剂产品组成中在性能上起到主要作用的成分。

（4）物料平衡　在适当考虑可允许的正常偏差的情况下，产品或物料的理论产量或理论用量与实际产量或用量之间持平。

（5）洁净室（区）　需要对尘粒及微生物含量进行控制的房间（区域）。其建筑结构、装备及其作用均具有减少该房间（区域）内污染源的介入、产生和滞留的功能。

（6）洁净度　洁净环境内单位体积空气中含大于或等于某一粒径的悬浮粒子和微生物最大允许统计数。

（二）体外诊断试剂说明书管理

2014年9月11日，国家食品药品监督管理总局发布了《关于发布体外诊断试剂说明书编写指导原则的通告》（2014年第17号），对体外诊断试剂说明书的编写作出了具体规定，自2014年10月1日实施，国家食品药品监督管理总局发布的《体外诊断试剂说明书编写指导原则》（国食药监械〔2007〕240号）同时废止。该指导原则基于原国家食品药品监督管理总局《医疗器械说明书和标签管理规定》（国家食品药品监督管理总局令第6号）的有关要求，对体外诊断试剂产品说明书编写的格式及各项内容的撰写进行了详细的说明。其目的是为编写体外诊断试剂说明书提供原则性的指导，同时，也为注册管理部门审核说明书提供技术参考。

体外诊断试剂说明书承载了产品预期用途、检验方法、对检验结果的解释、注意事项等重要信息，是指导使用者正确操作、临床医生准确理解和合理应用试验结果的重要技术性文件。由于体外诊断试剂产品专业跨度大、方法学多样、临床预期用途各异，产品的说明书内容不尽相同。申请人应根据产品特点及临床预期用途编写说明书，以便关注者获取准确信息。

1.体外诊断试剂说明书格式

××××（产品通用名称）说明书

【产品名称】

【包装规格】

【预期用途】

【检验原理】

【主要组成成分】

【储存条件及有效期】

【适用仪器】

【样本要求】

【检验方法】

【阳性判断值或者参考区间】

【检验结果的解释】

【检验方法的局限性】

【产品性能指标】

【注意事项】

【标识的解释】

【参考文献】

【基本信息】

【医疗器械注册证编号/产品技术要求编号】（或者【医疗器械备案凭证编号/产品技术要求编号】）

【说明书核准及修改日期】

以上项目如对于某些产品不适用，说明书中可以缺省。

2.各项内容撰写的说明　产品说明书内容原则上应全部使用中文进行表述；如含有国际通用

或行业内普遍认可的英文缩写，可用括号在中文后标明；对于确实无适当中文表述的词语，可使用相应英文或其缩写表示。

（1）产品名称　通用名称应当按照《IVD注册办法》规定的命名原则进行命名，可适当参考相关"分类目录"和（或）国家标准及行业标准。除特殊用途产品可在通用名称中注明样本类型外，其余产品的通用名称中均不应当出现样本类型、定性/定量等内容。有英文名称的，可加上英文名称。

（2）包装规格　注明可测试的样本数或装量，如××测试/盒、××人份/盒、××ml，除国际通用计量单位外，其余内容均应采用中文进行表述。如产品有不同组分，可以写明组分名称。如有货号，可增加货号信息。

（3）预期用途　第一段内容详细说明产品的预期用途，如定性或定量检测、自测、确认等，样本类型和被测物等，具体表述形式根据产品特点作适当调整。若样本来源于特殊受试人群，如孕妇、新生儿等，应当予以注明。第二段内容说明与预期用途相关的临床适应证及背景情况，说明相关的临床或实验室诊断方法等。

（4）检验原理　详细说明检验原理、方法，必要时可采用图示方法描述。

（5）主要组成成分　对于产品中包含的试剂组分：说明名称、数量及在反应体系中的比例或浓度，如果对于正确的操作很重要，应提供其生物学来源、活性及其他特性；对于多组分试剂盒，明确说明不同批号试剂盒中各组分是否可以互换；如盒中包含耗材，应列明耗材名称、数量等信息。如塑料滴管、封板膜、自封袋等。

对于产品中不包含，但对该试验必需的试剂组分，说明书中应列出此类试剂的名称、纯度、提供稀释或混合方法及其他相关信息。

对于校准品和质控品应说明主要组成成分及其生物学来源；注明校准品的定值及其溯源性；注明质控品的靶值范围；如靶值范围为批特异，可注明批特异，并附单独的靶值单。

（6）储存条件及有效期　说明产品的储存条件如：2~8℃、-18℃以下、避免/禁止冷冻等。其他影响稳定性的条件如光线、湿度等也必须说明。如果打开包装后产品或组分的稳定性不同于原包装产品，则打开包装后产品或组分的储存条件也必须注明。说明在储存条件下的有效期。如果打开包装后产品或组分的稳定性不同于原包装产品，打开包装后产品或组分的有效期也必须注明。如试剂盒各组分的稳定性不一致，则应对各组分的储存条件和有效期分别进行描述。

（7）适用仪器　说明可适用的仪器及型号，并提供与仪器有关的信息以便用户能够正确选择使用。

（8）样本要求　应在以下几方面进行说明：①适用的样本类型；②在样本收集过程中的特别注意事项；③为保证样本各组分稳定所必需的抗凝剂或保护剂等；④已知的干扰物；⑤能够保证样本稳定的储存、处理和运输方法。

（9）检验方法　为保证试验的正确进行，应在以下几方面对试验的每一步进行详细说明。①试剂配制：各试剂组分的稀释、混合及其他必要的程序；②必须满足的试验条件：如pH、温度、每一步试验所需的时间、波长、最终反应产物的稳定性等。试验过程中必须注意的事项；③校准程序（如果需要）：校准品的准备和使用，校准曲线的绘制方法；④质量控制程序：质控品的使用、质量控制方法；⑤试验结果的计算或读取，包括对每个系数及对每个计算步骤的解释。如果可能，应举例说明。

（10）阳性判断值或者参考区间　说明阳性判断值或者参考区间，并简要说明阳性判断值或者参考区间的确定方法。

（11）检验结果的解释　说明可能对试验结果产生影响的因素；说明在何种情况下需要进行确认试验。

（12）检验方法的局限性　说明该检验方法的局限性。

（13）产品性能指标　说明该产品的主要性能指标。

（14）注意事项　注明必要的注意事项，如本品仅用于体外诊断等。如该产品含有人源或动物源性物质，应给出具有潜在感染性的警告。

（15）标识的解释　如有图形或符号，请解释其代表的意义。

（16）参考文献　注明引用的参考文献。

（17）基本信息　对于境内体外诊断试剂，注册人（或者备案人）与生产企业为同一企业的，标注基本信息：注册人（或者备案人）/生产企业名称、住所、联系方式、售后服务单位名称、联系方式、生产地址、生产许可证编号或者生产备案凭证编号。对于委托生产的标注基本信息：注册人（或者备案人）名称、住所、联系方式、售后服务单位名称、联系方式、受托企业的名称、住所、生产地址、生产许可证编号或者生产备案凭证编号。

对于进口体外诊断试剂，标注基本信息：注册人（或者备案人）/生产企业名称、住所、生产地址、联系方式、售后服务单位名称、联系方式、代理人的名称、住所、联系方式。

（18）医疗器械注册证编号/产品技术要求编号（或者医疗器械备案凭证编号/产品技术要求编号）。

（19）说明书核准日期及修改日期　注明该产品说明书的核准日期。如曾进行过说明书的变更申请，还应该同时注明说明书的修改日期。

（三）体外诊断试剂的经营管理

《医疗器械经营监督管理办法》要求在中华人民共和国境内从事医疗器械的经营活动及其监督管理，应当遵守该办法。医疗器械经营企业应当按照医疗器械经营质量管理规范要求，建立覆盖质量管理全过程的经营管理制度，并做好相关记录，保证经营条件和经营行为持续符合要求。监管部门通过现场检查、抽查检验、飞行检查、质量公告、责任约谈、诚信档案等方式，强化对经营活动的监管力度。《医疗器械经营质量管理规范》是对医疗器械经营质量管理的基本要求，适用于所有从事医疗器械经营活动的经营者。医疗器械经营企业应当在医疗器械采购、验收、贮存、销售、运输、售后服务等环节采取相应的质量管理与控制措施，保障经营过程中产品的质量安全。另外，药品监督管理部门根据医疗器械的风险程度、医疗器械经营企业业态、质量管理水平和遵守法规的情况，结合医疗器械不良事件及产品投诉状况等因素，将医疗器械经营企业分为不同的类别，并按照属地监管的原则，实施分级动态管理。关于经营管理的具体内容详见第五章医疗器械经营管理。

医疗器械生产经营企业和使用单位在进行医疗器械运输与贮存质量管理时，对于在运输与贮存过程中需要按照说明书和标签标示要求进行冷藏、冷冻管理的医疗器械，应遵守《医疗器械冷链（运输、贮存）管理指南》，以保证医疗器械生产经营企业在运输与贮存过程中使产品符合其说明书和标签标示的特定温度要求。具体内容详见第五章医疗器械经营管理和第六章医疗器械使用管理。

PPT

第二节　定制式医疗器械管理

💬 **案例讨论**

案例　2019年6月，国家药品监督管理局会同国家卫生健康委员会制定了《定制式医疗器械监督管理规定（试行）》，使生产企业能够为患者量身定制符合其临床需求的医疗器械具有了明确依据，为定制式医疗器械的临床应用、上市流通和质量控制提供了有力指导。一名患者由于肿瘤侵蚀胸椎、压迫肺部，医方将该患者的相关数据和指标提交给通过定制式医疗器械备案的生产企业，企业应用医用增材制造技术立即组织并完成人工胸椎的打印。手术中通过植入打印好的胸椎，帮助患者避免了截瘫的风险。

讨论　定制式医疗器械应如何监管？

一、概述

现代医疗模式已经从以疾病为中心的传统模式向以患者为中心的个性化医疗模式转变。标准化医疗器械不能满足患者个性化、特异性结构下的临床需求，无法与患者临床实际相匹配，患者往往只能被动地接受保守治疗方式。近年来，随着医学技术突飞猛进的发展，尤其是医用增材制造技术（"3D打印"）应用于医疗领域，我国在定制式医疗器械研究方面取得了较大进步，临床机构、医械企业、高校以及科研院所在骨科、口腔修复科、整形外科等领域开始合作研发应用定制式医疗器械。但由于缺乏明确的法律依据和监管措施，各方只能从事相关医学研究，无法将其广泛应用于临床实践。定制化产品可以节省更多的资源，满足特异需求，实现更好的医疗效果，但同时也存在风险高、技术要求严以及评价技术不足等问题。定制式医疗器械在备案、设计加工、生产、使用活动以及监管等方面与一般的医疗器械差异较大，量身定制的特点决定了定制式产品的非标准性、任意性，而临床使用的精确性和急需性特点，使得在定制式医疗器械的监管过程中面临着诸多难题，相关责任的划分和认定复杂，调查取证困难，常规的监管手段不具有针对性，监管方式滞后、监管效能不高。定制式医械产品在生产、使用过程中出现差错、应用不当或者监管不力，不但影响其预期效果，甚至会给患者造成极大的健康危害。

2015年2月，为加快推进我国增材制造产业健康有序发展，工业和信息化部、发展改革委、财政部研究制定了《国家增材制造产业发展推进计划（2015—2016年）》。2015年5月，国务院正式印发《中国制造2025》，将增材制造产业作为发展重点。2017年，工业和信息化部联合11部门印发《增材制造产业发展行动计划（2017—2020年）》（工信部联装〔2017〕311号）。2018年2月26日，国家食品药品监督管理总局医疗器械技术审评中心发布了《定制式增材制造医疗器械注册技术审查指导原则》（征求意见稿）。2018年，中国食品药品检定研究院、天津市医疗器械质量监督检验中心积极推动《用于增材制造的医用Ti-6Al-4V粉末》《增材制造医疗产品　3D打印钛合金植入物金属离子析出评价方法》等行业标准的制定工作。

为规范定制式医疗器械的监督管理，保障定制式医疗器械的安全性、有效性，满足患者个性化需求，2019年国家药品监督管理局会同国家卫生健康委员会发布了《定制式医疗器械监督管理规定（试行）》（以下简称《定制式管理》），自2020年1月1日起施行。《定制式管理》弥补了我国医械监管领域中对于定制式产品的监管空白，包括总则、备案管理、设计加工、使用管理、监督管理和附则六章，共35条。

1.适用范围　在中华人民共和国境内从事定制式医疗器械的研制、生产、使用活动及其监督管理，应当遵守该规定。符合《医疗器械应急审批程序》有关规定的医疗器械，不适用于该规定。含有药物成分或者细胞、组织等生物活性成分的定制式医疗器械不适用于该规定。军队医疗机构使用定制式医疗器械的监管工作，由军队卫生主管部门负责。

2.相关概念界定　个性化医疗器械是医疗器械生产企业根据医疗机构经授权的医务人员提出的临床需求设计和制造的、满足患者个性化要求的医疗器械。个性化医疗器械分为定制式医疗器械和患者匹配医疗器械。

（1）定制式医疗器械　是指为满足指定患者的罕见特殊病损情况，在我国已上市产品难以满足临床需求的情况下，由医疗器械生产企业基于医疗机构特殊临床需求而设计和生产，用于指定患者的、预期能提高诊疗效果的个性化医疗器械。它具有以下特点：①用于诊断治疗罕见特殊病损情况，预期使用人数极少，没有足够的人群样本开展临床试验；②我国已上市产品难以满足临床需求；③由临床医生提出，为满足特殊临床需求而设计生产；④用于某一特定患者，预期能提高诊疗效果

（2）患者匹配医疗器械　是指医疗器械生产企业在依据标准规格批量生产医疗器械产品基础上，基于临床需求，按照验证确认的工艺设计和制造的、用于指定患者的个性化医疗器械（例如定制式义齿）。患者匹配医疗器械应当按照《医疗器械注册管理办法》《体外诊断试剂注册管理办法》的规定进行注册或者备案，注册/备案的产品规格型号为所有可能生产的尺寸范围。

患者匹配医疗器械具有以下特点：①在依据标准规格批量生产医疗器械产品基础上设计生产、匹配患者个性化特点，实质上可以看作标准化产品的特定规格型号；②其设计生产必须保持在经过验证确认的范围内；③用于可以进行临床研究的患者人群。如定制式义齿、角膜塑形用硬性透气接触镜、骨科手术导板等。

3.使用原则　定制式医疗器械仅供提出特殊需求出具订单的医疗机构用于指定患者，非订单机构或者非指定患者不得使用。医疗机构使用定制式医疗器械应当以患者利益为核心，遵循伦理准则以及安全、有效和节约原则。

4.责任　医疗器械生产企业、医疗机构应当严格遵守医疗器械研制、生产、使用相关规范要求，按照《定制式管理》和协议约定履行义务，并承担相应责任。

二、定制式医疗器械备案管理

（一）备案要求和备案资料

由于定制式医疗器械的产品特点，难以通过现行注册管理模式进行注册，因此对定制式医疗器械实行备案管理，生产、使用定制式医疗器械应当按照《定制式管理》备案。定制式医疗器械不得委托生产。当定制式医疗器械临床使用病例数及前期研究能够达到上市前审批要求时，应当按照《注册管理办法》《IVD注册管理办法》规定，申报注册或者办理备案。符合伦理准则且真实、准确、完整、可溯源的临床使用数据，可以作为临床评价资料用于注册申报。

定制式医疗器械名称要规范，应当符合《医疗器械通用名称命名规则》要求，采用"产品通用名称"后加括号"定制"的命名形式。定制式医疗器械备案资料包括以下内容。

1.定制式医疗器械备案表。

2.生产使用定制式医疗器械必要性的说明　包括患者病损特殊性、定制式医疗器械特点、预期提高疗效等说明。

3.定制式医疗器械研制相关资料 包括制作订单、产品设计要求，产品结构组成、工作原理、作用机理、主要原材料，产品验收标准，以及相关设计制造验证确认等资料。

4.产品风险分析资料 医疗器械应当按照YY/T 0316《医疗器械 风险管理对医疗器械的应用》的有关要求编制，主要包括医疗器械预期用途和与安全性有关特征的判定、危害的判定、估计每个危害处境的风险；对每个已判定的危害处境，评价和决定是否需要降低风险；风险控制措施的实施和验证结果，必要时应当引用检测和评价性报告；任何一个或多个剩余风险的可接受性评定等，形成风险管理报告。

体外诊断试剂应当对产品寿命周期的各个环节，从预期用途、可能的使用错误、与安全性有关的特征、已知和可预见的危害等方面的判定及对患者风险的估计进行风险分析、风险评价及相应的风险控制的基础上，形成风险管理报告。

5.生产制造信息 对生产过程相关情况的概述。无源医疗器械应当明确产品生产加工工艺，注明关键工艺和特殊工艺。有源医疗器械应当提供产品生产工艺过程的描述性资料，可采用流程图的形式，是生产过程的概述。体外诊断试剂应当概述主要生产工艺，包括：固相载体、显色系统等的描述及确定依据，反应体系包括样本采集及处理、样本要求、样本用量、试剂用量、反应条件、校准方法（如果需要）、质控方法等。应当概述研制、生产场地的实际情况。

6.临床使用方案（包括患者救治预案）。

7.伦理委员会意见。

8.生产企业与医疗机构的协议，协议应当明确各方责任和义务。

9.证明性文件及材料

（1）境内生产企业 提供企业营业执照复印件、组织机构代码证复印件，相同类型的依据标准规格制造的医疗器械注册证复印件及医疗器械生产许可证复印件，以及定制式医疗器械生产相关的专业技术人员履历等资料。

（2）境外生产企业 提供境外生产企业资格证明文件、相同类型的依据标准规格制造的医疗器械注册证复印件，以及定制式医疗器械生产相关的专业技术人员履历等资料；境外生产企业在中国境内指定代理人的委托书、代理人承诺书及营业执照副本复印件或者机构登记证明复印件。

（3）医疗机构 提供医疗机构执业资格许可证照复印件、医疗机构级别证明文件复印件；医疗器械质量管理部门概况、人员介绍、管理制度、标准操作规程等。

10.符合性声明 包括备案人声明遵守相关法律法规要求，以及声明所提交资料真实。

（二）备案程序与备案变更、失效

1.备案程序 医疗器械生产企业及医疗机构共同作为定制式医疗器械备案人，在生产、使用定制式医疗器械前应当向医疗器械生产企业所在地（进口产品为代理人所在地）省、自治区、直辖市药品监督管理部门备案。备案资料符合形式要求的，省、自治区、直辖市药品监督管理部门当场予以备案。备案资料不齐全或者不符合规定形式的，应当一次告知需要补正的全部内容。对不予备案的，应当告知备案人并说明理由。

备案号的编排方式为：×1械定制备××××2-××3。其中：

×1为备案部门所在地简称；

××××2为备案年份；

××3为备案流水号。

2.备案规则 主要原材料、生产工艺、技术原理、结构组成、关键性能指标及适用范围基本相同的定制式医疗器械构成一个备案单元。对于配合使用、以完成同一手术/医疗目的的定制式医疗器械组合可以作为同一备案单元。

3.备案变更　已备案的定制式医疗器械，备案信息表登载内容发生变化的，备案人应当提交变化情况的说明及相关证明文件，向原备案部门变更备案信息。备案资料符合形式要求的，省、自治区、直辖市药品监督管理部门应当在变更情况栏中载明变化情况。

备案人自行取消备案的，向原备案部门提交自行取消备案相关资料。省、自治区、直辖市药品监督管理部门应当及时向社会公告，其中自行取消备案日期为备案人提交取消备案相关资料日期。

备案、变更备案及取消备案信息应当及时在本省、自治区、直辖市药品监督管理部门政务网站上公开，通报医疗机构所在地省、自治区、直辖市药品监督管理部门和卫生健康行政部门，并每半年向国家药品监管数据共享平台报送一次。未经备案或者备案已取消的，生产企业不得生产，医疗机构不得使用。

4.备案失效　当定制式医疗器械生产企业不具备相同类型的依据标准规格批量生产的医疗器械产品的有效注册证或者生产许可证时，或者主要原材料、技术原理、结构组成、关键性能指标及适用范围基本相同的产品已批准注册的，备案自动失效。备案人应当主动取消备案。

相同类型的医疗器械是指主要原材料、生产工艺、技术原理、结构组成、关键性能指标及适用范围基本相同的医疗器械。

（三）生产、使用定制式医疗器械资质

1.定制式医疗器械生产企业条件

（1）有定制式医疗器械研制、生产所需的专业技术人员。

（2）具备定制式医疗器械研制能力和研究基础。

（3）有相同类型的依据标准规格批量生产的医疗器械注册证及相应生产许可证（境外生产企业应当持有注册地或者生产地址所在国家或者地区医疗器械主管部门出具的企业资格证明文件）。

（4）有相同类型的依据标准规格批量生产的医疗器械的生产能力和生产经验，并符合相应的质量管理体系。

2.使用定制式医疗器械的医疗机构条件

（1）三级综合或者三级专科医院，具有与使用的定制式医疗器械相适应的诊疗项目。

（2）有在医疗机构注册的、能够使用定制式医疗器械的主诊医师。

（3）具备使用同类已上市产品的经验，已开展同种疾病研究和治疗，临床专业水平国内先进。

（4）具备较高的医疗器械管理水平，已建立完善的医疗器械使用质量管理体系，具备医疗器械使用评价和医疗器械不良事件监测能力。

三、定制式医疗器械的设计加工

定制式医疗器械与依据标准规格批量生产的一般医疗器械在设计加工方面有着明显的不同，不能按照医械通用标准予以规范和监管。定制式医疗器械需要医疗机构与生产企业共同完成设计，是一个医方与生产方的交互过程。《定制式管理》顺应了未来产业的发展趋势，对定制式医疗器械的设计加工作出了具体的规定和明确的管理要求，对鼓励技术创新、规范生产过程和引导行业发展起到重要作用。

（一）定制式医疗器械生产企业条件

为合理控制风险，《定制式管理》对生产定制式医疗器械的生产企业提出了明确要求，并明确定制式医疗器械不得委托生产。定制式医疗器械生产企业应当具备的条件见上文关于生产、使用定制式医疗器械资质要求。

（二）签订协议、制作订单

1.定制协议　生产企业与医疗机构双方应当签订协议，明确双方权利、义务和责任。制作订单应当列入协议。医疗器械生产企业、医疗机构应当严格遵守医疗器械研制、生产、使用相关规范要求，按照《定制式管理》和协议约定履行义务，并承担相应责任。

2.制作订单　定制式医疗器械应当由医疗机构与生产企业达成一致后填写书面订单，订单应当载明以下内容：①生产企业信息，包括生产企业名称、住所、生产地址、负责人、联系人、联系电话；②医疗机构信息，包括医疗机构名称、地址、负责人、主诊医师、联系人、联系电话；③患者信息，包括姓名（可以按姓名首字母缩写或数字代码标识，前提是可以通过记录追踪到指定患者）、住院号、性别、年龄、病情描述、治疗方案、治疗风险等；④采用定制式医疗器械原因的声明；⑤定制需求，包括定制医疗器械临床数据（影像数据、检查数据、病损部位、病损模型等）、医疗目的和定制医疗器械要求说明等；⑥产品设计要求、成品交付要求、产品验收标准、产品验收清单等；⑦授权主诊医师和生产企业联系人签字及日期。

3.医工交互　在保护患者隐私的情况下，生产企业应当将定制式医疗器械产品设计环节延伸到医疗机构。《中华人民共和国民法典》第一千零三十二条明确了对自然人隐私权的保护，第一千二百二十六条规定了对患者隐私权和个人信息的保护。定制式医疗器械设计加工的关键点和难点在于医工交互，以保证生产出来的定制式医疗器械与医疗预期和患者实际相符合。

（三）研制、生产的特殊要求

定制式医疗器械研制、生产除符合医疗器械生产质量管理规范及相关附录要求外，还应当满足以下特殊要求。

1.人员　对于参与产品设计制造的医务人员和工程人员应当有明确的分工和清晰的职责界限，能够进行充分的沟通和交流。

2.设计开发　①作为设计输入重要信息载体的制作订单，应当能够全面地、完整地反映所要设计的定制式医疗器械的参数特点；②制作订单形式应当包括纸质订单，可以包括影像数据资料等。如对影像数据扫描参数有特定范围要求，也应当一并提出；③用于数据处理或者采集数据（影像资料）转化用的软件应当经过验证和确认，并应当选取最极端情况测试所有文件转化过程；④定制式医疗器械应当经过必要的设计验证。设计验证可以采用多种模式，如制作试样、设计评价、三维计算机模拟（有限元分析等）、临床对比等，生产企业应当在包括设计和开发在内的产品实现全过程中，制定风险管理的要求并形成文件，保持相关记录；⑤需经过医工交互平台进行数据传递时，医工交互平台应当经过必要的验证，防止信息丢失；⑥定制式医疗器械设计和生产过程中，如果存在设计更改，必须经过相关的验证和确认，保留设计更改记录，并告知医疗机构授权主诊医师并经过其确认，确认记录需进行保存。

3.质量控制　生产企业应当规定定制式医疗器械产品的放行程序、条件和批准要求。

4.追溯管理　生产企业应当建立每一件定制式医疗器械产品的唯一识别编号，并确保信息具有可追溯性。定制式医疗器械相关文件记录的保存期限应当不少于生产企业所规定的医疗器械的寿命期，对于植入性定制式医疗器械的文件记录应当永久保存，对于非植入的其他定制式医疗器械的文件记录应当自放行产品的日期起不少于5年。

（四）定制式医疗器械的说明书和标签

定制式医疗器械的说明书和标签原则上应当符合《医疗器械说明书和标签管理规定》的要求。

1.说明书至少还应当特别标明以下事项　①可以识别定制式医疗器械的唯一识别编号（识别号）；②患者姓名（可以按姓名首字母缩写或数字代码标识，前提是可以通过记录追踪到指定患者）以及该定制式医疗器械是某个患者专用的声明；③医疗机构名称，以及开具设计制作订单的主诊医师姓名；④定制要求。

2.标签至少还应当特别标明以下事项　①可以识别定制式医疗器械的唯一识别编号（识别号）；②患者姓名（可以按姓名首字母缩写或数字代码标识，前提是可以通过记录追踪到指定患者）；③医疗机构名称，以及开具设计制作订单的主诊医师姓名。

（五）生产和使用年度报告

每年1月底前，备案人应当向所在地省、自治区、直辖市药品监督管理部门和卫生健康行政部门报告上一年度定制式医疗器械的生产和使用年度报告（表8-3）。

表8-3　定制式医疗器械年度报告表

（＿＿年度）

定制式产品名称		备案号	
生产企业名称		医疗机构名称	
住所			
联系人及联系电话		医疗机构地址	
代理人名称	（进口医疗器械适用）	专业科室名称	
代理人注册地址	（进口医疗器械适用）	主诊医师	
联系人及联系电话	（进口医疗器械适用）	联系人及联系电话	
报告内容	1.对生产定制医疗器械数量、使用数量、退回数量以及销毁数量进行说明 2.提供对每一例患者使用的定制器械的详细信息。包括定制器械的生产日期、产品名称、产品识别信息，以及使用产品的医疗机构、专业科室、主诊医师、患者姓名、知情同意书、伦理委员会意见，临床使用效果评估 3.使用者反馈、不良事件监测信息		
真实性声明			

生产企业（盖章）　　　　　　　　　　　医疗机构（盖章）

日期：　年　月　日　　　　　　　　　日期：　年　月　日

（六）监督管理

省、自治区、直辖市药品监督管理部门应当定期对定制式医疗器械生产企业开展监督检查。如发现定制式医疗器械可能引起重大安全隐患的，省、自治区、直辖市药品监督管理部门应当及时中止相关定制式医疗器械的生产；对于省、自治区、直辖市药品监督管理部门未及时处理的，国家药品监督管理部门应当责成省、自治区、直辖市药品监督管理部门中止相关定制式医疗器械的生产。

生产企业有以下情形之一的，由省、自治区、直辖市药品监督管理部门向社会公告，并纳入企业诚信档案，同时通报相关使用医疗机构所在地省、自治区、直辖市药品监督管理部门及卫生健康行政部门：①未取得备案，或者备案失效后生产并提供给医疗机构使用的；②提供虚假资料或者采取其他欺骗手段取得定制式医疗器械生产使用备案的；③超出备案范围生产并提供给医疗机构使用的。

四、定制式医疗器械的使用管理

定制式医疗器械在使用管理上，既要实现精准医疗，满足罕见特殊的个性化临床需求，又要保护患者的合法权益和生命健康安全。定制式医疗器械仅供提出特殊需求出具订单的医疗机构用于指定患者，非订单机构或者非指定患者不得使用。医疗机构使用定制式医疗器械应当以患者利益为核心，遵循伦理准则以及安全、有效和节约原则。医疗机构应当严格遵守医疗器械使用相关规范要求，按照规定履行义务，并承担相应责任。使用定制式医疗器械的医疗机构应当符合相关条件，具体见上文关于生产、使用定制式医疗器械资质要求。

（一）使用规范

1.验收　医疗机构应当建立定制式医疗器械查验记录制度，按照协议和制作订单确认的设计要求、产品验收标准、产品验收清单等验收定制式医疗器械，符合要求的，签字确认，做好交付记录并保存。

2.知情同意　《中华人民共和国民法典》第一千二百一十九条规定了患者的知情同意权，医务人员在诊疗活动中应当向患者说明病情和医疗措施。需要实施手术、特殊检查、特殊治疗的，医务人员应当及时向患者具体说明医疗风险、替代医疗方案等情况，并取得其明确同意；不能或者不宜向患者说明的，应当向患者的近亲属说明，并取得其明确同意。医务人员未尽到上述义务，造成患者损害的，医疗机构应当承担赔偿责任。根据《定制式管理》第二十条的要求，医疗机构应当向患者或者其监护人告知使用定制式医疗器械的原因及使用风险，获得患者或者其监护人同意并签署知情同意书后，与生产企业协商制作订单。医疗机构使用定制式医疗器械前，向患者或者其监护人告知产品备案等情况。

3.追溯管理　医疗机构应当将定制式医疗器械的制作订单，产品验收、调改、使用、退回等信息以及与使用质量安全密切相关的必要信息妥善保存，确保信息具有可追溯性，并在病历中记录定制式医疗器械产品名称和唯一识别编号。相关信息的保存期限应当不少于生产企业所规定的医疗器械的寿命期，对于植入性定制式医疗器械的相关信息应当永久保存，对于非植入的其他定制式医疗器械，从生产企业交付产品的日期起不少于5年。

4.使用后评价　医疗机构应当对使用后的定制式医疗器械开展评价工作。由医疗、护理、临床工程技术、医院感染控制、生产企业技术人员等组成评价工作技术团队，对定制式医疗器械使用的实际效果和质量安全情况进行分析评价，并将此评价结果作为后期合理使用的重要依据。

5.不良事件监测和再评价　定制式医疗器械备案人应当按照《医疗器械不良事件监测和再评价管理办法》有关规定开展定制式医疗器械不良事件监测和再评价工作。

6.应急预案　医疗机构应当制定完善的安全防范措施和风险控制计划，发生严重不良事件等紧急情况时，立即启动应急预案，采取防范控制措施，及时处置。

7.停止使用　医疗机构在定制式医疗器械使用过程中出现下列情形之一的，应当停止使用，会同医疗器械生产企业，开展调查分析，进行风险受益评估，采取必要风险控制措施，并及时向所在地省、自治区、直辖市药品监督管理部门和卫生健康行政部门报告。①相关医疗技术被卫生健康行政部门废除或者禁止使用；②使用定制式医疗器械的主要专业技术人员或者关键设备、设施及其他辅助条件发生变化，不能正常使用；③发生与定制式医疗器械直接相关的严重不良事件；④定制式医疗器械存在产品质量和安全隐患，或者使用效果不确切；⑤定制式医疗器械存在伦理缺陷；⑥已有批准上市可替代医疗器械；⑦其他需要停止使用的情形。必要时，备案人应当取消备案，有关省、自治区、直辖市药品监督管理部门可以直接取消相关产品备案。

8.广告、患者信息保护　定制式医疗器械不得在大众传播媒介进行广告宣传。除法律法规允许外，禁止将患者信息用于生产和使用定制式医疗器械以外的其他用途。

（二）监督管理

市县两级负责药品监督管理的部门应当定期对使用定制式医疗器械的医疗机构开展检查。

如发现定制式医疗器械可能引起重大安全隐患的，省、自治区、直辖市药品监督管理部门应当及时中止相关定制式医疗器械的使用；对于省、自治区、直辖市药品监督管理部门未及时处理的，国家药品监督管理部门应当责成省、自治区、直辖市药品监督管理部门中止相关定制式医疗器械的使用。

医疗机构使用未经备案、超出备案范围或者备案失效定制式医疗器械的，由市县两级负责药品监督管理的部门向社会公告，并纳入诚信档案，同时通报医疗机构及相关生产企业所在地省、自治区、直辖市药品监督管理部门及卫生健康行政部门。

医疗机构应当停止使用而未停止使用的，按照现行《条例》有关未停止使用医疗器械的情形予以处理。

岗位对接

本章是医疗器械类专业学生须掌握的学习内容，培养学生从事体外诊断试剂生产经营、定制式医疗器械研制生产和使用工作的基本能力，培养学生成为合格的医疗器械从业人员。

本章对应岗位包括体外诊断试剂生产、经营岗位，定制式医疗器械研制生产、使用工作岗位等。

以上医疗器械岗位工作人员均须掌握体外诊断试剂产品分类、生产质量管理规范的特殊要求以及定制式医疗器械的备案管理，熟悉体外诊断试剂备案和注册的资料文件和审批流程，定制式医疗器械的设计加工和使用管理。

本章小结

体外诊断试剂用于人体样本体外检测，可单独使用也可与仪器、器具、设备或者系统组合使用。国家为推动体外诊断试剂行业创新发展，相继出台了一系列规章、规范性文件。原国家食品药品监管总局颁布《体外诊断试剂注册管理办法》，对体外诊断试剂分类、备案与注册等相关问题作出明确规定。《医疗器械生产质量管理规范附录体外诊断试剂》对体外诊断试剂生产质量管理规范的特殊要求作出明确规定。一系列规章文件有力地规范了体外诊断试剂行业的生产、经营行为，推动我国体外诊断试剂行业整体质量的提升和发展。定制式医疗器械是在我国已上市产品难以满足临床需求的情况下，医疗器械生产企业基于医疗机构特殊临床需求而设计和生产，用于满足指定患者的罕见特殊病损情况的个性化医疗器械。定制式医疗器械与一般医疗器械产品在备案管理、设计加工、使用等方面有很大的区别。新规对定制式医疗器械的各环节作出了具体的规定和管理规范要求。

习题

习题

一、不定项选择题

1.不属于《体外诊断试剂注册管理办法》管理范围的产品是（　　）。

　A.用于吗啡检测的试剂　　　　　　　　B.用于人体样本体外检测的试剂盒

　C.用于人体样本体外检测的校准品　　　D.用于血源筛查的体外诊断试剂

2.下列（　　）不属于第二类体外诊断试剂。

　A.微生物培养基（不用于微生物鉴别和药敏试验）

　B.用于脂类检测的试剂

　C.用于酶类检测的试剂

　D.用于激素检测试剂

3.第二类体外诊断试剂产品质量管理体系核查，由（　　）药品监督管理部门开展。

　A.设区的市级　　　　B.市级　　　　　　C.县级　　　　　　D.省级

4.技术审评机构应当在（　　）个工作日内完成第二类体外诊断试剂注册的技术评审工作。

　A.30　　　　　　　　B.60　　　　　　　C.90　　　　　　　D.120

5.生产、使用定制式医疗器械前应当向（　　）所在地药品监督管理部门备案。

　A.医疗器械生产企业　　　　　　　　　B.医疗机构

　C.生产企业或医疗机构　　　　　　　　D.生产企业和医疗机构

6.定制式医疗器械备案部门是（　　）药品监督管理部门。

　A.国家级　　　　　　　　　　　　　　B.省、自治区、直辖市级

　C.设区的市级　　　　　　　　　　　　D.县级

7.定制式医疗器械应当由医疗机构与生产企业达成一致后填写书面订单，订单应当载明的内容包括（　　）。

　A.生产企业信息，包括生产企业名称、住所、生产地址、负责人、联系人、联系电话

　B.医疗机构信息，包括医疗机构名称、地址、负责人、主诊医师、联系人、联系电话

　C.患者信息，包括姓名（可以按姓名首字母缩写或数字代码标识，前提是可以通过记录追踪到指定患者）、住院号、性别、年龄、病情描述、治疗方案、治疗风险等

　D.采用定制式医疗器械原因的声明

8.体外诊断试剂发生变化需要重新注册的情形有（　　）。

　A.产品阳性判断值或者参考区间改变，并具有新的临床诊断意义

　B.产品基本反应原理改变

　C.注册人住所发生变化

　D.其他影响产品性能的重大改变

9.定制式医疗器械研制、生产除符合医疗器械生产质量管理规范及相关附录要求外，还应当

满足以下（　　）特殊要求。

  A.人员　　　　　　　　B.设计开发　　　　　C.质量控制　　　　　　D.追溯管理

  10.定制式医疗器械备案人是（　　）。

   A.医疗器械生产企业　　　　　　　　B.医疗机构

   C.患者本人　　　　　　　　　　　　D.医疗器械经营企业

二、简答题

  1.简述体外诊断试剂备案注册基本要求。

  2.简述定制式医疗器械生产企业条件。

参考答案

第一章
1.A 2.D 3.D 4.A 5.A 6.A 7.B 8.ACD 9.ABCD 10.ABC

第二章
1.A 2.B 3.C 4.C 5.A 6.B 7.A 8.ABCD 9.AB 10.ABCD

第三章
1.A 2.B 3.C 4. C 5. B 6.B 7.D 8.D 9.ABCD 10.AC

第四章
1.B 2.C 3.B 4.C 5.A 6.ABCD 7.ABCD 8.ABCD 9.AC 10.ABCD

第五章
1.A 2.A 3.D 4.B 5.B 6.ABCD 7.ABCD 8.ABCD 9.ABCD 10.ACD

第六章
1.C 2.B 3.A 4.D 5.C 6.B 7.ABCD 8.ABCD 9.ABC 10.AB

第七章
1.C 2.B 3.B 4.D 5.B 6.B 7.ABCD 8.ABCDE 9.AC 10.ABCD

第八章
1.D 2.A 3.D 4.B 5.A 6.B 7.ABCD 8.ABD 9.ABCD 10.AB

参考文献

［1］丁勇．医疗器械监管法规．北京：人民卫生出版社，2011．

［2］蒋海洪．医疗器械管理与法规．第2版．北京：人民卫生出版社，2018．

［3］蒋海洪．医疗器械监督管理条例研究与解读．北京：中国法制出版社，2014．

［4］蒋海洪．医疗器械监管法规．上海：上海财经大学出版社，2015．

［5］张琳琳．卫生法规．北京：中国中医药出版社，2015．

［6］汪建荣．卫生法．北京：人民卫生出版社，2018．

［7］叶必丰．行政法与行政诉讼法．北京：中国人民大学出版社，2007．